ELISABETH WEYDT

Die Natur hat Recht

**Für die Frösche,
für die Freiheit,
für die Frauen**

ELISABETH WEYDT

Die Natur hat Recht

Wenn Tiere, Wälder und Flüsse vor Gericht ziehen – für ein radikales Umdenken im Miteinander von Mensch und Natur

KNESEBECK Stories

Inhalt

Prolog: Der Gelobungsring

Alles ist Wechselwirkung.

ALEXANDER VON HUMBOLDT

Als die Männer die Waffen ziehen und um sich schießen, leert sich mein Kopf. Nichts ergibt hier einen Sinn für mich. Was passiert da gerade? Warum? Wie das möglich? Ich fotografiere wie auf Autopilot. Es geht um einen Kupferminenkonflikt im subtropischen Regenwald Ecuadors. Eine Gruppe bewaffneter Männer ist auf Pick-ups gekommen und will die Straßensperre durchbrechen, die die Menschen hier zum Schutz ihres Landes aufgebaut haben. Ich bin Anfang zwanzig, mit einem Freiwilligendienst im Land und zufällig in diesen Konflikt hineingeraten. Irgendetwas hat das auch mit mir zu tun. Mit mir und Europa und der Welt. Aber ich habe keine Ahnung, was. Irgendwie muss das doch auch anders gehen, denke ich, aber ich habe keine Ahnung, wie. Es ist der Anfang einer langen Reise und der Grund, warum Sie nun dieses Buch in der Hand halten und ich einen Kupferarmreif trage. Ich wollte verstehen. Und ich wollte die Geschichten der Menschen erzählen, die mir unterwegs begegneten. Schön, dass Sie mitkommen auf dem Weg über die Kontinente und durch die Zeiten. Sie können manche Stationen gerne auslassen, vor- und zurückspringen oder von Anfang bis Ende lesen. Je nachdem, was Sie interessiert, wofür Ihr Herz so schlägt und was Sie bereits kennen. Auf die Fotos der Künstler:innen, die auf ihre Art und Weise zu Natur und Gerechtigkeit arbeiten, werden Sie wahrscheinlich schon einen Blick geworfen haben. Danke fürs Hiersein und – trotz der eher dystopischen Weltlage – viel Vergnügen unterwegs.

Unsere Welt steht kurz vor dem ökologischen Kollaps. Der Lebensstil der Industrienationen zerstört seit langem die Lebensgrundlagen des gesamten Planeten, und die Zeit, die Richtung zu ändern, wird immer knapper. Leben wird zunehmend lebensbedrohlich. Wir sind jetzt acht Milliarden Menschen auf dieser Erde und werden immer mehr. Wir alle verbrauchen Rohstoffe und Land, die einen viel mehr, die anderen viel weniger. Ein Prozent der Menschheit besitzt mehr als die Hälfte des globalen Vermögens. Wenn das 1,5-Grad-Ziel gehalten werden soll und alle dafür die gleiche Menge CO_2 emittieren dürften, müssten die reichsten ein Prozent der Weltbevölkerung ihre CO_2-Emissionen um das Dreißigfache reduzieren, also ihr Leben komplett umstellen. Die ärmsten fünfzig Prozent hingegen könnten ihre Emissionen sogar um das Dreifache erhöhen. Die einen müssten also fast alles aufgeben, die anderen könnten richtig zulegen. Das geht aus dem Emissions Gap Report des UN-Umweltprogramms hervor.[1] Die Verantwortlichkeiten und Möglichkeiten sind also extrem ungleich verteilt. Auch geht es dabei weniger um den Individualverbrauch als vielmehr um die Systeme und Strukturen, in denen wir leben. Es geht um unsere Nahrung, unsere Energie, unseren Verkehr und unsere Gebäude. Es geht um Politik und damit um Gesetze.

Mit der aktuellen Politik und den aktuellen Gesetzen bewegen wir uns gerade auf eine Erhitzung von rund drei Grad Celsius bis zum Ende des Jahrhunderts zu. Das sagt der letzte Bericht des Intergovernmental Panel on Climate Change (IPCC).[2] Was das konkret bedeutet, können Sie in vielen anderen Büchern und Artikeln nachlesen. Nichts Gutes jedenfalls. Um unter der lebenssichernden Marke von 1,5 Grad Erderwärmung zu bleiben, müssten die weltweiten CO_2-Emissionen bis 2030 fast um die Hälfte gegenüber 2019 sinken. Das ist pro Jahr ungefähr so viel CO_2 weniger wie im ersten Jahr der Covid-19-Pandemie, als fast alles stillstand. Wir müssten dann allerdings jedes Jahr aufs Neue so viel einsparen, statt – wie aktuell – die Emissionen wieder rasant steigen zu lassen. Und CO_2 ist ja nur ein Teil der aktuellen ökologischen Krise. Gleichzeitig geht es um das Massenaussterben der Arten und eine gigantische Luft-, Wasser- und Naturverschmutzung durch Abgase und Abfälle. Wenn wir nicht sehr schnell sehr viel ändern, wird es bald sehr viel weniger lebenswertes Leben auf diesem Planeten geben. Auch das sagt das IPCC.

Ein hilfreiches Instrument könnte dabei paradoxerweise ein sehr langwieriges sein: die Änderung unserer Weltbilder und Rechtssysteme, die Erklärung der Natur zum juristischen Subjekt. Ecuador ist das Land, in dem diese Idee am weitesten fortgeschritten ist. Der Kupferminenkonflikt an der Straßensperre ist einer der entscheidenden Präzedenzfälle im weiteren Procedere dort. Denn Ecuador ist das erste und bisher einzige Land auf der Welt, in dem die Natur auf Verfassungsebene zu einer juristischen Person erhoben wurde – ähnlich einer echten Person, einer Aktiengesellschaft oder einem Verein. Natur ist in Ecuador demnach nicht nur schützenswert, weil sie dem Menschen dient, sondern einfach so, weil es sie gibt. Sie hat ein Existenzrecht aus sich selbst heraus. Sie ist Subjekt, nicht nur Objekt. Sie muss nichts leisten, um leben zu dürfen. Zumindest auf dem Papier darf sie »einfach so« existieren.

Und diese Idee könnte alles ändern.

Die Verfassung des kleinen Andenstaats gilt als Paradigmenwechsel, als revolutionäres Unterfangen, das manche auf dieselbe Bedeutungsstufe stellen wie die Abschaffung der Sklaverei und die Einführung des Frauenwahlrechts. Lange hatten nur weiße Männer Rechte auf dieser Welt, später auch Schwarze Männer, Frauen, Kinder. Jetzt vielleicht die Natur. Es geht bei den Rechten der Natur nicht nur um ein paar Paragrafen, sondern um ein Weltverständnis. Es geht um das Verhältnis zwischen Mensch und Natur und damit auch um das Verhältnis zwischen Mensch und Mensch. Wer ist Subjekt, wer ist Objekt? Wer Ausbeuter und wer Ausgebeutete? Können wir diese Hierarchien vielleicht ganz auflösen?

Als Sklav:innen die Freiheit forderten, hieß es: »Wie soll das denn bitte schön funktionieren? Wer bestellt dann die Felder und Plantagen?« Als Frauen das Wahlrecht forderten, hieß es: »Ja, ja, und dann wollt ihr wahrscheinlich irgendwann Abgeordnete und

Ministerpräsidenten werden, hm? Lächerlich!« Heute fordern rund 400 Initiativen weltweit die Anerkennung der Natur als Rechtsperson. Sie wollen Wäldern, Flüssen und Bergen besondere Rechte zugestehen. Einige waren schon erfolgreich: In Neuseeland, Indien oder Kolumbien beispielsweise wurden einzelne Flüsse als Rechtspersonen anerkannt. In Europa hat die Salzwasserlagune Mar Menor in Spanien als erstes Ökosystem diesen besonderen juristischen Status im Herbst 2022 erhalten.

Ein Präzedenzfall innerhalb dieser weltweiten Bewegung der Rechte der Natur ist nun ausgerechnet der Kupferminenkonflikt im Intag-Tal, in den ich 2006 hineingeraten bin. Das Tal liegt in den subtropischen Anden im Norden Ecuadors und zählt zu den artenreichsten Regionen, die der Welt noch geblieben sind. Es erstreckt sich über 2000 Quadratkilometer voller Hügel und grüner Berge. In ihm sind mehrere Gemeinden angesiedelt. Die Menschen dort leben vor allem als Kleinbäuer:innen von und mit der Natur. Seit mittlerweile fast dreißig Jahren kämpfen sie gegen verschiedene internationale Bergbaukonzerne, die dort einen offenen Tagebau in den grünen Wildwuchs reißen wollen. Für das Intag-Tal hieße das, ein riesiges Loch in die grünen Berge zu sprengen und zu graben. Tausende Tier- und Pflanzenarten leben hier, es gibt Dutzende Wasserquellen. Die Region zählt zu den Biodiversitätshotspots der Erde. Doch unter ihr liegt ein anderer Schatz: eines der größten Kupfervorkommen des Landes. Die Leute vor Ort protestieren friedlich gegen die Mine, früher auch mit Gewalt gegen Sachen: Einmal brannten sie beispielsweise die Lagerhalle eines Unternehmens ab. Seit einiger Zeit nun kämpfen sie mit Hilfe der Justiz für ihre Rechte und für die Rechte der Natur. Bisher ist die Mine nicht aufgerissen worden, aber der größte Kupferkonzern der Welt hat die Probebohrungen beendet, Straßen, Anlagen und Camps errichtet und will demnächst mit dem tatsächlichen Bergbau beginnen.

In den nächsten Jahren wird es noch oft um Kupfer gehen, denn das Erz ist ein elementarer Rohstoff der Energie- und Mobilitätswende. Wir brauchen es für Windräder, Solarzellen, E-Autos und Stromtrassen, denn fast überall, wo Strom fließt, ist Kupfer verbaut. Die Welt verbraucht aktuell rund 25 Millionen Tonnen Kupfer pro Jahr. Die Weltbank geht davon aus, dass wir bis 2050 noch einmal dieselbe Menge an Kupfer benötigen werden, die wir in den letzten 5000 Jahren Menschheitsgeschichte bereits gefördert haben.[3] Wenn Sie jetzt denken: »Oh, vielleicht sollte ich in Kupfer investieren?!«, lesen Sie bitte erst einmal weiter. Kupfer ist zwar ein Rohstoff, der in ausreichenden Mengen auf unserem Planeten vorhanden ist, aber es werden immer weniger Orte, an denen er ohne große Naturzerstörung oder Menschenrechtsverletzungen abgebaut werden kann, wie Sie im Verlauf unserer Reise sehen werden.

Deutschland kommt in dem globalen Gefüge eine besondere Rolle zu. Es ist die viertgrößte Industrienation und einer der größten Autobauer der Welt. Es hat sich auf die Fahnen geschrieben, Menschenrechte zu schützen und nachhaltig sein zu wollen, und hat gleichzeitig in internationalen Organisationen wie der Weltbank, dem Internationalen Währungsfonds IWF, der EU oder der UN mächtige Positionen inne. Die Welt hört zu, wenn Deutschland spricht. Außerdem holt sich die Bundesrepublik den überwiegenden Teil ihrer Rohstoffe aus anderen Ländern und ist damit zum einen von diesen extrem abhängig, trägt zum anderen aber auch eine Verantwortung für die Einhaltung von Menschenrechten und Umweltschutz am Anfang der Lieferketten.

Deutschland baut aktuell kein eigenes Kupfer ab und muss alles importieren oder recyceln. Es ist nach China und den USA der drittgrößte Verbraucher von Raffinadekupfer, also von aufbereitetem und verwertbarem Kupfer. China spielt ebenfalls eine besondere Rolle im Spannungsfeld zwischen Klimakollaps, Rohstoffen und Menschenrechten. Darauf können wir hier aber nur vereinzelt eingehen.

Öl und Gas waren die Rohstoffe der Alten Welt. Nur mit ihrer Förderung und ihrer Energie ging die Industrialisierung so schnell und umfassend voran, konnte sich der Kapitalismus so rasant ausbreiten. Er hat vielen Menschen Wohlstand gebracht, vielen aber auch sehr viel Leid – und er hat Natur zerstört. In der angestrebten klimaneutralen Welt von morgen geht es um Kupfer, Kobalt, Lithium und seltene Erden. Wir brauchen die Energiewende, das steht überhaupt nicht in Frage. Wenn wir aber einfach das gleiche System behalten und nur die Rohstoffe austauschen, wird sich nicht viel ändern, und wir werden in wenigen Jahren gegen andere Wände fahren. Vielleicht verursachen die neuen Rohstoffe nicht so viel CO_2, aber auch sie sind die Ursache für eine immense Naturzerstörung und menschliches Leid, vor allem wenn sie so massenweise abgebaut werden, wie die Hochrechnungen für die nächsten Jahre vermuten lassen. Schon heute verdanken sich dem Bergbausektor zusammen mit der Verarbeitung der Rohstoffe rund zehn Prozent der globalen Treibhausgasemissionen. Das ist fast das Dreifache dessen, was im Luftverkehr entsteht. Gesetze sind Mittel, um Systeme friedlich zu ändern. Inwiefern die Rechte der Natur dabei hilfreich sein könnten, schauen wir uns auf den nächsten Seiten aus verschiedenen Perspektiven genauer an.

Wir werden auf unserer Reise in diesem Buch nämlich nicht bei den Problemen stehen bleiben, sondern vor allem nach möglichen Lösungen, konstruktiven Ansätzen, Leuchtturmprojekten und inspirierenden Menschen sowie Ideen suchen, nach etwas, das Hoffnung macht, das ein übertragbares Beispiel sein könnte und das einen neuen Horizont öffnet. Das ist der Ansatz des konstruktiven Journalismus, dem ich mich verschrieben habe. Die Brille, die ich dabei aufgesetzt habe, die meine Weltsicht prägt, ist diese:

Der Moment mit den Paramilitärs, der mich so überforderte, ist mittlerweile gut fünfzehn Jahre her. In der Zwischenzeit habe ich viele andere Momente gesammelt, Fakten, Begegnungen und

Geschichten. Studiert habe ich Germanistik, Politik- und vergleichende Religionswissenschaft in Münster. Ich recherchierte auf Palmölfeldern in Honduras, wo mehr als hundert Menschen in einem Landkonflikt getötet wurden, oder in einer Silbermine in Bolivien, wo Kinder unter Lebensgefahr nach Rohstoffen und ein bisschen Leben gruben. Ich war in einem Stahlwerk in Indien, in einer Kobalt-Region im Kongo oder bei Quechua-Bäuerinnen in den Anden von Peru. Bei einer Gerichtsverhandlung gegen einen Aktivisten in Yangon/Myanmar saß ich unter einem scheppernden Ventilator. Ich habe mit einer verurteilten Rechtsradikalen Käsekuchen gegessen und mit einem ehemaligen Islamisten Nudelsalat. Ich stand im Plastikmüll zwischen Touristenhochburgen in der mexikanischen Karibik und zwischen abgeholzten Olivenbäumen vor völkerrechtswidrigen Siedlungen im besetzten Palästina.

Immer wieder war ich überfordert. Und immer klarer wurde mir, dass es eigentlich immer dieselben Mechanismen, Muster und Strukturen sind, die zum Leid der Menschen und zur Zerstörung der Natur führen: Gier und Korruption, Kapitalismus und Rohstoffausbeutung, Angst und Ignoranz. Und zugleich: die Abwertung und Ausbeutung der Entrechteten, die Abwertung und Ausbeutung von Natur. Natürlich ist es komplexer, aber gleichzeitig ist es wiederum ganz simpel: Wollen wir Teil eines großen Ganzen sein, oder wollen wir auf Kosten anderer vom großen Ganzen profitieren? Vielleicht sogar so lange, bis das große Ganze irgendwann kollabiert. Wollen wir zerstören, um zu überleben, oder wollen wir gestalten und in Solidarität und Respekt auch mit, vor und von der Natur leben?

Immer mehr verstand ich, was Humboldt mit seinem »Alles ist Wechselwirkung« wohl gemeint hatte. Nichts steht für sich allein.

Die internationalen Wirtschafts-, Justiz- und Staatssysteme, in denen wir leben und die fast alles Leben auf diesem Planeten durchziehen, sind über Jahrhunderte gewachsen. So einfach kommen wir da nicht heraus. Das Patriarchat hat ordentlich mitgeschrieben an diesen Gesetzestexten und Handelsabkommen, ebenso Rassismus und Kapitalismus. Auch wenn das Credo »Wohlstand für alle!« sein mag, so stehen doch meist Profit, Dominanz und Konkurrenz im Vordergrund. Selten, aber immer häufiger geht es in den Regeln unserer Weltordnung um Gemeinschaft, Gleichberechtigung und Empathie. Doch wenn es immer die gleichen Mechanismen, Muster und Strukturen sind, die zu Leid und Zerstörung führen, dann müsste es doch auch Lösungsansätze geben, die auf ebendiese grundlegenden, destruktiven Muster passen und damit gleich eine ganze Reihe von Unheil auflösen könnten. Ein Schlüssel für gleich mehrere Schlösser?

Mittlerweile trage ich Kupfer am Arm – links, fast immer, es ist ein dünner Armreif. Er soll den Blutstrom zum Herzen mit guter Energie versorgen, hat man mir dort erzählt, wo ich ihn kaufte. Im Kongo war das. Einem Land, dem über die Jahrhunderte Millionen von Menschen und Tonnen von Rohstoffen geraubt wurden. Außerdem liegt hier nach dem Amazonas der zweitgrößte Regenwald der Erde, das Kongo-Becken. Eigentlich heißt das Land Demokratische Republik Kongo, aber mit der Demokratie ist das so eine Sache, hier wie da. Ob das mit dem Blutstrom und der Energie stimmt, weiß ich nicht. Mein Herz aber versorgt der Armreif.

Regelmäßig schickt er Erinnerungen, Ermunterungen, Mahnungen und Bilder. Auch die von den Paramilitärs aus Ecuador, wo ich meine erste wachrüttelnde Begegnung mit diesem uralten und universellen Rohstoff der Menschheit hatte. Der Druck, Kupfer abzubauen, ist heute um ein Vielfaches größer als 2006; der Kupferpreis steigt und steigt und damit die Wahrscheinlichkeit, dass immer mehr Minen aufgerissen werden, auch in Gegenden voller Natur und Artenvielfalt.

Das Kupfer an meinem Handgelenk ist eine Art Versprechen, das ich mir angezogen habe – ein Gelobungsring, ein Auftragsring. Er soll mich an das erinnern, was ich mit eigenen Augen gesehen habe, mit eigenen Ohren gehört habe – an meine Verantwortung gegenüber diesen Geschichten und diesen Menschen und auch gegenüber der Natur.

Das Kupfer erinnert mich daran, dass meine deutsche, meine europäische Geschichte auf grausame Art und Weise mit der Geschichte anderer Völker verwoben ist. Dass diese Grausamkeit bis ins Heute hineinwirkt. Der Kongo wird noch immer ausgebeutet, heute nur anders als zu Kolonialzeiten. Er ist eines der rohstoffreichsten Länder der Welt und gleichzeitig eines der ärmsten und konfliktträchtigsten. Korruption macht vieles möglich. Ähnliches gilt für Lateinamerika, wo in den Jahrhunderten der kolonialen Plünderei ganze Völker ausgelöscht wurden, von wo aus Schiffsladungen voller Silber und Gold auf den europäischen Kontinent verbracht wurden. Diese Wirklichkeit schafft es auch heute kaum durch die Aufmerksamkeitshysterie der Weltnachrichten, und doch ist sie mit unserer Wirklichkeit im Westen durch Geschichten und durch Güter verbunden. Medienschaffende wie -nutzende aber haben kaum Kapazitäten dafür. »Eine Kupfermine in einer artenreichen Region? Hm, ja, tragisch, tragisch. Aber na ja, schlimme Dinge passieren überall auf der Welt. Was hat das mit uns zu tun? Und außerdem: Irgendwo müssen die Rohstoffe herkommen, und du willst ja auch, dass dein Handy funktioniert.« Hm, ja. Aber doch nicht so.

Bei meiner Rückkehr nach Ecuador 2020, 2022 und 2023 verbrachte ich Monate im Nebelregenwald von Intag und einige Zeit im Amazonas. Natur schaue ich heute anders an als zu Teenagerzeiten. Aufgewachsen in einem kleinen fränkischen Dorf im Spessart, wo der letzte Bus um sechzehn Uhr fuhr, habe ich Wälder und Wiesen damals vor allem mit Engstirnigkeit und Eingesperrtsein verbunden. Natur hieß für mich Dorfleben, und das schmeckte nach Cola-Bier an der Tanke, roch nach nassem Hund im Regen und klang wie die Coverband in der Dorfturnhalle am Wochenende. Heute spüre ich nirgends mehr Freiheit und gleichzeitig Verbundenheit mit der Welt als mittendrin im Grün – egal wo auf dieser Welt.

1. Minero oder Ecologista? Begegnung mit Paramilitärs

Hier sprechen, wie immer, meine Privilegien. Wenn man in der Lage ist, die Realität dessen zu ignorieren, was dieses System tut und immer weiter tut, so ist man daran mitschuldig. Man profitiert in hohem Maße davon. Wer nicht darüber nachdenken muss, wie die Gewinner in diesem Spiel an ihre riesigen Rohstoffreichtümer gekommen sind, profitiert von diesem Reichtum. Die Liste der geplünderten Nationen, der installierten Diktatoren, der von Konzernen finanzierten Aufstände, der inhaftierten Menschen und des zerstörten Landes ist lang.

KAE TEMPEST: *ON CONNECTION*[4]

Als die Männer an der Straßensperre von Junín um sich schießen, ahne ich nicht, wie lange mich dieser Moment noch begleiten wird, wie viel er anstoßen wird, wie viel ich von den Männern mit den Waffen und den Menschen in Gummistiefeln lernen werde, über mein eigenes Leben und über die Welt. In dem kleinen Tal mit seinem Kupferkonflikt steigen die Fragen der globalen Welt langsam in mir auf: Woher stammen eigentlich all die Dinge unseres täglichen Lebens? Wer muss dafür wie viel leiden? Können wir das nicht auch anders regeln? Und wenn ja: wie? Wer ist überhaupt »wir«? Darf der Westen denn noch mitreden? Haben »wir« der Welt die Klimakatastrophe nicht erst eingebrockt nach all den Jahrhunderten der grausamen Kolonialisierung, Ausbeuterei und ewigen Naturzerstörung?

Mit Anfang zwanzig, als ich für ein Urlaubssemester in den Flieger nach Quito steige, stelle ich mir diese Fragen noch nicht, sondern mache mich einigermaßen ignorant auf zu meinem Freiwilligendienst.

Ich denke ernsthaft, wenn ich nun schon die Güte besitze und unentgeltlich in Ecuador Englisch unterrichte und hier und da ein bisschen mithelfe, dann müsste ich doch irgendetwas zurückbekommen. Wenigstens kostenlose Busfahrten oder so was. Kinotickets vielleicht? Auf die Idee, dass dieses Land ganz bestimmt nicht auf meine weiße Weltvorstellung und mein bisschen Englischunterricht gewartet hat, auf diese Idee komme ich erst sehr viel später. Und dass Ecuador schließlich zu meinen wichtigsten Lehrer:innen gehören würde, realisiere ich erst jetzt. Besonders der Nebelregenwald hat mir viel beigebracht.

Das Intag-Tal ist eine Überwältigung aus Grün und Getier. Man nähert sich ihm am besten langsam und bedächtig, mit dem gebührenden Respekt. Zum Beispiel mit der klapprigen grün-weißroten Buslinie von Otavalo aus, einer Andenstadt im Norden des Landes. Der Bus quietscht und pfeift vorbei an der Abzweigung zur Vulkan-Lagune Cuicocha und die Berge und Hügel hinunter in immer dichteres Grün hinein, in einen Nebelregenwald voller Flechten und Moose, der immer noch auf gut 2000 Höhenmetern liegt. Die feuchte Wärme und der fruchtbare Boden haben ein triefend-tropfendes Geflecht wachsen lassen, aus Farnen, Lianen und riesigen Bäumen, dazwischen wilde Orchideen, Kolibris, Bergtukane und Brillenbären. Auch Pumas gibt es. Unzählige bedrohte und weltweit einzigartige Tier- und Pflanzenarten leben hier. Der subtropische Nebelregenwald in den Anden zählt zu einem der 36 sogenannten Biodiversitätshotspots der Erde. Manchen gilt er sogar als DER Biodiversitätshotspot überhaupt wegen seiner enormen Vielfalt von Pflanzen, Vögeln, Säugetieren und Amphibien.

Auch Menschen leben in Intag, ungefähr 17 000, verstreut über eine Fläche von knapp 2000 Quadratkilometern, also etwa zweimal so groß wie Berlin. Wenige dieser Menschen sind Indigene, die meisten sind Mestizen, also Nachkommen von spanischen Kolonisator:innen und Indigenen. Auch einige Nachkommen von Sklav:innen leben hier. Fast alle sind Kleinbäuer:innen, oder sie haben kleine Läden und Imbisse. Auf überschaubaren Feldern wachsen – oft durcheinander – Kaffee, Bohnen, Mais, Kakao, Zitrusfrüchte und Maniok, Avocado, Ananas, Papaya, Baumtomaten und vieles mehr. Überall rauscht oder plätschert Wasser. Allein in dem Gebiet, das um das Dorf Junín herum für die Kupfermine konzessioniert ist, liegen die Quellen von 42 Wasserläufen. Der größte Fluss ist der Rio Intag. Weil er so viel Wasser führt, das sich immer weiter durchs Land verzweigt, nennt ihn auch die Regierung einen der wichtigsten Flüsse Ecuadors.

Unter diesem grünen Paradies aber liegt ein großer Schatz verborgen: Kupfer. Außerdem ein bisschen Gold und seltene Erden – unentbehrliche Rohstoffe für die überlebensnotwendige globale Wende weg von fossilen hin zu den erneuerbaren Energien aus Wind, Sonne und Wasserkraft. Vor allem das Kupfer ist hier entscheidend, aber noch ziemlich unterschätzt. In einem E-Auto beispielsweise ist etwa viermal so viel von dem Erz verbaut wie in einem Auto mit Verbrennungsmotor. Eine Offshore-Windturbine braucht bis zu dreißig Tonnen Kupfer, um zu funktionieren, und die Windkrafträder an Land etwa acht Tonnen. Irgendwo muss all dieses Kupfer herkommen. Woher genau, das wissen die Hersteller der Endprodukte in Europa oft selbst nicht, weil die Zwischenlieferer ihre Quellen nicht immer transparent machen (siehe Kapitel 4). Die Lieferketten unserer Computer, Autos und Elektrizität sind so lang und international verflochten wie intransparent. Es ist oft unmöglich, auszuschließen, dass unterwegs Menschen ausgebeutet wurden oder Natur endgültig zerstört wurde. Gleichzeitig steigt der Wert des Kupfers mit der Panik vor der Klimakrise und vor ihren Konsequenzen: Hungersnöte, Kriege, weniger Lebensraum für Mensch und Tier. Paradoxerweise zerstört der Abbau der für die Energiewende nötigen Rohstoffe oft Wälder, Moore, Feuchtgebiete und riesige Ökosysteme, die dem Klima guttäten: In den vergangenen zehn Jahren haben die Ökosysteme an Land rund dreißig Prozent der von Menschen verursachten Treibhausgase wieder absorbiert.[5] Sie jetzt für die Energiewende zu zerstören, wäre kontraproduktiv, nicht nur für das Klima, sondern auch für die Pandemien der Zukunft. Je weniger Biodiversität, desto höher die Wahrscheinlichkeit, dass Zoonosen wie – sehr wahrscheinlich – Covid-19 entstehen, Erkrankungen durch Viren, die vom Tier auf den Menschen überspringen und eine globale Katastrophe auslösen können.

Im Intag laufen viele Fäden dieser weltweiten Verflechtungen zusammen. Auch treffen hier die verschiedenen Welt- und Menschenbilder aufeinander, die derzeit global miteinander ringen und über die Zukunft des Planeten entscheiden werden. Die einen sehen den Reichtum vor allem in der Natur über der Erde, die anderen eher in den Rohstoffen unter der Erde. Das Kupfer unter den subtropischen Anden soll besonders wertvoll sein, lassen schon die ersten Untersuchungen aus den 1990er Jahren vermuten. Der größte Bergbaukonzern der Welt, BHP aus Australien, und der größte Kupferkonzern der Welt, Codelco aus Chile, haben sich hier Konzessionen oder den Zugriff auf Konzessionen gesichert, aber noch nichts ausgehoben. Noch sind beide Unternehmen in der Explorationsphase, also in der Phase, in der der Boden untersucht, die Bevölkerung vorbereitet wird und erste Straßen- und Bohrinstallationen gebaut werden. Im Intag gibt es neben den großen Konzernen auch illegalen Kleinbergbau, also Leute, die auf eigene Faust graben. Außerdem existieren eine kleine offizielle Goldmine und ein Bergwerk für Zement, ansonsten Berge und Hügel voll fruchtbarem Grün und einige kaum erforschte Stätten einer präkolumbianischen Kultur. Über allem thront der Vulkan Cotacachi. Die Menschen nennen ihn hier Mama Cotacachi, die Felder außen herum ihre Rockfalten. Es gibt Menschen, die im Bergbau eine wirtschaftliche Entwicklung sehen, eine Möglichkeit, ihre Kinder auf Universitäten zu schicken und vielleicht einmal eine Auslandsreise machen zu können. Und es gibt Menschen, die ihr Leben geben würden, damit im Intag keine weitere Mine aufgerissen wird. Eine statistische Erhebung dazu gibt es nicht. Aber alle Menschen, denen ich in meinen ecuadorianischen Monaten auf ihren Kleinfarmen, auf dem Markt oder beim Trampen begegne, frage ich nach dem Bergbau und der Natur. Und immer, immer sagen sie, die Natur hier ist wunderschön, sie ist mein Leben, meine Heimat. Der Bergbau würde alles zerstören. Manchmal fügen sie ein »Aber ich will ja auch ein gutes Leben« hinzu. Einmal nimmt mich ein Mann mit hinaus aus dem Tal und bis ins nächste Städtchen Cotacachi. In der guten Stunde, die wir im Auto über holprige Straßen und durch den Nebelregenwald, der immer wieder Postkartenansichten über die grünen Bergketten freigibt, fahren, erzählt er mir, wie sehr er die Natur hier liebt, dass sie ihm Ruhe und Frieden gibt. Dass er dreißig Jahre für das Zementwerk hier gearbeitet hat, bis sein Arzt ihm sagte, keinen Tag länger oder seine Lunge falle demnächst zusammen. Seine Gesundheit ist ruiniert, die Natur um die Mine herum zerstört, aber seine Kinder sind auf der Universität, und er hat ein schickes Auto. Für ihn ist das ein fairer Deal.

Im Intag geht es also um nichts weniger als um die Deutungshoheit vom guten Leben und um die Zukunft des Planeten. Lässt die Weltgesellschaft zu, dass einer der letzten Biodiversitätshotspots der Erde für das Kupfer der Energie- und Mobilitätswende zerstört wird? Oder findet sie Alternativen? Was ändert sich, wenn die Natur als Subjekt mit eigenen Rechten anerkannt ist?

Ignorantin im Regenwald: Wo bitte geht's zur Weltenrettung?

2006 bin ich für den Freiwilligendienst knapp vier Monate im Tal. Ich lebe in einer Gastfamilie in einem Dorf mit zehn Häuschen und ohne fließendes Wasser. Ich unterrichte Englisch in einer Dorfschule mit zwei Räumen und einem Volleyballfeld und bin für die kleine Zeitung *Periódico Intag* unterwegs. Nirgends im Tal gibt es Internet, nur auf zwei Bergen Handyempfang. Das nächste Telefon ist eine gute halbe Stunde mit dem Pick-up entfernt. Es hängt an der Wand im Dorfladen, wo man auch Kekse und Klopapier kaufen kann. Freundschaften entstehen, ein Alltag sortiert sich.

Schon 2006 zieht sich der Konflikt um das Kupfer unter der Erde durch das gesamte Tal – durch Begegnungen, Beziehungen und Ehepaare. Die alles entscheidende Vertrauensfrage, immer: Bist du Ecologista oder Minero? Stehst du auf der Seite der Natur oder auf der Seite der Mine, des Bergbaus, der Naturzerstörung? Ich war und bin immer noch auf der Seite der Natur.

Die ecuadorianische Regierung hatte die Konzessionen damals an das kanadische Unternehmen Ascendant Copper verkauft. Die Bevölkerung wurde nicht informiert und um ihre Meinung gefragt, wie es eigentlich vorgeschrieben war. Regelmäßig drangen Arbeiter des Unternehmens auf das Gelände vor, um Camps und Straßen zu errichten. Die Umweltschützer:innen des Tals versuchten, sie davon abzuhalten, übergaben die Männer regelmäßig der Polizei. Die ließ sie ebenso regelmäßig wieder frei. Schon in den Neunzigern hatte ein japanisches Unternehmen versucht, an das Kupfer unter der Erde zu gelangen, aber unter anderem aufgrund des Widerstands der Leute aufgegeben. Der Konflikt um das Kupfer gehörte 2006 also schon zum Alltag und zur Geschichte des Tals.

Als die Auseinandersetzung eskaliert, bin ich zufällig vor Ort. Kurz vor meiner Abreise zurück nach Deutschland besuche ich das Dorf, das weiter hinten im Tal und mitten in den Konzessionen liegt: Junín. Die Bewohner:innen haben den Eingang mit einer Kette abgesperrt, die sie rund um die Uhr bewachen. Ich gehe mit einer befreundeten Freiwilligen auf einen – wie wir denken – Drei-Tages-Trip ins Hinterland. Helen hat ein paar Monate in dem Dorf gelebt und Freundschaften geknüpft. Wir sprechen mit den Leuten, machen eine kleine Wanderung in die Berge und wollen uns am frühen Morgen nach der zweiten Nacht in einer Hütte aus Holz und ohne Strom auf den Rückweg machen. Doch dann heißt es im frühmorgendlichen Kerzenschein: »Bleibt mal besser hier.« In den letzten Tagen seien in der Umgebung immer wieder *mineros* gesichtet worden, angeblich auch Männer mit Waffen.

Im Intag gibt es immer Gerüchte und Geschichten, Nachrichten, Tratsch, Lästereien und Aufreger der Woche. Es ist unmöglich, zu entscheiden, was davon stimmt und womit sich jemand einfach nur wichtigmachen will.

Aber diesmal scheint es wirklich ernst zu sein, also bleiben wir.

Helen hat eine kleine Videokamera, ich einen Fotoapparat. Außerdem sind wir weiß und blond, offensichtlich Ausländerinnen. Da werden sie uns schon nichts tun. Wären sie ja schön blöd. Dass genau diese Überlegung in Deutschland zu einem völlig anderen Ergebnis führen würde, der Gedanke kommt uns erst Jahre später bei einem Abendessen auf St. Pauli in Hamburg. Offensichtliche »Ausländer:innen« in Deutschland erfahren in Konfliktsituationen eher Gewalt als keine Gewalt. Wir sehen unsere privilegierte Stellung in dieser Welt als so selbstverständlich an, dass sie uns nicht einmal auffällt.

Es gab damals knapp zehn Freiwillige aus Deutschland in dem Tal. Wir sehen uns nicht oft, weil wir in verschiedenen, weit verstreuten Dörfern wohnen. Nicht weit von meiner Gastfamilie lebt Carlos Zorrilla in einer kleinen weißen Finca auf einem Hügel mitten im Regenwald. Carlos ist einer der zentralen Köpfe im Widerstand gegen den Bergbau. Von Anfang an und auch heute noch. Über die Jahre hinweg trägt er meist Schildkappe und weißen Rauschebart, mal mehr, mal weniger gestutzt. Carlos wurde auf Kuba geboren, hat Che Guevara kurz kennengelernt und weiß seitdem, dass auch Revolutionäre gnadenlos und menschenverachtend sein können. Als Teenager ging er in die USA, studierte später Biologie, arbeitete auf dem Bau und reiste schließlich zwei Jahre lang durch die Welt. Im Intag gefiel es ihm am besten, also kaufte er ein Stück Land und dachte, er könne hier ein ruhiges Leben als Familienvater und Kleinbauer führen. Mit Freund:innen gründete er die Umweltorganisation DECOIN, um abgeholzten Wald wieder aufzuforsten. Doch mehr und mehr wurde aus der Aufforstungsarbeit eine Widerstandsarbeit gegen den Bergbau. DECOIN gewann mehrere Preise, darunter den Äquatorpreis der Vereinten Nationen.

Bei meinem Besuch 2022 ist Carlos 71 Jahre alt. Seine Stimme wurde mit dem Alter brüchiger, seine Bewegungen langsamer. Sein Kopf blieb klar, scheint aber unendlich müde vom ständigen Abwehren irgendwelcher Bedrohungen. »Ich bin es so leid!«, sagt er. »Es ist so anstrengend!«

Aber er sagt auch, es sei doch schon sehr erstaunlich, dass es nach 27 Jahren Konflikt immer noch genügend Menschen gebe, die »nein!« zu der Mine sagen. Es klingt ein wenig Stolz aus seiner Brust und sehr viel Zuneigung. »Sie haben nein zu drei transnationalen Konzernen gesagt, zu Regierungen, Paramilitärs, Polizei und Militär. Polizeirazzien, falsche Anklagen, falsche Verhaftungen, Gefängnis, und es gibt immer noch genug Leute, die NEIN sagen.«

Er selbst steht seit bald dreißig Jahren fast jeden Morgen mit dem Gedanken an die drohende Kupfermine auf. Dann überlegt er, was er heute tun könnte, damit sie nicht aufgerissen wird. Es vergeht kaum ein Tag, an dem er nicht mindestens eine E-Mail deswegen schreibt, etwas dazu recherchiert, deswegen auf eine Versammlung geht, mit jemandem telefoniert oder in eine andere Stadt fährt.

Das sei extrem anstrengend, gehe an die finanziellen Ressourcen und könne einen schon auch mal depressiv machen, sagt er. »Es gibt wirklich schlechte Tage, aber was mich weitermachen lässt, ist, dass ich erkannt habe, dass ich ein Teil dieses Ökosystems hier bin.« Außerdem sei er ein verantwortungsbewusster Mensch. »Ich bin Teil dieser Gemeinschaft. Deshalb bin ich auch für das Wohlergehen dieser Gemeinschaft mit verantwortlich, für das Wohlergehen der biologischen Gemeinschaft und der sozialen Gemeinschaft.« Deshalb gebe er nicht auf, deshalb mache er immer weiter. Seit fast dreißig Jahren. »Und ich liebe diesen Ort!«

Bei meinem ersten Besuch 2006 sehe ich ihn nur für einen kurzen Nachmittag. Ich weiß nichts über sein Leben und kaum etwas über den Konflikt. Er versucht, uns deutschen Freiwilligen den Regenwald nahezubringen. Kurz danach muss er untertauchen, rund vier Wochen vor dem Übergriff der Paramilitärs in Junín.

Morgens um fünf bekommt er eine Warnung übers Telefon. Einige Polizeiautos seien auf dem Weg zu seiner Finca. Schwer bewaffnete Männer auf den Ladeflächen der Pick-ups. Carlos hat nicht viel Zeit, er flüchtet in Gummistiefeln. Sein Nachbar empfängt die Polizei. Die haben einen Haftbefehl gegen ihn dabei. Er soll einer Frau in Quito bei einer Demonstration Geld und eine Kamera gestohlen haben. Bei der Hausdurchsuchung in seiner kleinen Finca tauchen Drogen und eine Waffe auf. Carlos schwört, sie wurden ihm untergejubelt. Und selbst in einem späteren Gerichtsurteil steht »Drogen gefunden« in Anführungszeichen.

Damals lässt mich die Geschichte erstaunlich kalt. Na ja, Lateinamerika halt, denke ich. Da passieren so Sachen. Und wer weiß, was stimmt und ob Carlos vielleicht tatsächlich Dreck am Stecken hat? Es ist eine von vielen Geschichten, die damals durchs Intag-Tal geistern. Jahre später werde ich ihn erneut treffen, erst in München, dann wieder im Intag. Bis dahin wird es Gerichtsurteile, Dokumente und Dokumentarfilme über die Ereignisse geben und immer offensichtlicher werden: Carlos sollte wohl aus dem Weg geräumt werden.

Kurz vor dem Ende meines Freiwilligendienstes zerschießen die Paramilitärs meine Überheblichkeit und Naivität.

Ich muss noch lange husten und nach Luft ringen. Es ist das erste Mal, dass ich Tränengas einatme. Als ich wieder klar sehen kann, haben sich die bewaffneten Männer einige Meter zurückgezogen, aber die rund dreißig Leute aus Junín schreien noch immer. Vorwürfe und Beleidigungen, die ganze angestaute Wut aus zehn Jahren Konflikt werfen sie den Männern über die Absperrung hinweg entgegen: »Haut ab! Lasst uns endlich in Ruhe! Habt ihr denn keinen Anstand?!« Die Paramilitärs steigen tatsächlich auf ihre Pick-ups und drehen um. Niemand ist ernsthaft verletzt, eine Wade hat einen Streifschuss erlitten.

Ich checke die Fotos: alle scharf, alles gut. Die Szenen habe ich nur durch den Sucher meiner Kamera wahrgenommen. Besonders das Gesicht mit dem dunklen Schnauzer hat sich mir eingebrannt.

Auf einem der Fotos sieht es so aus, als fixiere der Mann genau mich. Mit finsterem Blick und erhobener Waffe. Ich bin erstaunlich ruhig.

Die Menschen aus Junín verständigen sich via Walkie-Talkies mit anderen Dörfern und Gemeinden des Tals. Radio Intag berichtet und startet einen Aufruf, doch bitte nach Junín zu kommen und die Leute vor Ort zu unterstützen. Wer weiß, was die Paramilitärs noch vorhaben. Immer mehr Menschen kommen, am nächsten Morgen auch ein Krankenwagen und ein Pfarrer. Die Polizei kommt nicht. Carlos Zorrilla kann auch nicht kommen, er ist wegen des dubiosen Haftbefehls noch immer untergetaucht.

Südamerika ist mit Abstand die tödlichste Region für Umweltaktivist:innen weltweit. Die schlimmste Branche dabei ist der Bergbau, wie aus einer regelmäßigen Erhebung der NGO Global Witness hervorgeht. Für das Jahr 2021 kam sie auf 200 getötete Umweltaktivist:innen weltweit, mehr als die Hälfte davon in Lateinamerika.[6] Die Dunkelziffern sind um ein Vielfaches höher. Für 2006 gibt es keine verlässlichen Zahlen.

Helen und ich bleiben noch eine weitere Nacht in den Cabañas von Junín, in einem Holzhaus, das von der Gemeinde für Tourist:innen und Gäste errichtet wurde. Und noch eine Nacht und noch eine Nacht und noch eine Nacht. Jeden Morgen hoffen wir, dass der Ausnahmezustand nun vorbei ist und wir zurück zu unseren Gastfamilien können. Doch es folgen der nächste Abend und der nächste Morgen. In ein paar Tagen geht mein Flieger zurück nach Deutschland. Ich bin mir nicht ganz sicher, ob ich ihn erreichen werde. Die rund 300 herbeigeeilten Helfer:innen aus dem Tal schlafen in Schichten, auf Holzstapeln und Kirchenbänken. Frauen kochen riesige Töpfe voller Bohnen, Reis und Mais über dem Feuer. Ein Schwein wird geschlachtet, es wird Gitarre gespielt und getanzt. Insgesamt dauert die seltsame Episode mit den Paramilitärs sechs Tage.

Der Krankenwagenfahrer nimmt meine Fotos auf einem USB-Stick mit, sie werden in der ecuadorianischen und kanadischen Presse veröffentlicht. Das erfahre ich aber erst hinterher.

Am dritten Tag kommt die Polizei, aber nicht zu Hilfe. Sie hört sich die Geschehnisse an und geht wieder. Es gibt viele Gerüchte, unklare Infos und abstruse Geschichten. Ständig rauschen die Walkie-Talkies. Irgendjemand hat die Paramilitärs weiter oben im Wald gesichtet. Eine Gruppe, die zur Unterstützung kommen wollte, wurde über mehrere Stunden festgehalten, geschlagen und bestohlen. Der Bürgermeister von Cotacachi ist auf dem Weg nach Junín. Jemand vom Bergbauministerium will kommen. Jemand vom Bergbauministerium SOLL kommen! Tausende Pläne werden geschmiedet und wieder verworfen.

Der Plan, der bleibt: Am nächsten Morgen ganz früh geht eine große Gruppe in die Berge und entwaffnet die Paramilitärs. Helen und ich überlegen lange und beschließen schließlich, mitzugehen und wieder Fotos und Videos zu machen. Um drei Uhr in der Nacht stehen wir auf, trinken Kaffee im Kerzenlicht. Oben an der Straßensperre sind die anderen schon im Aufbruch, gut achtzig Leute. Wir nehmen uns noch schnell ein Marmeladenbrötchen, ein Stück frittierter Maniokwurzel und laufen ihnen hinterher. In Gummistiefeln. Alle haben ihre Namen auf eine Liste geschrieben, falls was passiert. Es wird doch nichts passieren?! Der Aufstieg in die grünen Nebelberge ist anstrengend, aber er beflügelt uns mit einer Mischung aus Vorfreude auf ein Ende des Ausnahmezustands und der Angst, dass doch alles schiefgehen könnte. Immerhin besteht der ganze Plan aus der wahnwitzigen Idee, dass die achtzig Bäuer:innen fünfzig bewaffnete Ex-Militärs oder Paramilitärs oder Sicherheitsleute oder was auch immer sie sind mitten im Wald überraschen, entwaffnen und festnehmen sollen.

Nach vier Stunden strammen Marschs durchs steile Grün hält Bolivio Perez, einer der Anführer, die Ansprache vor dem Ansturm,

Helen hat es auf Video aufgenommen: »Sind alle da? Ja? Also: Es ist ziemlich sicher, dass die Leute von der Firma zuerst schießen werden. Wenn sie schießen, werden sie in die Luft schießen. Da könnt ihr sicher sein. Wir dürfen nicht in ihre Falle tappen! Die Waffen sollen auf keinen Fall benutzt werden! Ich bitte euch inständig! Bitte glaubt mir: Mit den Waffen werden wir nicht gewinnen. Das hier ist unsere Waffe: dass wir alle aus Intag zusammengekommen sind! Also, wenn es keine Zweifel oder Fragen mehr gibt, gehen wir jetzt los. So geordnet wie nur irgendwie möglich, bitte!«

»Wir sind hier ja nicht bei der Guerilla!«, lacht noch einer, und sie stürmen los. Helen und ich laufen hinterher.

Der Moment der Konfrontation ist extrem angespannt und voller Gebrüll. Die Leute aus Intag überrennen die Männer mit den Waffen beim Mittagessen. Angst, Wut und die Möglichkeit einer totalen Eskalation sirren durch die Luft. Doch die Überrumpelten geben nach viel Geschrei und großen Gesten tatsächlich freiwillig ihre Waffen ab. Die Bäuer:innen eskortieren sie die nassgrünen Steilhänge hinunter nach Junín. Dort werden die Waffen registriert und die 56 Paramilitärs in die Dorfkirche gesperrt. Helen und ich essen schweigend erschöpft im Gras neben der Kirche. Am nächsten Tag soll angeblich der Bürgermeister von Cotacachi kommen. Jetzt aber wirklich.

Der Bürgermeister ist Auki Tituaña, ein Indigener vom Volk der Kichwa. Die Menschen hier halten viel von ihm. Aber er kommt doch nicht am nächsten Tag, sondern weitere zwei Tage später, im Che-Guevara-T-Shirt und zusammen mit einer Staatssekretärin vom Bergbauministerium. Sie haben auch ein paar Männer in Kampfmontur und mit Maschinengewehren dabei. Außerdem meine Fotos von der Schießerei, ausgedruckt und eingeflogen mit einem Hubschrauber über die Berge und Vulkane von Intag.

Die Staatssekretärin hält eine Art improvisiertes Tribunal auf der Wiese vor der Kirche ab. Die 56 Paramilitärs sind immer noch in ihr eingesperrt. Sie wurden in den vergangenen Tagen mit Reis und Bohnen bekocht und weitestgehend in Ruhe gelassen.

Die feinen Schuhe der geschminkten Dame sinken in den weichen Wiesengrund hinter dem Holztisch, der als Pult dienen soll: »Ich lese Ihnen die Verlautbarung vor, weil sie hier ja wahrscheinlich noch nicht angekommen ist. Oder gibt es ein Fax?«

Gelächter aus den Reihen der Gummistiefelträger:innen.

Die Staatssekretärin erhebt die Stimme: »Also: Sehr geehrter Dr. Veintemilla, Geschäftsführer von Ascendant Copper, ich erinnere Sie hiermit daran, dass laut Gesetz zuerst die Umweltverträglichkeitsstudie anerkannt werden muss, bevor Sie hier irgendwelche Aktivitäten auf diesem Gelände durchführen können.«

Jubel im Publikum. Der Konzern muss sich also erst einmal zurückziehen.

Ein paar Tage später geht mein Flieger zurück nach Deutschland. In der ersten Nacht im Bett neben meinem damaligen Partner wache ich auf, sehe seinen Rücken und weiß nicht so recht, wo ich bin. Mein erster Gedanke: Wer ist das? Ein Ecologista oder Minero? Ecologista oder Minero? Ecologista oder Minero? Dann merke ich: »Ah, ok, diese Vertrauensfrage brauche ich hier ja gar nicht zu stellen.« Aber warum eigentlich nicht? Vielleicht ist es gerade in Deutschland mit all seiner Macht, mit all seinem Einfluss und all seinem Geld die entscheidende Frage: Arbeitest du für die Erhaltung oder für die Zerstörung der Natur? Nur: Was genau ist hier der Unterschied?

Die Woche in Junín beschäftigt mich noch lange, sie ist der Ausgangspunkt von vielem. Es ist auch das erste Mal, dass ich erlebe, was Journalismus, was Fotos bewirken können. Und es ist das erste Mal, dass ich mich frage: In welchem System leben wir hier? Woher kommt eigentlich das Kupfer in meinem Laptop, und wer baut meinen Kaffee an? Machen die das auch wie die Kaffeebäuer:innen im Intag in Gummistiefeln, und können sie dabei auf Vulkane blicken?

Die stärkste Frau im Intag-Tal: Eine Bäuerin verklagt ihre Regierung

Sechzehn Jahre nach dem Übergriff lerne ich Cenaida Guachagmira kennen. Auch für sie haben diese sechs Tage im Dezember 2006 ein Davor und Danach markiert. Sie war damals dreizehn Jahre alt und lebte in einem benachbarten Dorf von Junín, in Cerro Pelado. Heute verklagt sie ihre Regierung auf Grundlage der Rechte der Natur in diesem Präzedenzfall. Es geht nicht mehr um die kanadische Firma, sondern um Codelco, und zum ersten Mal hat sich der Präsident Ecuadors als Beteiligter dritten Grades in einen Gerichtsprozess eingeschaltet. Schließlich handelt es sich um die potenziell größte Kupfermine des Landes in einer der biodiversesten Regionen der Welt.

Es ist Januar 2022. Ich bin zum zweiten Mal seit meinem Freiwilligendienst zurückgekehrt nach Intag. Über die Jahre und über das Internet habe ich die Entwicklungen am Rande verfolgt und in anderen Ländern zu anderen Rohstoffen und anderen sozialen Bewegungen recherchiert. Erst nach und nach habe ich gesehen, dass sich der Konflikt und die Lösungsstrategien im Intag in fast allen diesen Geschichten in irgendeiner Facette spiegelten. Sei es beim Landraub in Palästina, bei einer Kindergewerkschaft in der Bergbaustadt Potosí in Bolivien oder auch bei einer Windenergie-Kooperative in einer niedersächsischen Gemeinde. Die Geschichte vom Intag aber wollte lange niemand hören. Zu weit weg, zu komplex, zu unklar die Verbindungen nach Deutschland, das waren die Argumente der Redaktionen. Dann erhalte ich ein Recherche-Stipendium und die Zusage meiner Stamm-Redaktion NDR Info für ein Radio-Feature und kehre 2020 mit der Fotografin Maria Sturm für drei Wochen zurück. Die Geschichte, ihre Relevanz und ihre Menschen beschäftigen mich weiter, und ich komme 2022 noch einmal für ein knappes halbes Jahr nach Ecuador. Von Carlos will ich wissen, wer seiner Meinung nach mittlerweile die stärkste Frau des Intag sei. Schließlich geht es in dieser Geschichte auch um Pachamama, Mutter Erde, und um die Frauen.

Carlos sagt: »Cenaida Guachagmira.« Also besuche ich Cenaida Guachagmira.

Sie lebt zur einen Hälfte in dem kleinen Städtchen Cotacachi und zur anderen Hälfte auf einem Berg im Intag-Tal. Am einen Ort zieht sie mit ihrem Partner ein Start-up auf, das Internet in entlegene Regionen bringt. Am anderen Ort ist sie geboren und aufgewachsen. Dort zeigt sie mir ihr Feld, ihr Land und ihren größten Schatz.

Cenaida gräbt die rosa Fingernägel tief in die feuchte schwarze Erde. Ihre Strickjacke leuchtet pink im Nebel, an den Gummistiefeln klebt Matsch. Sie reißt das wuchernde Grün zwischen den Kaffeesetzlingen aus, begutachtet die Papayas und pflückt eine Baumtomate. Nach einem Monat Kleinstadtluft ist sie zurück auf ihrem Feld weit hinten auf einem der vielen Hügel des Intag-Tals. »Hier vergesse ich alle Zeit und alle Probleme«, sagt sie, »hier bin ich einfach nur mit der Erde verbunden.«

Resolut bahnt sich ihre drahtige Gestalt einen Weg durch den Wildwuchs zwischen den Früchten. Cenaida ist 28 Jahre alt, »ein Jahr älter als der Konflikt«, wie sie sich selbst gerne vorstellt. Als wäre es ihr Markenzeichen oder ein besonderer Charakterzug. Und tatsächlich hat er ihr Leben geprägt, der Konflikt. Und ihr Dorf Cerro Pelado.

Seit sie denken kann, versuchen verschiedene internationale Bergbaugiganten, an den vermeintlichen Schatz unter ihrer Erde zu gelangen, was nur funktionieren kann, wenn sie das Grün und das Wasser darüber zerstören. »Warum sehen die denn nicht, dass hier oben der eigentliche Reichtum ist?«, Cenaida atmet tief ein und blickt auf ihre drei Hektar Obst- und Gemüsewildwuchs den Steilhang hinab und dann in die grüne Weite, die sich zwischen den Wolkenschwaden auftut. »Wir Menschen haben die Verbindung zur Natur und unsere spirituellen Werte verloren«, sagt sie. Alles, was zähle, sei das Materielle. Cenaida mit den schwarzen langen Haaren und dem vollen Mund, der meist entweder laut lacht oder redet, glaubt stattdessen an Pachamama, an Mutter Erde, und die Verbundenheit aller Lebewesen.

Ihr Vater gehört seit den Neunzigern zu den Köpfen des Widerstands im Intag und wie Carlos Zorrilla zu den Gründern von DECOIN. Es gibt eine Geschichte, nach der einmal sogar ein Auftragsmörder auf ihn angesetzt gewesen sein soll, der die Familie in ihrem Häuschen besuchte, unter dem Vorwand, sie beschützen zu wollen. Sie haben ihn willkommen geheißen und ihm zu essen gegeben, erzählt Cenaida. Nach zwei Wochen hätte er sich verabschiedet. Er könne nicht ausführen, wofür man ihn beauftragt habe, so angeblich seine letzten Worte. Die Geschichte lässt sich nicht überprüfen, aber sie passt ins Netz anderer Geschichten und Fakten, aus dem Intag-Tal und generell aus den Bergbauregionen Lateinamerikas.

Im Häuschen hinter dem Feld hängt Cenaidas Protest-Bettlaken über einem Regal. Eine noch aktive Reliquie des Widerstands. »Wassertrinken gibt uns Leben. Aber Wissentrinken gibt uns Wasser«, steht darauf in verwaschenem Blau. Damit war sie auf vielen Demonstrationen und sogar im Parlament.

In ihrer Kindheit war auch vor Cenaidas Haus eine Straßensperre gegen den Bergbaukonzern aufgebaut. Als Teenager kannte sie Teile der Verfassung auswendig und bewegte mehrere Eindringlinge zur Umkehr. »Die Paramilitärs von 2006 aber konnten wir nicht aufhalten. Sie hatten Waffen und Tränengas dabei.« Also ließen sie sie passieren, in Richtung Junín.

Die Erwachsenen im Dorf beschlossen, den Männern hinterherzueilen, um ihren Nachbar:innen beizustehen. Die Kinder ließen sie zurück. Cenaida war eine der ältesten. »Dann hörten wir erst einmal eine Weile nichts mehr von unseren Eltern.« Sie muss schlucken, als sie davon erzählt. Mittlerweile ist sie selbst Mutter von zwei Kindern. In ihrem Dorf gab es damals weder Telefon noch Strom und schon gar kein Internet. »Aber wir hatten keine Angst. Wir wussten, das ist jetzt wichtig.« Also haben die Kinder aus den verschiedenen Häusern Lebensmittel zusammengetragen. Die einen hatten Maniok, die anderen noch ein paar Karotten. In einem Haus fanden sie Reis, im anderen Nudeln. Bei Cenaida gab es sehr viel Brotteig, weil die Familie eigentlich an dem Tag backen wollte. Manche der Kleinen waren erst zwei oder drei Jahre alt, die schliefen bei Cenaida mit im Bett. Rund zwanzig Kinder haben sich so sechs Tage lang allein versorgt. Ein alter Mann war noch im Dorf zurückgeblieben, aber der sei wenig hilfreich gewesen, erinnert sie sich.

Die ganze Zeit über blieben die Kinder von Cerro Pelado ohne Nachricht von den Erwachsenen oder den älteren Brüdern. Als die endlich zurückkamen, waren einige von ihnen zerschunden und zusammengeschlagen. Besonders Cenaidas Bruder Robinson hatte es übel erwischt. Es gibt ein Foto von ihm, eine Nahaufnahme seines Gesichts. Blut läuft aus einer Wunde auf seiner Stirn, er blickt vorwurfsvoll und fassungslos in die Kamera. Ich habe es damals gemacht, es wurde das Plakat eines Dokumentarfilms.

Sechzehn Jahre später hat Cenaida, die kleine Schwester des Verwundeten, den Kampf um die Mine mit vor Gericht gebracht und Anklage gegen die eigene Regierung erhoben, gegen das Umweltministerium, das Rohstoffministerium und die Generalstaatsanwaltschaft von Ecuador. Diese hätten zusammen mit Codelco, dem größten Kupferkonzern der Welt, die Rechte der Menschen und die Rechte der Natur im Intag-Tal verletzt, heißt es in der Anklageschrift.

Ascendant Copper, der kanadische Konzern mit den Paramilitärs, ist in der Zwischenzeit verschwunden, wurde aus der Börse von Toronto ausgeschlossen und hat seinen Namen geändert. Jahre später hat er von einem internationalen Schiedsgericht elf Millionen US-Dollar Schadensersatz von Ecuador erstritten (siehe Kapitel 2).

Da versuchte die Regierung des Andenstaats aber schon selbst, an das Kupfer unter Cenaidas Häuschen zu gelangen. Und genau darum geht es nun in der Klage, die sie gemeinsam mit drei anderen Kleinbauern aus dem Intag-Tal eingereicht hat. Ecuadors staatliche Bergbauagentur Enami hat einen Vertrag mit dem chilenischen Staatskonzern Codelco geschlossen. Enami hält die Konzessionen, hat aber nicht das nötige Geld, um selbst an das Kupfer zu gelangen. Gemeinsam wollen sie die Kupfermine ins Tal sprengen. Seit 2014 sind sie da, haben Straßen und Camps errichtet und Probebohrungen durchgeführt. Paramilitärs brauchten sie dafür nicht; Polizei und Militär haben die Arbeiten gegen den Widerstand der Bäuer:innen verteidigt. Sie nennen das Projekt »Llurimagua«. Es ist ein altes Wort eines alten indigenen Volkes, das es heute nicht mehr gibt. Die Bedeutung des Wortes ist verlorengegangen. Ein kleines Dorf in der Nähe von Junín heißt so, jetzt auch das Bergbauprojekt.

»Du musst deine Rechte kennen!« Das habe ihr Vater ihr schon vor dem Übergriff der Paramilitärs wieder und wieder erklärt, erinnert sich Cenaida. Mit vier Jahren hat er sie das erste Mal auf die Versammlungen der Umweltaktivist:innen des Intag mitgenommen. Die Fußmärsche dorthin haben sie oft stundenlang über die Hügel des Tals geführt. »Um deine Rechte in Anspruch zu nehmen, musst du sie erst einmal kennen, musst du dich informieren«, sagte ihr Vater auf diesen Wegen. Also hat Cenaida Teile der Verfassung gelesen und Teile der Umweltverträglichkeitsstudie, die das erste Unternehmen durchgeführt hatte, das schon in den Neunzigern an das Kupfer wollte: Bishimetal aus Japan. »Da steht ganz klar drin, dass unser Sektor im Prinzip eine Müllhalde werden soll, mit Auffangbecken voller Chemikalien.« Bishimetal, ein Tochterunternehmen von Mitsubishi, kam in dieser Untersuchung zu dem

Ergebnis, dass selbst ein kleinerer Tagebau hier größere Schäden anrichten würde. Der Wald müsste großflächig abgeholzt werden, die Flüsse würden mit giftigen Schwermetallen verseucht, und Hunderte von Familien müssten umgesiedelt werden.[7]

Mit vierzehn hat Cenaida die Schule geschmissen und viel mehr im Leben als im Klassenzimmer gelernt. Sie wollte zum Beispiel nicht wissen, dass Ecuador stolz auf Christoph Kolumbus und die Eroberung Lateinamerikas sein sollte. Also widersprach sie ihrem Lehrer. Der drohte mit schlechten Noten, und sie ging nicht mehr in die Schule. Schon von klein auf habe ihr Vater ihr beigebracht, sie sollte nur lernen, was sie wirklich weiterbringe. »Wenn du lesen kannst, kannst du dich informieren«, hat er gesagt. »Wenn du rechnen kannst, kommst du mit deinen Finanzen klar. Und den Rest kannst du dir dann schon erschließen.« Er selbst studierte ein paar Semester Jura, musste aber aus Geldnöten abbrechen.

Die Armut schreit auch heute noch aus jeder Ecke von Cenaidas Leben. Sie tropft vom Wellblechdach und liegt im speckigen Staub auf der Plastiktischdecke mit Blumenmuster. In dem Häuschen auf einem der vielen Hügel im Intag-Tal ist es kalt und nass. Zum Abendessen gibt es Kürbis mit Honig und Popcorn. Der Boden ist aus gestampftem Lehm, die Steinwand unverputzt. Hinten links steht ein Bett für Cenaida, ihren Partner und die zwei Töchter. Die eine ist fünf, die andere vier und hat seit der Geburt eine Hirnschädigung. Sie kann nicht sprechen und nicht laufen. Cenaida nennt sie das schönste Mädchen auf der ganzen Welt. Immer dreimal hintereinander, wie eine Zauberformel. Dabei kitzelt sie die Kleine mit ihrer Nase und den langen schwarzen Haaren, bis das Kind vor Freude gluckst.

Cenaida scheint sie nicht zu hören, die schreiende Armut. Oder sie ist ihr egal. Sie lacht und erzählt Geschichten, füttert die eine Tochter, spielt mit der anderen Schatzsuche auf dem Handy und singt zur guten Nacht eine Hymne der lateinamerikanischen Freiheitsbewegung: *Solo le pido a Dios* des argentinischen Musikers León

Gieco. Ihre Stimme ist klar und hell wie aus dem Radio, untermalt vom Regen auf dem Blechdach:

»Alles, worum ich Gott bitte, ist, dass mir diese Ungerechtigkeiten nicht gleichgültig sind. Dass der verdorrte Tod mich nicht leer und allein findet, ohne dass ich genug getan habe.«

Tief unter ihren Gummistiefeln, die sie auch in der kalten Küche nicht auszieht, liegt der Schatz verborgen. Ihr Häuschen, ihr Feld, ihr Dorf und die Nachbargemeinden gehören zu den knapp fünfzig Quadratkilometern, auf denen die Kupfermine Llurimagua aufgerissen werden soll und um die es seit knapp dreißig Jahren diesen bitteren Kampf gibt. Die Kleinbäuerin ohne Schulabschluss will ihn nun vor Gericht ausfechten. Sie hat sich mit mächtigen Gegnern angelegt, um die vielen Vögel, Flechten, Orchideen und ihr eigenes Feld zu verteidigen. Doch sie ist dabei nicht allein. Drei weitere Bauern aus dem Tal ziehen mit ihr vor Gericht. Und die Natur.

Denn die ecuadorianische Verfassung hat als erstes und bisher einziges Land auf der Welt die Natur zum Rechtssubjekt erhoben. Dadurch können in dem kleinen Andenstaat nicht nur Menschen, sondern kann auch die Natur selbst Klage erheben, vertreten durch Menschen. Im Fall von Intag macht das gerade unter anderem der langnasige Harlekin-Frosch, eine für ausgestorben gehaltene und im Intag wiederentdeckte Art. Sie wird vertreten von Cenaida und ihren Mitstreiter:innen.

Der Fall hat schon jetzt internationales Aufsehen erregt, er wird in Doktorarbeiten und Jura-Workshops behandelt, und selbst Leonardo DiCaprio hat mehrfach unter dem Hashtag #SalvemosIntag – Retten wir Intag – seine Solidarität mit der Natur bekundet und eigene Posts dazu verfasst.

Cenaida hat den Frosch mit der langen Nase noch nie gesehen. Aber irgendwo zwischen den vielen Hügeln unterhalb ihres Häuschens muss er sitzen. Nächste Woche haben sie ihren großen gemeinsamen Auftritt vor Gericht.

2.
Ein Papier für die Natur: Ecuadors außergewöhnliche Verfassung

Eine Weltkarte, auf der Utopia nicht
verzeichnet ist, ist es nicht wert,
auch nur einen Blick darauf zu werfen,
denn sie lässt das eine Land aus,
in dem die Menschheit immer anlandet.
Fortschritt ist die Verwirklichung von Utopien.

OSCAR WILDE: *DIE SEELE DES MENSCHEN UNTER DEM SOZIALISMUS*

Cenaida und ihre ältere Tochter Keyla sitzen am Spinnrad. Draußen ist es dunkel, drinnen leuchtet eine nackte Glühbirne in der Fassung vor der unverputzten grauen Steinwand. Sie leuchtet auf das Bett voll dicker grober Decken, auf eine weiße Plastiktüte an der Wand, auf Coronamasken an einem Nagel, auf eine weißrote Medikamentenpackung, auf ein Sparschwein aus Porzellan, einen blauen Schulrucksack, ein Handyladekabel und auf den festgestampften Lehmboden. Das Spinnrad scheint aus einer sehr alten Zeit gefallen. Bretter wurden zu einem windigen Tisch zusammengezimmert. Obenauf sitzt eine Spule aus Metall, die den weißen Faden aufrollt, für den Cenaida Fasern aus einem langen dicken Strang zieht, der an den gigantischen Pferdeschweif eines Schimmels erinnert. Sie sitzt in Blümchenbluse und grauer Strickjacke auf einem aufgestellten Baumstamm, der ihr als Hocker dient.

Das Spinnen war ihr erster Akt des Widerstands gegen die Kupfermine, erzählt sie. Aus den Fäden hat sie als kleines Mädchen zusammen mit den anderen Frauen im Dorf Säckchen gehäkelt, in die der Kaffee des Tals verpackt wurde. Es sollte eine wirtschaftliche Alternative zur Mine werden. Sie fingen damit an, nachdem der erste Bergbaukonzern Untersuchungen in der Gegend durchgeführt hatte. In den Neunzigern war das, der Konzern war damals noch Bishimetal aus Japan. Die Zeitrechnung im Intag verläuft entlang der jeweiligen Landbeanspruchher: Bishimetal war der erste, dann kam Ascendant Copper aus Kanada, danach Codelco aus Chile. Die Japaner zogen sich nach ein paar Jahren zurück, die Verbindung blieb. Noch heute exportiert AACRI, die Kaffeekooperative des Intag, einen Teil seines Kaffees nach Japan.

»Wenn die Welt doch endlich verstehen würde, dass Geld nicht alles ist«, sagt Cenaida. »Im Intag-Tal kann man lernen, was Leben heißt, was Freiheit ist. Und Gesundheit.« Nahrung gebe es hier immer, weil das Land so fruchtbar sei. Außerdem teilten die Menschen das wenige, was sie haben. »Diese Freiheit hier ist das höchste Gut, das größte Glück.«

Heute verteidigt Cenaida dieses Glück nur noch manchmal mit Kaffeesäckchen aus Cabuya, einer besonderen Kaktusart, die es vor allem in Ecuador gibt und deren Fasern auch für Kleidung, Hüte und Taschen verarbeitet werden.

Heute verteidigt Cenaida ihr Glück vor allem mit der besonderen Verfassung Ecuadors. »Unsere Verfassung ist schon was! Sie sagt dir: Erhebe dich! Steh auf! Diese Rechte gehören dir, es sind deine Rechte. Also tu was!« Ihre Stimme ist voll, rund und kommt ganz tief aus dem Bauch. Sie wird immer enthusiastischer und spricht, als säße sie nicht mehr auf einem Holzstamm in einer kleinen Hütte, sondern als stünde sie auf einer großen Bühne vor vielen Menschen.

> »Auch wir haben eine Stimme, auch wir haben Rechte, und diese Rechte wurden aus gutem Grund niedergeschrieben. Es kommt auf UNS an, diese Rechte auch einzufordern. Wenn wir das nicht tun, sind es nur tote Buchstaben.«

Lektionen über Mut und Vorsicht vor Gericht – ein juristischer Workshop

Um diese Rechte besser anwenden zu können, besucht Cenaida am nächsten Morgen einen Workshop. Es ist Januar 2022. Mit ihrer Familie fährt sie den Berg von Cerro Pelado die vielen Kurven hinunter ins größte Dorf des Tals, nach Apuela. Rund 2000 Menschen leben hier. Es ist der Waren- und Informationsumschlagplatz von Intag. Im Zentrum liegt ein Marktplatz, links daneben eine gelb-weiße Kirche, rechts ein graues Volleyballfeld für den Nationalsport des Andenstaats: Ecovolley. Die Straßen von Apuela sind gepflastert und geteert, die Häuser bunt und schief. Unterhalb fließt der Intag-Fluss vorbei, oberhalb erheben sich bewaldete Berge und das »Cara de Intag«, eine grün bewachsene Wand, in der man ein riesiges Gesicht erkennen kann. Es gibt kleine Restaurants, Läden, Bäckereien, einen Copyshop und eine Polizeistation.

Für den Workshop sind zwei Anwältinnen und ein Anwalt aus dem 150 km entfernten Quito in das Gemeindehaus gekommen. Die Dachorganisation Toisan hat hier ihren Sitz. Sie vereint verschiedene Umwelt-, Landwirtschafts-, Frauen- und Bildungsinitiativen des Tals und wird von Leuten aus der Region geführt.

Cenaida begrüßt die anderen, die mit ihr die Klage führen oder unterstützen. Ihr Partner Nelson kommt mit den Töchtern hinterher. Knapp zwanzig Menschen aus verschiedenen Intag-Dörfern sitzen in Gummistiefeln oder Turnschuhen in dem zugigen Raum im Kreis. Auf dem Boden sind terrakottafarbene Fliesen, die Türrahmen und Deckenbalken aus dunklem Holz, die Wände weiß getüncht und voller geografischer Karten über das Tal und die Konzessionen.

Am nächsten Tag soll die Verhandlung gegen ihre Regierung und gegen das alte System beginnen. Heute wollen die Kläger:innen und Zeug:innen den Umgang mit den neuen Rechten aus der Verfassung trainieren. Der langnasige Harlekin-Frosch ist nicht gekommen, aber Carlos Zorrilla, der für ihn sprechen wird. Er wird als sogenannter *amicus curiae* auftreten, als eine Art Freund des Gerichtsprozesses. Jede Seite darf solche Freund:innen bestimmen, die dann in deren Namen vor Gericht sprechen. Carlos wird sich für die Rechte der Natur aussprechen.

»Es wird nicht einfach!«, sagt eine der Anwältinnen. »Denn es werden ein paar unverschämte Leute dabei sein, die euch angreifen werden.« Besorgte Gesichter bei einigen Männern, Cenaida nickt konzentriert. Sie ist vorbereitet. Die Anwältin gibt einen heißen Tipp, den aber kaum jemand über die nächsten zehn Tage des Prozesses durchhalten wird, auch Cenaida nicht: »Es ist wichtig, gut durchzuatmen und ruhig zu bleiben. Nur so könnt ihr möglichst gut auf die Fragen antworten. Die Aussagen, die ihr macht, sind elementare Beweise in dem Fall.«

Cenaida saugt die Worte der Profis auf und gibt ihr Wissen an ihre Kollegen weiter. Sie ist neben den beiden Anwältinnen aus Quito die einzige Frau. Ihr Vater ist via Zoom mit dem Handy zugeschaltet, ihr Partner sitzt neben ihr. Beide Männer ergreifen in den sieben Stunden des Workshops kein einziges Mal das Wort, lassen Cenaida sprechen und hören zu. Und Cenaida redet und fragt und redet und fragt. »Du kannst sagen, dass du nie eine Einladung zu einer Informationsveranstaltung bekommen hast«, schlägt sie einem älteren Mann vor, der nervös immer wieder über seine Knie streicht und sich bei seinen Übungsantworten verhaspelt. Einen anderen Mann, der sich Sorgen macht, weil es ja durchaus Informationsveranstaltungen gegeben hätte, beruhigt sie: »Es ging dabei aber nur um Jobs und nicht um die Umweltzerstörung!« Neben den Rechten der Natur ist ein entscheidendes Argument der Klage nämlich: Die Bevölkerung ist nicht ausreichend über das Projekt informiert und zu ihrer Meinung befragt worden, wie es vorgeschrieben ist.

Acht Anwält:innen arbeiten insgesamt aktuell für die Seite der Klage. Sie arbeiten ehrenamtlich, auf Spendenbasis oder finanziert von einer NGO. CEDENMA unterstützt den Fall zum Beispiel. Es ist die Dachorganisation verschiedener Initiativen, die sich in Ecuador für die Rechte der Natur einsetzen. CEDENMA katalogisiert, berät und beteiligt sich an Klagen, in denen es um die Rechte der Natur geht. Rund sechzig Fälle habe es seit der neuen Verfassung mit der Natur als Rechtssubjekt von 2008 gegeben. Und mehr als die Hälfte sei im Namen der Natur entschieden worden. Offizielle Zahlen vom Staat gibt es dazu nicht.

In einer Workshop-Pause setze ich mich mit Javier Ramirez auf die Bank vor dem Haus mit dem großen Guama-Baum im Vorgarten.

Javier kommt aus Junín, ist 45 Jahre alt, Kaffee- und Aloe-vera-Bauer und eine zentrale Figur im Widerstand von Intag. Jetzt führt er neben Cenaida und zwei weiteren Bauern die Klage gegen die Regierung. Ich bin ihm in der seltsamen Woche von Junín begegnet, habe ihn aber nicht wirklich wahrgenommen. Danach habe ich nur von ihm gehört, gelesen und ihn in Dokumentationen gesehen.

Javier wurde 2014 verhaftet, einige Tage bevor Codelco und Enami zusammen mit rund 300 Polizisten ins Intag kamen. Der Vorwurf: Er soll ein Fahrzeug der staatlichen Bergbauagentur Enami beschädigt, den Straßenverkehr blockiert und zwei Beamte verletzt haben. Der Staat erhob Anklage wegen »Rebellion«, was im deutschen Rechtssystem vielleicht dem Vorwurf der Gefährdung der inneren Sicherheit oder gar Terrorismus ähnelt. Neunzig Tage sollte er in Präventivhaft bleiben, und es sollte weiter ermittelt werden. Javier war damals Dorfvorsteher von Junín und hatte sich mehrfach öffentlich gegen den Bergbau gestellt. Zehn Monate verbrachte er im Gefängnis, bis es endlich zum Gerichtsprozess kam. Das Urteil lautete: Freiheit. Es gab nämlich eindeutige Beweise, dass er zur Tatzeit an einem anderen Ort war. Eine Entschädigung oder Entschuldigung gab es nicht.

Javier ist ein leiser, bescheidener Mann mit sanfter Stimme und schüchternem Lächeln. Man fragt sich, wie er zehn Monate in einem ecuadorianischen Gefängnis überlebt haben kann.

Auf der Bank unter dem großen Baum sagt er nun: »Im Gefängnis bist du niemals sicher. Du kannst nicht schlafen. Du musst mit offenen Augen schlafen.« Am Anfang wurde er oft verprügelt, sagt er. Dann lernte er jemanden aus Intag kennen, der ihn vor dem Übelsten beschützen konnte. Von da an wurde es einfacher, aber natürlich nicht gut. Seine Frau erhielt Todesdrohungen, seine Mutter ist heute noch ein Nervenbündel.

Nach der Haft und einem Prozess, zu dem Hunderte aus dem Intag in die Provinzhauptstadt nach Ibarra kamen, wurde er freigelassen. Sein Bruder trug ihn auf den Schultern durch eine Menschenmenge in die Freiheit. Sie haben ihm ein T-Shirt für die Zukunft mitgegeben. Darauf steht grün auf schwarz: »Yo soy Rebel de Intag«. Ich bin ein Rebell aus dem Intag. Doch als er zurück nach Junín kam, war nicht mehr viel mit Rebellion. Überall war Polizei; sie hatten sich in die Häuser eingemietet, standen an Straßenecken, klopften an viele Türen. Codelco und Enami hatten mit ihren Arbeiten begonnen, die Menschen kleine Jobs erhalten oder sie waren eingeschüchtert. Der Widerstand gegen die Mine war versickert.

Seitdem hat Javier sein Dorf Junín eigentlich nie wieder so richtig verlassen. Er wurde eingeladen, hier und da über Bergbau und Umweltschutz zu sprechen, aber er hat immer andere geschickt. »Ich liebe diese Erde hier einfach so sehr. Meine Familie, meine Gemeinde, die Natur. Ich will das alles keinen weiteren Tag vermissen müssen.«

Trotz der gut vier Stunden Fahrt zum Workshop nach Apuela ist er aber gekommen. Das gehört ja auch noch zum Intag-Tal und alles sowieso zum *lucha,* wie sie hier sagen, zum Kampf. »Ich war eigentlich immer eine ruhige Person, aber nach und nach hat meine Geduld nachgelassen«, sagt er noch. »Man will, dass sie endlich zuhören, dass sie endlich verstehen. Die Funktionäre des Staates. Die einfach nicht einsehen wollen, dass das hier unser Land ist, dass wir die Natur beschützen und dass wir uns nicht vertreiben lassen.«

Am Ende des langen Tages mit den vielen Worten vor dem Prozessauftakt geben die Anwält:innen letzte Ratschläge mit auf den Weg: »Passt auf euer Internet auf! Kommt morgen besser in die Stadt nach Cotacachi.« Die Verhandlung findet wegen Corona via Zoom statt. Nicht, dass am Ende die Klagen nicht vorgebracht werden können, weil morgen das Internet im Intag nicht funktioniert. Oder weil jemand nicht will, dass es funktioniert: »Bei dieser Regierung weiß man nie.« Nicht nur wegen Javiers Geschichte und des schlimmen Zustands der Gefängnisse hatten die bäuerlichen Rechtslehrlinge bisher wenig Vertrauen in die Justiz ihres Landes. In Ecuador grassiert die Korruption. Wer wenig Geld hat, hatte bisher auch wenig Chancen vor Gericht oder musste viel Glück und sehr harte Arbeit mitbringen. Doch seit der neuen Verfassung von 2008 und verstärkt seit dem Ende der Amtszeit von Rafael Correa 2017 steigt das Vertrauen der Umweltaktivist:innen in Ecuadors Justiz.

Der ehemalige Präsident soll ein ganzes Netzwerk für Schmiergeldzahlungen aufgebaut haben und wurde dafür zu acht Jahren Haft in Abwesenheit verurteilt.

Auf der Korruptionsliste von Transparency International steht Ecuador immer noch auf Platz 105 von 180. Und eine Umfrage aus dem Frühjahr 2022 besagt, dass 83 Prozent der ecuadorianischen Bevölkerung kein Vertrauen in ihr Justizsystem hat. Der Weg der Justiz bleibt ein schwerer. Er kostet Cenaida und die anderen sehr viel Zeit und Nerven und damit auch Geld. Aber er scheint ihnen vielversprechender und nachhaltiger als alles, was sie in den letzten dreißig Jahren an Widerstand leisten konnten.

Vom Erdölmanager zum Ökoaktivisten

Zwei Jahre vor dem Workshop und drei Tage bevor Ecuador seine Flughäfen wegen Corona in alle Richtungen schließt, lädt Alberto Acosta in seine Wohnung über den Dächern und neben den Bergen von Quito. Er gilt als einer der zentralen Väter der Bewegung der Natur als Rechtsperson in Ecuador.

Alberto Acosta ist Jahrgang 1948 und trägt braune Turnschuhe zu Stoffhose und kariertem Hemd. Die Welt betrachtet er mit wachen Augen durch eine rechteckige Brille mit schmalem schwarzem Rand. Er bringt einen gerne zum Lachen. Wir sprechen deutsch, er besteht auf dem Du. Alberto hat in Köln Volkswirtschaftslehre studiert und danach eine Weile dort gelebt.

Die Fotgrafin Maria Sturm und ich haben ihm ein Bild aus dem Intag mitgebracht. Darauf ist ein Schild zu sehen mit dem Schriftzug »Acosta = Presidente // Correa = Minería«. Rafael Correa war der Übergangspräsident zwischen den Zeiten von Ascendant Copper und Codelco. Unter ihm wurde der aktuelle Deal eingefädelt. Acosta ist gerührt: Ja, Intag sei ihm auch sehr ans Herz gewachsen, sagt er. Auf Carlos Zorrillas Finca war er mehrfach, die Widerstandskraft der Menschen im Tal sei beeindruckend.

Alberto Acosta war nie Präsident von Ecuador, aber er war Marketingmanager der staatlichen Erdölagentur, Energieminister und schließlich der Präsident der verfassunggebenden Versammlung von 2008. Die Wandlung vom Erdölanhänger zum Umweltliebhaber habe eine Frau initiiert, erzählt er – seine spätere Ehefrau. 1984 waren sie gemeinsam im Amazonas unterwegs. Acosta war begeistert von den Rohren, durch die das Erdöl gepumpt wurde. »Schau, das ist die Ader der ecuadorianischen Wirtschaft!«, rief er der Frau zu, die noch nicht seine Frau war. »Da fließt der Reichtum unseres Landes!« Darauf die Frau: »Nein, nein, nein. Da fließt das Blut des Dschungels. Der Amazonas wird ausbluten.«

Von diesem Moment an begann er, nachzudenken und nachzufragen. Über die Natur, über Erdöl und über Rohstoffe ganz allgemein. Nach und nach habe er sich vom Neoliberalisten zu einem radikalen Umweltaktivisten entwickelt: »Mittlerweile fühle ich mich wie ein Astronomieprofessor, der sich jahrzehntelang auf einen einzigen Stern spezialisiert hat und dann feststellen musste, dass dieser Stern gar nicht existiert. Es war nur eine Widerspiegelung im All. Diese sogenannte Entwicklung ist nur eine Fata Morgana.«

In den Siebzigern hatte er als Sohn reicher Großgrundbesitzer in den Vorlesungen der Volkswirtschaftslehre in Köln alles aufgesaugt, was seinem Land die vermeintliche Entwicklung bringen könnte. Mit diesem Wissen nahm er später als Vertreter der ecuadorianischen Erdölagentur begeistert an OPEC-Verhandlungen teil. Die

Organisation der erdölexportierenden Länder regelt die Fördermengen ihrer Mitglieder, um den Ölpreis auf einem bestimmten Niveau zu halten. »Damals dachte ich noch, wenn wir Erdöl mit moderner Technologie fördern könnten, dann würden wir nicht so einen großen Schaden anrichten. Aber das ist falsch. Man kann den Schaden vielleicht etwas eindämmen, aber die Zerstörung kommt irgendwann.«

»Da denken viele immer noch anders«, werfe ich ein. Auch beim Bergbau und gerade was die Idee von Entwicklung anginge. »Ja, aber allein die Idee von Entwicklung ist Quatsch«, sagt Acosta. »Ein ständiges wirtschaftliches Wachstum in einer Welt mit begrenzten Mitteln ist Wahnsinn. Das ist unmöglich.«

Ich: »Aber sie hat Infrastruktur gebracht, die Kindersterblichkeit gesenkt, den Hunger gemildert.«

Er: »Vielleicht hat sich die Lage ein bisschen verbessert, aber Entwicklung an sich existiert nicht. Ist Deutschland ein entwickeltes Land? Es gibt so viel Reichtum dort, und trotzdem leben so viele Kinder in Armut. Und Ecuador? Wir waren der größte Kakao-Exporteur der Welt. Heute sind wir der größte Bananen-Exporteur der Welt. Aber wir sind nicht – er malt Anführungszeichen in die Luft – entwickelt. Die Arbeiter und Arbeiterinnen leben in fürchterlichen Verhältnissen auf diesen Plantagen. Wir haben Erdöl exportiert, Blumen exportiert, Krabben exportiert. Wir sind ein Exportland. Als ich Minister war, war ich ein Sonderfall.«

2007 war Acosta Energieminister und setzte sich dafür ein, Erdöl im Boden zu belassen, anstatt es zu fördern. Es ging um das Erdöl unter dem Yasuní-Nationalpark im Amazonas. Die Idee kam von den Indigenen und war einer der vielen Schritte und Puzzleteile zur Anerkennung der Natur als Rechtsperson. Die Industriestaaten sollten eine Kompensation dafür zahlen, dass Ecuador das Öl nicht aus dem Boden hole. Eine Summe von 3,6 Milliarden US-Dollar wurde festgesetzt – ungefähr die Hälfte dessen, was das Öl damals wert war.

Acosta dazu: »Nach dem Motto: Ihr Industriestaaten habt die Welt kaputt gemacht. Wir können dieses Gebiet jetzt zum Nutzen der gesamten Menschheit schützen.« Das war der erste Streich des zum Umweltschützer gewandelten Acosta. Er scheiterte, zumindest im Endergebnis. Nur dreizehn Millionen kamen zusammen. Der damalige Präsident Rafael Correa versprach mal das eine, mal das andere und war nicht wirklich vertrauenerweckend. Trotzdem hatten sich die Vereinten Nationen dazu bereit erklärt, den Fonds zu verwalten. Italien und Deutschland sagten Mittel zu. Deutschland war zunächst ein wichtiger Partner in der kleinen Utopie: Alle Fraktionen im Bundestag stimmten dafür, sich an der Initiative zu beteiligen. Doch dann gab es einen Regierungswechsel, und FDP-Politiker Dirk Niebel wurde Entwicklungsminister. Acosta: »Da hat sich die Lage schnell verniebelt.« Er hegt keinen Groll. Die Initiative war ein Anfang. »Es muss viele Yasunís geben!«, sagt er. »Viele solcher Ideen und Projekte. Um die Vorstellungskraft der Leute zu weiten.«

Heute wird am Rand des Yasuní-Parks Öl gefördert. Es sind die größten Reserven von ganz Ecuador. Von zwölf Ölplattformen aus versuchen Hunderte Arbeiter in Schichten, 24 Stunden am Tag, an das schwarze Gold im Grün zu gelangen. Das Ölfeld zieht sich mit rund 100 Hektar auch unter das Schutzgebiet des Yasuní-Parks. Die staatliche Erdölfirma hat den Auftrag für weitere Bohrungen schon an ein chinesisches Unternehmen vergeben. Auch der Rand des Parks liegt im Amazonas. Es ist ebenfalls eine der artenreichsten Regionen, die der Welt noch geblieben sind. 150 Amphibienarten leben hier, etwa 600 Vogelarten und mehr als 3000 Pflanzenarten, außerdem zwei Völker, die mit dem Rest der Welt nichts zu tun haben wollen: die Tagaeri und die Taromenane.

Doch mittlerweile hat zumindest das ecuadorianische Verfassungsgericht der Ölförderung Einhalt geboten und die Bohrungen wenigstens in der Pufferzone des Yasuní-Parks im Februar 2022 verboten. Sie widersprächen verschiedenen Artikeln, unter anderem dem Artikel über die Natur als Rechtssubjekt. Acosta und die internationale Initiative zum Schutz von Yasuní sind also nicht vollständig gescheitert. Ein Teil des Öls bleibt vorerst tatsächlich im Boden – allerdings nicht wegen der internationalen Staatengemeinschaft, sondern wegen der ecuadorianischen Verfassung.

Wie die Natur in die Verfassung kam

Verschiedene Zufälle, Verbindungen und Ereignisse haben sie ermöglicht. Acosta war ein entscheidender Akteur, aber vor allem ein Koordinator. 2008 war er der Präsident der verfassunggebenden Versammlung, die in einem Prozess der runden Tische verschiedene Vorschläge aus dem ganzen Land zusammentrug. Er organisierte, verknüpfte, machte Platz und versuchte, möglichst genau hinzuhören, besonders wenn die Indigenen sprachen. Schließlich schaffte es Pachamama, die Mutter Erde der Indigenen, gleich in den ersten Satz des staatstragenden Papiers:

> »Wir, das souveräne Volk Ecuadors, in Anerkennung unserer tausendjährigen Wurzeln, die von Männern und Frauen aus verschiedenen Völkern geknüpft wurden, feiern die Natur, Pachamama, von der wir ein Teil sind und die für unsere Existenz überlebensnotwendig ist.«

Dieser Satz und auch derjenige, in dem die Natur als Rechtsperson deklariert wird, wurden in der 130-köpfigen verfassunggebenden Versammlung heftig diskutiert. Es gab sogar Hohn: ob man denn dann Polizeistationen einrichten solle, bei denen Papageien, Affen und Hunde ihre Forderungen und Anzeigen einbringen könnten?! Acosta erinnert sich heute noch: »Gerade die Jüngeren haben überhaupt nicht verstanden, was das sollte.«

Die Verfassungsreform war zunächst ein Wahlversprechen, das den Linkenpolitiker Rafael Correa mit zum Präsidenten machte. Er war Anführer der Bewegung Alianza País, ein lautstarker Gegner des Neoliberalismus und damals noch bester Freund von Alberto Acosta. Heute lebt er in Belgien und wurde 2020 in Abwesenheit zu acht Jahren Haft wegen Korruption verurteilt. »Das ist alles falsch!«, sagt Correa auf Twitter. »Wir waren wie Brüder!«, sagt Acosta in Quito. »Aber er war machthungrig. Die Verfassung war für ihn nur Mittel zum Zweck.« Aus welcher Motivation heraus auch immer: Correa hat das Papier weitestgehend unterstützt, und seine Partei hatte die Mehrheit der Sitze in der verfassunggebenden Versammlung. So wurde Acosta zu ihrem Präsidenten gewählt und der Text am Ende tatsächlich verabschiedet und auch vom Volk anerkannt. Mit über 64 Prozent aller Stimmen. Insgesamt hat die Versammlung etwa 70 000 Besucher:innen empfangen und 1632 Vorschläge aus der Zivilgesellschaft erhalten, schreibt der Jurist Andreas Gutmann von der Universität Kassel in seiner Promotionsschrift über das Procedere.[8] Anfangs hätten sich auch viele Indigene beteiligt und den Prozess unterstützt. Doch am Ende konnte sich deren Dachverband CONAIE lediglich zu einem »kritischen Ja« durchringen. Auch Acosta und Correa hatten sich im Lauf des knapp eineinhalbjährigen Prozesses überworfen; Acosta war sogar kurz vor dem Ende als Präsident der Versammlung zurückgetreten.

Wer genau die Idee der Natur als Rechtsperson in die Versammlung eingebracht und vorangebracht hat, ist strittig. Klar ist aber, dass sie ein Anliegen der Indigenen war und gleichzeitig auch Texte westlicher Jurist:innen einbezogen wurden. Die Diskussionen waren hitzig und durchaus unterhaltsam. Das bemerkenswerteste Gegenargument, das ich finden konnte: nicht dass dann am Ende das Atmen verboten werden würde. Dabei stoße man schließlich auch CO_2 aus. Die Befürchtung teilten offenbar nicht viele: Für den entscheidenden Artikel, der die Natur zum Rechtssubjekt erhob, stimmten am Ende 93 von 114 Abgeordneten. Hinter dem Konzept der Natur als Rechtsperson konnten sich also bemerkenswerterweise so unterschiedliche Gruppierungen wie etwa westlich sozialisierte Politiker:innen, indigene Intellektuelle, die ecuadorianische Umweltbewegung, ausländische NGOs und die breit gefächerte Indigenenbewegung versammeln, wie Gutmann in seiner Dissertation hervorhebt.

Der entscheidende Artikel, Artikel 71, lautet:

> »Die Natur oder Pachamama, in der sich alles Leben erneuert und vollzieht, hat ein Recht darauf, dass ihre Existenz, der Erhalt und die Regeneration ihrer Lebenszyklen, ihre Funktionen und evolutionären Prozesse umfassend respektiert und geachtet werden. Jede Person oder Gemeinschaft, Volk oder Nation, soll von den Behörden die Einhaltung der Rechte der Natur verlangen können.«

In Artikel 72 geht es um das Recht auf Wiederherstellung oder Wiedergutmachung nach Umweltschäden durch zum Beispiel »Extraktivismus«, also durch Bergbau oder Erdölförderung. In Artikel 73 heißt es, dass der Staat vorsorgliche oder unterbindende Maßnahmen ergreift, wenn irgendwelche Aktivitäten die Ökosysteme beeinträchtigen oder zum Aussterben von Arten führen könnten.

Wenn wirklich umgesetzt wird, was in diesen Artikeln steht, kann das alles umkehren. Dann ist die Natur tatsächlich Subjekt mit eigenen und vom Menschen unabhängigen Rechten. Und wenn nicht nur Ecuador seine Gerichtsurteile danach fällt, seine Wirtschaft danach strukturiert, seine Gebäude danach baut, seine Bildung und seinen Verkehr danach ausrichtet, dann könnte das unsere Weltgesellschaft von Grund auf erneuern. Deshalb ist die ecuadorianische Verfassung so außergewöhnlich. Sie errichtet zum ersten Mal eine Staatsordnung mit der Natur als Partnerin statt als Eigentum. Als Subjekt statt als Objekt. Ob dies funktioniert und auch auf andere Länder übertragbar ist, wird sich in den nächsten Jahren noch genauer zeigen, aber es ist die erste voll entwickelte ökologische Verfassung der Welt.

Sie enthält ein weiteres revolutionäres Konzept: das Sumak Kawsay oder Buen Vivir – das Gute Leben. Viele Vorstellungen fließen zusammen, und es ist unklar, ob der Begriff nicht auch von westlichen Denker:innen der Postwachstumsökonomie mitgeprägt wurde. Fest steht: Es ist ein Gegenentwurf zum westlichen Entwicklungsparadigma und beruft sich auf jahrtausendealte indigene Weltvorstellungen und Traditionen. Der Mensch ist hier Teil eines filigranen Beziehungsgeflechts zu anderen Menschen, zur Natur und zu spirituellen Wesen. 99 der 444 Artikel der ecuadorianischen Verfassung nehmen auf Sumak Kawsay/Buen Vivir direkt oder indirekt Bezug. Schon die Präambel stellt klar, dass der Sinn der Verfassung im Grunde die Verwirklichung dieses Sumak Kawsay, des Guten Lebens, ist. Artikel 277 beispielsweise verpflichtet den Staat ausdrücklich dazu, die Rechte der Natur zu wahren, um das Buen Vivir zu erreichen. Der Respekt vor der Natur gilt also als Grundlage für ein Gutes Leben; schließlich ist der Mensch nach den Vorstellungen der Indigenen und ja eigentlich auch nach den Vorstellungen der Biolog:innen selbst Natur.

Eine Maisgöttin in der Kathedrale der Bücher: Über die Bedeutung der Verfassung für die Welt

Für Adriana Rodríguez ist die Natur als Rechtssubjekt ein faszinierender Forschungsgegenstand, der vor ihren Augen und mit ihrem Zutun Jahr um Jahr an Relevanz und Ausdehnung gewinnt.

Sie ist Dozentin an der Universität Andina in Quito und nimmt an manchen Fällen selbst als *amicus curiae* teil. Ihre Studierenden werden später Richter:innen, Anwält:innen oder gehen in die Politik. Auch Cenaida belegt bei ihr einen Kurs speziell für Menschen vom Land, die in Prozessen für die Rechte der Natur eintreten wollen, aber nicht Jura oder etwas anderes studiert haben. Adriana Rodríguez empfängt in ihrem Büro, an dessen Wand Bilder von Rosa Luxemburg, Che Guevara und Sigmund Freud hängen. Später führt sie durch die Bibliothek, einen Raum wie eine Kathedrale der Bücher. Auf zwei offenen Etagen mit Empore reihen sich Werke der Philosophie, Kunst, Jura und Geschichte in edlen Holzregalen aneinander. Unten stehen auf dem hellgrauen Teppichboden schwere Holztische mit Leselampen. Am Ende des Hauptraumes hängt ein riesiges Gemälde, das sich wie ein Altar über beide Stockwerke erstreckt. Es zeigt eine Frau mit schwarzen Haaren und dunkler Haut in üppigen Gewändern. Ein Blumenreif schwebt wie ein Planetenring um ihren Bauch, am unteren Bildrand sind große Maiskolben zu ihren Füßen drapiert: Diosa del Maíz, die Maisgöttin.

Adriana Rodríguez helles Lachen wirkt hier wie ein schalkhafter Hauch in heiligen Hallen. Das Phänomen von der Natur als Rechtssubjekt ist für sie vor allem eins: wahnsinnig spannend und auch ganz schön amüsant. »Mal sehen, was da noch so alles passiert!« Immerhin wurde schon der eine oder andere Großkonzern damit vertrieben. Dabei spiele es gar nicht einmal eine so große Rolle, ob man gut oder schlecht argumentiert, sagt sie. Es gehe vor allem um Druck. »Ich komme mit dem Fahrrad, und der andere kommt mit einem Mercedes-Benz zum Gericht, aber ich habe die Leute auf meiner Seite. Die stehen draußen. Und die Kameras stehen draußen.« Die Medien seien enorm wichtig. Ein zentrales Element in Adrianas Kursen sind deshalb Kommunikation und Social Media, aber natürlich auch das Gesetz und die Verfassung. Die

Argumente müssen stimmen, sonst helfe auch der Druck von der Straße nicht.

Seit rund fünfzehn Jahren kann die Menschheit mittlerweile das Experiment beobachten, was passiert, wenn man die Natur von höchster Stelle und aus tiefster Überzeugung zu einem Subjekt aufwertet, zumindest auf dem Papier. In der Realität trüben Korruption, erdrückende Staatsschulden und mangelndes Umweltbewusstsein die Utopie, aber dazu später mehr. Zunächst einmal ausführlicher zum Konzept: Die Natur als Rechtsperson, das bedeutet, die Natur hat eigenständige Rechte, also Rechte nicht nur in Bezug auf uns Menschen, weil sie uns Nahrung, Wasser oder Luft gibt, sondern »einfach so«, weil sie lebt. Wasser, Tiere, Luft und Pflanzen haben ein Existenzrecht, ohne dafür dem Menschen etwas geben zu müssen.

Das heißt nun nicht, dass man keine Bäume mehr fällen oder Tiere mehr töten darf. Es geht nicht unbedingt um einzelne Lebewesen, sondern vor allem um große Ökosysteme und um Respekt vor der Natur. Das Gleichgewicht soll erhalten bleiben. Wälder, Flusslandschaften oder Moore müssen laut ecuadorianischer Verfassung vor einer unwiederbringlichen Zerstörung bewahrt werden. Frösche können natürlich nicht selbst vor Gericht ziehen oder Avocados im Zeugenstand sprechen, wenn ihnen jemand das Wasser abgegraben hat oder schon lange niemand mehr zum Bestäuben vorbeigekommen ist. Aber alle Menschen in Ecuador können im Namen der Natur Klage erheben.

Auch in Europa und Deutschland haben wir umfassende Umweltschutzgesetze, und gerade das Klimaurteil des Bundesverfassungsgerichts von Mai 2021, nach dem die Bundesregierung ihr Klimagesetz ändern musste, gilt hier als wegweisend. Aber es macht einen elementaren Unterschied, ob die Natur auf Verfassungsrang als Rechtssubjekt gilt oder lediglich als Ressource, die nur in Bezug auf den Menschen geschützt wird. Der Unterschied zwischen der Natur als Rechtssubjekt oder Rechtsobjekt ist so groß, dass er das Potenzial hat, die letzten Jahrhunderte der ausbeuterischen Menschheitsgeschichte umzukehren. Zumindest theoretisch.

Denn laut ecuadorianischer Verfassung ist der Mensch nun nicht mehr die Krone der Schöpfung, sondern mit der Natur auf Augenhöhe, gar ein Teil von ihr. Zunächst auf dem Papier, immer mehr auch vor Gericht und im Weltverständnis und Alltag der Menschen. Diese Lebensphilosophie findet sich in vielen Vorstellungen verschiedener Völker und Denker:innen, durchaus auch im Westen, aber die ecuadorianische Verfassung ist das umfassendste Staatspapier dazu. Ein ganzes Land soll sich daran orientieren und danach organisieren. Das funktioniert nicht immer, aber es ist immerhin schon einmal schwarz auf weiß als Orientierungsmarke festgehalten. Und solche Orientierungsmarken haben die Menschheit schließlich immer wieder vorangebracht.

Heute kann sich kaum jemand mehr vorstellen, einen anderen Menschen zu besitzen, der allein dafür existiert, damit man selbst ein einfacheres Leben hat. Gesetze und Weltbilder verändern sich miteinander und in Wechselwirkung aufeinander. Manchmal ist die Gesellschaft schneller, wie beispielsweise in Westdeutschland, als Frauen bis 1977 laut Gesetz nur dann berufstätig sein durften, wenn das »mit ihren Pflichten in Ehe und Familie vereinbar« war. In der Realität aber lebten viele Frauen in der alten Bundesrepublik schon freier, als das Gesetz erlaubte. Manchmal ist die Gesetzgebung schneller als die Gesellschaft, wie zum Beispiel in Ecuador, wo die Verfassung dem Menschen die Krone der Schöpfung abgenommen hat, viele Menschen es aber noch nicht so recht wahrhaben wollen.

Seit der Revolution am ecuadorianischen Äquator ziehen andere Länder und Regionen nach. In Indien, Neuseeland und Bangladesch sind Flüsse zu Rechtspersonen erklärt worden. In Bolivien und Mexiko ist die Natur als Ganzes in einzelnen Gesetzen als Rechtssubjekt verankert. Das erste Ökosystem Europas, das den

Status eigener Rechte zugesprochen bekam, ist die spanische Salzwasserlagune Mar Menor. Im September 2022 stimmte der Senat in Madrid mit großer Mehrheit dafür, dem bedrohten Gebiet besondere Rechte zu gewähren. Eine Bürgerinitiative hatte zuvor 640 000 Stimmen dafür gesammelt, Menschenketten um das Wasser herum organisiert und sich ein Beispiel an Ecuador genommen. Alle Spanier:innen können nun die Justiz anrufen, wenn sie die Rechte der Lagune gefährdet sehen, und eine Gruppe lokaler Wächter:innen ist für ihre Gesundung und Genesung zuständig. In den vergangenen Jahren wurde nämlich tonnenweise toter Fisch aus dem Wasser gezogen. Landwirtschaft, Bergbau und Tourismus hatten das Ökosystem an den Rand des Zusammenbruchs gebracht. In den Niederlanden kämpft die Initiative Embassy of the North Sea für die Nordsee als Rechtssubjekt. Und auch in Deutschland gibt es eine Bewegung zu den Rechten der Natur (siehe Kapitel 7).

Weltweit gibt es 409 Initiativen in 39 Ländern, die sich für die Natur als Rechtssubjekt einsetzen oder schon eingesetzt haben – die meisten davon erfolgreich, 65,3 Prozent, um genau zu sein. Ein Forscher:innenteam aus Italien, den Niederlanden und den USA hat sie zusammengetragen und analysiert.[9] Demnach gibt es vor allem lokale und regionale Initiativen, bei denen es um einzelne Flüsse oder Wälder geht.

Die Ursprünge und Zielsetzungen der Bewegungen sind unterschiedlich, meist aber gilt Ecuador als leuchtendes Beispiel einer realisierten Utopie für die Rechte der Natur. Wissenschaftler:innen weltweit beschäftigen sich mit dem Phänomen: Jurist:innen, Volkswirtschaftler:innen, Anthropolog:innen, Philosoph:innen, Politolog:innen. Es gibt Kongresse und Workshops, interdisziplinäre und internationale Forschungsprojekte, immer neue Fachliteratur. Nur in der internationalen Politik oder in der breiten Öffentlichkeit scheint die Idee, der Natur eigene Rechte zu verleihen, noch nicht so richtig angekommen.

Vielleicht ist Jura auch nicht die offensichtlichste Schublade, in der man nach einer Lösung für die immer existenzieller werdende ökologische Krise suchen würde.

Doch in den Diskussionen um Klimagerechtigkeit drängt sich eine Frage immer offensichtlicher auf: Wie sähe Gerechtigkeit gegenüber der Natur aus?

Und wie soll die Welt die Rechte von Flusslandschaften und Regenwäldern durchsetzen, wenn sie es in so vielen Fällen nicht einmal schafft, die Verletzung von Menschenrechten zu unterbinden oder auch nur zu ahnden? Die Frage ist müßig, denn die Sache ist die: Je zerstörter die Natur ist, desto härter sind die Verteilungskämpfe. Je weniger Luft, Land und Wasser zum Leben bleiben, desto skrupelloser wird darum gestritten werden. Eine intakte Natur ist die Grundlage aller Menschenrechte. Und zwar nicht nur wegen des Rechts auf sauberes Wasser oder Gesundheit, sondern weil die Welt von Kriegen und Fluchtbewegungen überzogen sein wird, wenn es immer weniger Lebensraum und Nahrung gibt.

Wie also sähe Gerechtigkeit gegenüber der Natur aus? Ecuador hat der Welt einen Vorschlag unterbreitet. Die Welt sollte ihn sich genauer ansehen.

Dies ist keine Lyrik – harte Urteile zu den Rechten der Natur

Das Tier, das gerade dem größten Kupferunternehmen der Welt Einhalt gebietet, ist keine fünf Zentimeter groß. Es ist schlank, trägt dunkles Grün mit gelben Punkten darauf und nennt sich bei besonderen Gelegenheiten Atelopus longirostris. Sein Mund ist sehr spitz, fast schnabelartig. Eingeweihte nennen ihn raunend und staunend den langnasigen Harlekin-Frosch. Fast drei Jahrzehnte galt er offiziell als ausgestorben, bis 2016 vier von ihnen wieder auftauchten. Biolog:innen fanden sie in der Nähe des Dorfs Junín, des

Zentrums des Kupferminenkonflikts. Hier ist der einzige Ort auf der Welt, an dem diese Tierart noch in freier Wildbahn lebt, zumindest soweit wir wissen.

Die Langnasen konnten Codelco aufhalten, weil sie ein Indiz für einen Ort mit besonderer Artenvielfalt sind. Es geht in der Klage von Cenaida und ihren Mitstreiter:innen nicht ausschließlich um sie, sondern um das Ökosystem, für das sie stehen. In den Umweltverträglichkeitsstudien zur Kupfermine taucht dieser Frosch allerdings gar nicht auf. Und das sei nicht der einzige Fehler dieser Untersuchungen, aber ein entscheidender, so die Klagenden. Die Besonderheit des Ortes zeige sich ja gerade an dem Harlekin-Frosch mit der langen Nase. Nur hier ist diese als ausgestorben klassifizierte Art wiederentdeckt worden. Im großen Massenaussterben der Arten ist das ein bemerkenswerter Vorgang.

Ein weiterer Beweis für die besonderen Wachstumschancen von Lebewesen an diesem Ort ist den Kläger:innen eine weitere Froschart, eine bisher unbekannte Art des Raketenfrosches oder Springfrosches, Rana Cohete. In einer öffentlichen Abstimmung wurde über den Namen entschieden. Er heißt nun Rana Cohete Resistencia de Intag, also der Raketenfrosch im Widerstand von Intag. Auch Leonardo DiCaprio rief auf seinem Instagram-Kanal mit fast 55 Millionen Follower:innen zur Namensabstimmung auf. Die andere Option wäre Rana Cohete Condenada gewesen, also: der dem Untergang geweihte Raketenfrosch. Die Abstimmung entschied sich für Hoffnung statt Untergang. Der offizielle Widerstandsfrosch ist nicht größer als die Kuppe eines kleinen Fingers.

Im April 2022 zeigt Carlos Zorrilla die Heimat dieser Frösche dem Anwalt Gustavo Redin und einem Bergwerksexperten der deutschen NGO Misereor. Gustavo ist bei Adriana Rodríguez in die Lehre gegangen. Er ist Cenaidas Anwalt im aktuellen Verfahren und der Präsident von CEDENMA, der Dachorganisation der Umweltrechtsinitiativen von Ecuador. Gustavo ist 33 Jahre alt, Vater zweier

Kinder, voller Locken, Witz und Wörter. Ein Stadtmensch, der die Natur liebt. Es ist sein erstes Mal im Nebelregenwald von Intag. Er ist mit dem 4 × 4 seines Vaters gekommen, eines Hotelbesitzers in Quito. Der Fall von Intag war immer sein Traum, erzählt er. Es sei ein Präzedenzfall, bei dem so vieles verhandelt wird. Vielleicht am Ende sogar die Zukunft des Planeten – im übertragenen Sinne:

> »Wenn die Menschheit zulässt, dass hier, in einer der artenreichsten Regionen der Welt, eine Kupfermine für erneuerbare Energien aufgerissen wird, dann brauchen wir uns nicht zu wundern, wenn die Klima- und Biodiversitätskrisen immer schlimmer werden.«

Als Vorbild gilt der Fall von Los Cedros. Das Biosphärenreservat am nördlichen Ende des Intag-Tals hat den bisher bedeutendsten Gerichtsprozess in Sachen Bergbau für sich entschieden und damit internationales Aufsehen erregt. Der *Guardian* berichtete, die Primatenforscherin Jane Goodall schickte eine euphorische Videobotschaft. Denn im November 2021 entschied das ecuadorianische Verfassungsgericht, dass die Rechte des Naturschutzgebiets von Los Cedros verletzt worden waren, und annullierte gleich zwei Bergbaukonzessionen. Das Umweltministerium hätte diese Rechte verletzt und solle zerstörte Waldgebiete wieder aufforsten. Das Urteil enthält auch eine Mahnung an alle Menschen im Staate Ecuador:

> »Das Gericht ist sehr besorgt darüber, dass die Rechte der Natur, welche durch die Verfassung ausdrücklich anerkannt und garantiert sind, von einigen Richter:innen, Behörden und Einzelpersonen nicht rechtzeitig und angemessen berücksichtigt werden.«[10]

Die Richter:innen des Landes werden hier also von ihren obersten Vertreter:innen gerügt und ermahnt, das eigentlich Selbstverständliche zu tun, nämlich die Verfassung in geltendes Recht und Wirklichkeit zu verwandeln.

Die Schürfrechte von Los Cedros gehörten ebenfalls der staatlichen Bergbauagentur Enami. Die wollte das Kupfer hier zusammen mit dem kanadischen Unternehmen Cornerstone aus der Erde holen. Zur Begründung seiner Rechtsprechung zitiert das Urteil aus verschiedenen Paragrafen und der Präambel der ecuadorianischen Verfassung, wonach die »Natur, Pachamama, lebensnotwendig ist für unsere Existenz«. Dass das nicht nur schön klingt, sondern eben auch harte Konsequenzen für den Bergbau hat, ist neu. »Dies ist keine rhetorische Lyrik«, mahnen die Richter:innen deshalb im nächsten Punkt des Urteils ausdrücklich an. Die Rechte der Natur seien eine historische Verpflichtung, die eine neue Form des bürgerlichen Zusammenlebens in Vielfalt und im Einklang mit der Natur verlange. Und im Fall von Los Cedros bedeutet das: ohne Gold- und ohne Kupferbergbau.

Der Frosch-Fall von Junín ist ein bisschen komplizierter. Die Konzessionen liegen zwar in einem Biodiversitätshotspot, aber am Rande eines offiziellen Naturschutzgebiets. Außerdem ist der ausländische Megakonzern Codelco involviert, der seit 2014 nun schon einige Millionen US-Dollar in die Explorationsarbeiten investiert hat. Darüber hinaus hat sich der Präsident Ecuadors als dritte interessierte Partei in den Fall eingeschaltet. Der Richter wird sich also sehr genau überlegen, wie er entscheidet.

In der ersten Instanz machen sich die Klagenden deshalb wenig Hoffnung. Zumal die Korruption in den Provinzgerichten stärker verbreitet ist als in den höheren Ebenen. Doch an der Spitze der Gerichtsbarkeit in Ecuador, im Verfassungsgericht, scheint man großen Wert auf einen wirkungsvollen rechtlichen Schutz der Natur zu legen. Hier haben die Richter:innen gerade in den letzten drei Jahren immer häufiger zugunsten des Naturschutzes entschieden. »Von Urteil zu Urteil ging es immer stärker um das Prinzip der Vorsorge und Prävention, darum, die Natur zu schützen«, sagt Gustavo Redin, der CEDENMA-Präsident und Anwalt von Cenaida. »Kampf für Kampf haben wir so ausgefochten. Schritt für Schritt. Bis schließlich zum entscheidenden Urteil von Los Cedros.«

Zum Beispiel wurden 2018 Bergbauarbeiten am Rio Blanco verboten, nachdem diese die Böden dort ausgelaugt und das Wasser erheblich verschmutzt hatten. 2019 wurde am artenreichen Piatúa-Fluss ein Staudamm für ein Wasserkraftwerk verboten, obwohl die Konzessionen schon für vierzig Jahre verkauft und die Konstruktionen des Staudamms fast abgeschlossen waren. Die Entscheidung fiel in der zweiten Instanz. Der Richter, der in erster Instanz den Staudamm durchgewunken hatte, soll zuvor noch versucht haben, einen der neuen Richter mit 37 000 US-Dollar und zwei Flaschen Whisky zu bestechen, um sein Urteil zu bestätigen. Verlockend, aber anscheinend an den Falschen adressiert. Richter Nummer eins kam vorerst hinter Gitter.

Im Februar 2022 dann, während der Frosch-Fall vor dem Regionalgericht von Cotacachi verhandelt wurde, entschied das Verfassungsgericht, dass indigene Gemeinschaften in Zukunft mehr Mitspracherechte bei Bergbauprojekten oder Ölförderung auf ihrem Gebiet erhalten sollten. Das war sogar der *New York Times* einen Artikel wert. Das Urteil war das triumphale Ende eines langen Kampfes des A'i-Kofán-Volkes gegen 52 Konzessionen zum Goldabbau entlang ihres wichtigsten Flusses im Amazonasbecken. Einmal tagte das Verfassungsgericht direkt vor Ort, in ihrem Gebiet, mitten im Regenwald von Sinangoe. Es hörte unter anderem einen von Adriana Rodríguez' Studierenden aus dem A'i-Kofán-Volk an. Der hatte zusammen mit anderen aus der Gemeinschaft eine gefährliche Recherche unternommen und herausgefunden, dass die

Hälfte der Goldkonzessionen teilweise oder gänzlich illegal vergeben worden waren.

Die Entscheidung des Verfassungsgerichts war eine Grundsatzentscheidung. Sie gilt nicht nur für die A'i Kofàn, sondern für alle indigenen Völker Ecuadors und betrifft mehr als 23 Millionen Hektar Land, wie die NGO Amazone Frontline schätzt, die die A'i Kofàn in diesem Fall unterstützt hat. Die Natur als Rechtssubjekt war in dem Prozess allerdings gar nicht das Entscheidende, sondern es waren die Rechte der Indigenen. Aber sie spielte mit hinein. Denn je anerkannter der Eigenwert der Natur ist, desto höher wird auch die Schutzfunktion gewertet, die viele indigene Völker für ihre Wälder, Seen und Flüsse einnehmen.

Die Waldschützer:innen des Intag-Tals sind keine indigene Gemeinschaft, sondern haben ihre Wurzeln in verschiedenen Kulturen. Was sie verbindet, ist die Liebe zur Natur. Im Zentrum der Kupferkonzessionen ist sie am üppigsten. Ein Wasserfall, groß wie eine Kathedrale, bricht aus dem Dickicht. Um zu ihm zu gelangen, muss man erst durch ein Tor von Enami, sich in eine Liste eintragen und anschließend über schmale Pfade und durch dichtes Grün wandern, einen Fluss durchwaten, Flechten anfassen, an Blüten riechen und Frösche beobachten. Es trieft und tropft und ist trotzdem auf eine besondere Weise ganz still. Wenn wir nicht laufen oder reden, ist kein menschliches Geräusch zu hören. Nah am Wasserfall kann man ohnehin nichts anderes hören als das herabstürzende Wasser.

Wenn die Mine aufgerissen wird, würde genau hier, an einem der artenreichsten Flecken der Erde, ein gigantisches Loch klaffen. Die Berge und das Grün würden einfach weggesprengt und weggebaggert werden. Der Anwalt Gustavo Redin wollte eigentlich Dokumentarfilmer werden, erzählt er. »Damit sich etwas ändert in der Welt.« Aber dann kam ihm die Erkenntnis, dass das mit juristischen Mitteln wahrscheinlich viel eher möglich ist als mit Filmen. »Was wir oft vergessen, ist, dass es bei der Gesetzgebung ja noch diesen philosophischen Aspekt gibt, nämlich die Frage, wie wir uns organisieren wollen und wie wir die Gesellschaft als solche verstehen.« Und da stünde die menschliche Spezies gerade in einer existenziellen Krise.

> »Wir haben die Möglichkeit, aufzuhören mit dem Verbrauch von so viel Kupfer und sonstigen Metallen. Wir können Kreislaufsysteme fordern, Degrowth fordern. Wir müssen aufhören, zu denken, dass die Welt und die Entwicklung unendlich sind auf einem endlichen Planeten. Das ist eine Verantwortung von uns allen und auch von den Deutschen.«

Es gibt mittlerweile Hunderte Doktorarbeiten und andere Analysen aus den verschiedensten Disziplinen zu den Rechten der Natur in Ecuador und generell. Ich habe einige Seiten davon gelesen und mich mit Menschen unterhalten, die sehr viel mehr dazu gelesen oder selbst wissenschaftliche Schriften dazu verfasst haben. Die grobe Quintessenz ist diese: Noch ist nicht wirklich klar, was genau die Natur als Rechtssubjekt in Ecuador bedeutet. Dafür müssen noch mehr Urteile gefällt werden, dafür müssen Zivilgesellschaft, Wirtschaft und Politik noch weiter mit der Verfassung und mit diesen Urteilen arbeiten. Sie müssen zum Beispiel Alternativen zum Bergbau und zu fossilen Energien schaffen. Denn natürlich werden Rechte immer gegeneinander abgewogen, und wenn das Recht der Natur das Recht auf ein Gutes Leben, auf das Buen Vivir, das Sumak Kawsay, gefährdet, dann wird es kniffelig. Die Frage ist allerdings: Was genau ist denn das Gute Leben? Und wer zahlt dafür welchen Preis?

Vielleicht noch eine kleine Anregung aus dem Intag-Tal. An Karneval 2020 trank ich mit zwei Brüdern einen Schnaps. Julio und Beber Espinoza sind beide im Intag geboren. Der eine wurde eine wichtige Figur im Widerstand gegen die Kupfermine, der andere Boxer auf internationalem Niveau. Beide sind sie Schwarz, Nachfahren ehemaliger versklavter Menschen, Afro-Ecuadorianer. Julio: drahtiger Körper, randlose Brille, bedachte Bewegungen und wenige Worte in hoher Stimmlage. Das spanische N-Wort hört er oft, aber Rassismus ist nicht, was ihn umtreibt. Auch sein Bruder – massiger Körper, fröhliche Augen, mit einer Stimme tief wie aus einem Berg – hat eine andere Agenda. Er trägt eine goldene Uhr am Handgelenk.

Beber: »Ich LIEBE Gold! Ich bin in eine sehr arme Familie hineingeboren, und Gott hat mir Geld geschenkt. Durch meinen Sport, durch meine Arbeit. Und wenn es an mir läge und ich mein Land retten könnte, alle armen Menschen in diesem Land, und Intag damit zum Teufel ginge durch die Mine, dann wär das halt so! Außerdem kannst du dich nicht mit der Regierung anlegen, weil: das kannst du einfach nicht.«

Ich: »Aber das hier ist immer noch eine Demokratie. Zumindest auf dem Papier.«

Beber: »Hier werden Menschen sterben. Und deswegen habe ich Angst um ihn, weil er mein Bruder ist und ich ihn liebe.«

Ich: »Und er ist immer vorne mit dabei.«

Beber: »Deshalb wird er sterben. Er wird sterben, und sie werden die Mine aufreißen!«

Julio: »Aber sicher! Einmal kam meine älteste Tochter zu mir und hat mich gefragt: ›Papi, du siehst doch, was los ist. Hast du keine Angst? Mit der Selbstherrlichkeit dieser Regierung. Die schicken Polizei und Militär. Und irgendwann werden sie dich umbringen.‹ Aber es wäre für mich eine Ehre, zu sterben, während ich die Natur für meine Enkel und Urenkel verteidige!«[11]

Was ist es also, dieses Gute Leben? Was ist es für Sie persönlich? Geht es eher in Richtung goldene Uhr oder eher in Richtung grüne Umgebung? Ist es gerecht? Und was würde es gerechter machen?

In der Kapitalismusfalle: Banken, Investitionsschutzabkommen und die verfluchten Rohstoffe

Schön und gut, mögen Sie jetzt denken, schützen wir also die Natur und vielleicht sogar noch den einen oder anderen Ahnen. »Aber was ist dann mit der Wirtschaft?«, fragen Sie sich vielleicht. »Was ist mit unserem täglichen Brot? Wir leben schließlich im Kapitalismus!« Oder ganz neoliberal gefragt: Ecuador ist ein armes Land mit vielen Schulden: Wäre es da nicht schlau, die Rohstoffe aus der Erde zu holen und die Staatskasse aufzufüllen? Schwierige Fragen, denn nun haben wir gleich mehrere Zwickmühlen auf einmal. Natürlich ist es kompliziert, aber am Ende vielleicht doch wieder recht einfach. Bleiben wir erst einmal in Ecuador.

Der in Köln und im Erdölgeschäft ausgebildete Volkswirtschaftler Alberto Acosta hat es oben schon angesprochen: Ecuador ist eine Exportnation, und trotzdem ist es nie wirklich zu einem akzeptablen Wohlstand für alle gekommen. Das Land verkaufte sein Erdöl, seinen Kakao und Kaffee, und es ist aktuell sogar der größte Bananenexporteur der Welt. Dreißig Prozent der ecuadorianischen Bananen gehen nach Deutschland. Die Wahrscheinlichkeit, in Berlin, Bochum oder Bargteheide also eine Banane mit »subjektiven« Rechten zu kaufen, ist hoch. Doch trotz dieses großen Ausverkaufs leben 33 Prozent der Menschen nach Angaben der Weltbank in Ecuador in Armut, jedes vierte Kind leidet unter Mangelernährung.

Ecuador selbst leidet unter dem Rohstofffluch. Der Begriff beschreibt das Paradoxon, dass Länder mit einem Überfluss an Rohstoffen, insbesondere an nicht erneuerbaren Rohstoffen wie Mineralien und fossilen Brennstoffen, tendenziell ein geringeres Wirtschaftswachstum und schlechtere Entwicklungsergebnisse haben als Länder mit weniger Rohstoffen. Ecuador exportiert seit 1972 Erdöl. Aktuell macht es mehr als ein Drittel all seiner Exporte aus und trägt rund zehn Prozent zum Bruttoinlandsprodukt bei. Der Großteil der mehr als hundert Ölfelder liegt im artenreichen Amazonasgebiet im Osten Ecuadors. Vor kurzem sind Mineralien wie Kupfer und Gold zu den ecuadorianischen Exporten dazugekommen. Die Wirtschaftswissenschaftlerin Cristina Isabel Orozco Espinel hat sich die Zusammenhänge genauer angesehen und schreibt in ihrer Dissertation *Resource Curse. The case of Ecuador*: »Der Überfluss an Öleinnahmen hat Investitionen in die wirtschaftliche Diversifizierung entmutigt und damit verhindert, dass das Land langfristig eine stabilere Wirtschaft hat.«[12] Gründe seien Korruption, interne Konflikte, schwankende Einnahmen und eine übermäßige Verschuldung. Kaum etwas von dem vielen Geld des Ausverkaufs landet bei der Bevölkerung.

Aber es bleibt nicht einmal viel Geld für die Taschen korrupter Politiker:innen übrig, hat mir Alberto Acosta am Beispiel der Kupfermine im Intag vorgerechnet. Denn die gigantische Mine in die grüne Berglandschaft auf 2000 Höhenmetern zu reißen und das Kupfer aus dem Gestein zu isolieren, würde fast so viel kosten, wie das Kupfer wert sein soll. Rechnet man Umweltkosten und angemessene Entschädigungen für die Bevölkerung mit ein, wäre es ein Minusgeschäft. Die Mine macht ökonomisch nur Sinn, wenn Codelco sich nicht um Steuern, Ausfuhrzölle, Entschädigungen oder Renaturierung kümmern muss. Wenn also nichts bei der ecuadorianischen Bevölkerung hängen bleibt und keine Rücksicht auf die Natur genommen werden muss. Es ist augenfällig, dass die rohstoffverfluchten Länder besonders im globalen Süden liegen: Venezuela, Nigeria, die Demokratische Republik Kongo zum Beispiel. Auch das hat wieder mit dem Kolonialismus und unserer Weltordnung zu tun und kann nicht mal eben kurz mit ein paar Reformen ausgebügelt werden, wie wir in Kapitel 6 noch genauer sehen werden.

So viel zum Fluch, kommen wir nun zu den Schulden, zu den Banken und zu bilateralen Investitionsschutzabkommen.

Ecuador hat nämlich nicht nur viele Rohstoffe, sondern gleichzeitig auch hohe Schulden. Das geht vielen Ländern im globalen Süden so. Nach dem Schuldenbericht von Misereor für 2022 sind 135 von 148 Entwicklungs- und Schwellenländern kritisch verschuldet, besonders kritisch verschuldet sind 39 Länder.[13] Außerdem heißt es dort: »Der fortschreitende Klimawandel verstärkt die Schuldenkrise weiter. Naturkatastrophen belasten die von Überschuldung betroffenen Staaten zusätzlich und zwingen diese Länder zu weiteren Kreditaufnahmen.« Ein Teufelskreis von wachsender Verschuldung und immer restriktiveren Sparpolitiken bedrohe außerdem die sozioökonomische Entwicklung vieler besonders armer Staaten. Ecuador gilt als kritisch verschuldet. Es muss Kredite zurückzahlen an den Internationalen Währungsfonds (IWF), an die Weltbank und an China. Neues Geld gibt es immer nur gegen neue Bedingungen und neue Abhängigkeiten. Wir könnten nun viele Jahre zurückgehen und uns anschauen, wie Kredite auf die ecuadorianische Gesetzgebung eingewirkt haben, bleiben aber lieber im aktuellen Zeithorizont. 2019 hat der IWF Ecuador 4,2 Milliarden US-Dollar geliehen. Bedingung waren drastische Sparmaßnahmen. Das Land war damals nach Rafael Correas Amtszeit mit 64 Milliarden US-Dollar verschuldet und hatte ein jährliches Defizit von zehn Milliarden US-Dollar.

Die neue ecuadorianische Regierung wollte schließlich auf IWF-Anraten den Kündigungsschutz lockern, Steuern erhöhen und die Treibstoffsubventionen abschaffen. Besonders Letzteres hätte starke Einschnitte bedeutet, denn gerade viele Ärmere sind abhängig von günstigen Spritpreisen, sei es für die eigenen Fahrzeuge, für den öffentlichen Nahverkehr oder für Lebensmittel, deren Produktion und Transport sich mit teurerem Sprit ebenfalls verteuern würde. Die Ankündigung der Sparmaßnahmen führte 2019 zu massiven Protesten und hätte beinahe die Regierung gestürzt. Elf Menschen wurden getötet. Die Treibstoffsubventionen wurden am Ende doch nicht abgeschafft. 2021 erhielt Ecuador 1,5 Milliarden US-Dollar vom IWF und 2022 eine weitere Milliarde. Bedingungen waren wieder Sparmaßnahmen, es kam wieder zu massiven Protesten, angeführt von der indigenen Dachorganisation CONAIE. Achtzehn Tage blockierten deren Mitglieder und Tausende Unterstützer:innen Straßen in der Hauptstadt und im ganzen Land. Am Ende waren sechs Menschen tot, und es gab eine Einigung. Die Subventionen wurden wieder nicht gestrichen. Jetzt ist Ecuador in Erklärungsnot gegenüber dem IWF und der eigenen Bevölkerung.

Hinzu kommen weitere Schulden und Bedingungen bei und von der Weltbank sowie China. Ecuador ist nämlich in Lateinamerika das Land mit der höchsten Pro-Kopf-Verschuldung gegenüber China. Insgesamt geht es um 4,4 Milliarden US-Dollar. Die Bedingungen sind hier: Bezahlt wird oft nicht in US-Dollar, sondern in Barrel Erdöl. Außerdem muss Ecuador chinesische Firmen bei der Vergabe von Infrastruktur- und Erdölförderprojekten bevorzugen.

Der aktuelle Präsident Lasso baut weiter massiv auf Ölförderung, obwohl selbst die Internationale Energieagentur IEA schon 2021 angemahnt hat, dass ab sofort keine fossilen Brennstoffe mehr gefördert werden dürften, wenn das überlebenswichtige Ziel von 1,5 Grad Erderwärmung noch gehalten werden soll.[14] Lasso hingegen will die Exportmenge Ecuadors verdoppeln und verstieg sich Anfang 2022 gar zu folgender Logik: »Jetzt, wo die Welt immer weniger fossile Brennstoffe verwenden will, ist der Moment gekommen, das Öl, das uns bleibt, bis zum letzten Tropfen aus dem Boden zu holen. Damit es den Armen zugutekommt und indem wir dabei die Umwelt möglichst schonen.«

Kurzum: DIE Wirtschaft oder DER Kapitalismus werden es nicht richten – zumindest nicht in ihrer entfesselten und kaum regulierten Form der vergangenen Jahrzehnte. Bisher galt schließlich über die meisten Länder- und auch Parteigrenzen hinweg: Der Markt hat Recht, der Staat hat sich möglichst herauszuhalten.

Es sei denn, er muss Banken oder Großkonzerne retten. Das hat dazu geführt, dass die Globalisierung ziemlich großen Schaden angerichtet hat und fast alle Wohlstandsgewinne bei den oberen zehn oder gar dem reichsten einen Prozent gelandet sind. Die Politik hechelt einer Megakrise nach der anderen hinterher, und die Institution der Demokratie wird von Autokraten wie von Populisten angegriffen. Allesamt scheinen wir ziemlich enttäuscht »vom System«.

Selbst in der Wohlstandsnation Deutschland mit ihrer viel gerühmten sozialen Marktwirtschaft macht sich Desillusion breit. Laut Deutschem Institut für Wirtschaftsforschung gehören den oberen zehn Prozent mehr als zwei Drittel des gesamten Vermögens im Land. Der unteren Hälfte aber stehen gerade einmal 1,3 Prozent zur Verfügung.[15] Außerdem ist die Kaufkraft des unteren Zehntels zwischen 1995 und 2019 um knapp fünf Prozent gewachsen, während das obere Zehntel ganze vierzig Prozent zulegen konnte. Gerecht und nachhaltig schaut anders aus.

Es gibt nun aber immer mehr Wirtschaftswissenschaftler:innen, Politiker:innen und selbst Hedgefondsmanager:innen, die darin eine Chance zum grundlegenden Umbau ebendieses so zerstörerischen Systems sehen. Dabei finden zwei Ökonominnen immer mehr Gehör: Die eine ist die britische Wirtschaftswissenschaftlerin Kate Raworth in Oxford und Cambridge mit ihrer sogenannten Donut-Theorie der planetaren Grenzen. In ihr geht es darum, Systeme zu entwickeln, die Menschen nicht unter eine bestimmte Wohlstandsgrenze fallen lassen und gleichzeitig den Planeten nicht ausbeuten. Die andere viel beachtete Ökonomin ist Mariana Mazzaucato. Sie hat zahlreiche Auszeichnungen gewonnen und Politiker:innen beraten. Ihre Quintessenz: Der Markt ist chancenlos im Angesicht der globalen, existenziellen Herausforderungen unserer Zeit, besonders wenn es um die Abmilderung der Klimakatastrophe und Naturzerstörung geht. Den Unternehmen fehlen Überblick, Motivation und Möglichkeiten, die Mammutaufgaben anzugehen. Der Staat muss Vorgaben machen, gesellschaftliche Ziele benennen, Anreize setzen, regulieren.

Was lässt Lasso und all die anderen nun aber trotzdem weiter fossile Treibstoffe fördern oder artenreiche Ökosysteme durch Bergbau zerstören? Es ist einfach zu verlockend. Noch rentieren sich diese Methoden finanziell, zumindest kurzfristig.

Es gibt eine detaillierte Analyse von Banktrack, Rainforest Action Network, Urgewald und anderen NGOs zu Investitionen von Privatbanken in fossile Energien von 2022. Sie heißt »Banking on Climate Chaos« und kommt zu dem Ergebnis, dass die sechzig größten Banken der Welt in den sieben Jahren seit dem Pariser Klimaschutzabkommen 5,5 Billionen US-Dollar in fossile Energien investiert haben, allein im Jahr 2021 waren es 742 Milliarden US-Dollar.[16] Das ist um einiges mehr Geld, als der Bundeshaushalt Deutschlands zur Verfügung hat. 2021 waren das knapp 500 Milliarden Euro, bevor es zum Corona-Nachtragshaushalt kam. Das heißt also, eine der größten Wirtschaftsmächte der Welt hat im Jahr weniger Mittel zur Verfügung, als die fossile Industrie allein durch Bankeninvestitionen erhält. Dazu kommen die Gewinne aus den eigenen Geschäften sowie Staatsgelder, nämlich Investitionen der Industrienationen.

Wenn man tatsächlich eine neue Wirtschaftsordnung stricken möchte, in der die Natur als Rechtssubjekt respektiert wird, müssten viele alte Regularien und Gesetze aufgelöst oder stark abgewandelt werden. Das ginge nur global. Denn internationale Verstrickungen, Abkommen und Gesetze erschweren es Staaten manchmal, Natur oder auch Menschen zu schützen.

Damit kommen wir zu den Investitionsschutzabkommen. Wie der Name schon sagt, schützen sie Investitionen. Es sind Abkommen zwischen zwei oder mehreren Staaten, die sich darin gegenseitig besondere Vorteile zusichern. Streitigkeiten darüber werden vor extra dafür eingerichteten Schiedsgerichten ausgetragen, eines ist zum Beispiel an die Weltbank in Washington angegliedert.

Ecuador hatte ein solches Abkommen mit Kanada, als die Paramilitärs Junín stürmten. Der kanadische Konzern Ascendant Copper, der die bewaffneten Männer nachweislich über Subunternehmer engagiert hatte, konnte die Kupfermine danach nicht mehr wie geplant aufreißen, denn Ecuador entzog dem Unternehmen die Konzessionen. Ascendant Copper verließ das Land und verklagte den Andenstaat auf Schadensersatz für seine Investitionen in die Kupfermine. Siebzig Millionen US-Dollar forderte das Unternehmen. Die Verhandlungen des internationalen Schiedsgerichts dauerten fünf Jahre. Auch Carlos Zorrilla wurde einmal eingeladen und reiste zusammen mit zwei anderen Bauern aus dem Intag nach Washington zur Anhörung. Das Urteil fiel 2016 nach mehreren Verhandlungen hinter verschlossenen Türen. Sie ahnen, wer hier wem eine Entschädigung zahlen muss? Genau, Ecuador an den kanadischen Konzern, der seinen Namen mittlerweile in Copper Mesa umgewandelt hat. Elf Millionen US-Dollar Schadensersatz musste Ecuador zahlen, weil – ein Zitat aus dem Urteil:

> »… die Beklagte [die Regierung von Ecuador] hätte versuchen sollen, dem Kläger [dem kanadischen Konzern] zu helfen, die Umweltverträglichkeitsstudie durchzuführen. Natürlich hätte die Regierung in Quito kaum der eigenen Bevölkerung den Krieg erklären können. Trotzdem, aus Sicht des Schiedsgerichts, hätte sie nicht nichts tun sollen.«[17]

So steht es wirklich im Urteil. »Natürlich hätte die Regierung in Quito kaum der eigenen Bevölkerung den Krieg erklären können.« So viel scheint immerhin klar. Und auch, wie brenzlig die Lage vor Ort war, wussten die Verhandelnden, wie im Urteil an verschiedenen Stellen deutlich wird. Das Gericht erkannte außerdem an, dass der kanadische Konzern eine Mitschuld an der Eskalation des Konflikts trägt. Malcolm Rogge hat sich den Fall genauer angesehen. Er kommt aus Kanada, hat deutsche Wurzeln und in Harvard Jura studiert. Heute unterrichtet er Wirtschaft und Menschenrechte an der Universität Exeter in England. Außerdem ist er Dokumentarfilmer, daher kennen wir uns. 2008 hat er einen preisgekrönten und international weit gereisten Film über den Kupferminenkonflikt im Intag veröffentlicht – *Under Rich Earth* (Unter reicher Erde). Jetzt, im Mai 2022, ist Malcolm zurück in Ecuador, um ein Follow-up zu drehen. Seine ersten zwei Tage in Ecuador sind meine letzten Stunden im Land. Wir treffen uns in Quito. Auch Malcolm lässt Intag nicht los – die Widerstandskraft der Leute, ihr Bewusstsein, dass es nicht nur um sie und ihr Land geht, sondern um etwas viel Größeres.

Aber auch juristisch betrachtet, sei Intag wirklich bemerkenswert, sagt Malcolm, der Rechtswissenschaftler. Der Schiedsgerichtsfall werde unter Jurist:innen immer mehr diskutiert. Auf über hundert Seiten beschreibt das Urteil, wie das Unternehmen verschiedene Strategien anwandte, um die Bevölkerung zu spalten und Gewalt zu provozieren, es spricht von verlogenen Aktionen und geht sogar so weit, zu sagen: »Es war ein Wunder, dass niemand während der gewalttätigen Aktionen getötet wurde.« Trotzdem sieht das Gericht die Hauptschuld beim Staat und nicht beim Unternehmen.

Weltweit gibt es mehr als 3300 Investitionsabkommen. Die Staaten gehen sie ein, weil sie sich davon mehr Investitionen für ihr Land erhoffen, also mehr ausländische Firmen, die sich dort ansiedeln, oder Banken, die in Großprojekte investieren. Ursprünglich wurden die Abkommen eingerichtet, um ausländische Unternehmen in Staaten mit schwacher Regierungsführung vor Willkür zu schützen und den Menschen in diesen Staaten zu Wohlstand zu verhelfen. Diese Theorie ist nicht wirklich aufgegangen. Es gibt eine sehr ausführliche und gleichzeitig übersichtliche Analyse vom Columbia Center on Sustainable Investment der Columbia-Universität in New York dazu.[18] Demnach zeigt die empirische Evidenz nicht, dass Investitionsschutzabkommen neue Investitionen fördern oder den Gastländern sonst irgendwelche Vorteile verschaffen. Vielmehr schaden sie diesen sogar, weil sie den überwiegenden Teil der Klagen verlieren und hohe Entschädigungssummen an Konzerne zahlen müssen. Diese Gastländer sind meist im sogenannten globalen Süden angesiedelt, also in den ärmeren Ländern, die in der bisherigen Geschichtsschreibung eher Ausgebeutete als Ausbeuter waren.

Erfolgreiche Klagen werden häufig von großen multinationalen Unternehmen eingereicht, während sich die meisten Fälle (66 Prozent) gegen Länder mit niedrigem und mittlerem Einkommen richten. Die Verfahren sind äußerst intransparent, und es ist nicht möglich, in Berufung zu gehen. Deshalb überlegt sich ein Staat dreimal, ob er seine Gesetze oder Regularien so ändert, dass ausländische Unternehmen ihre Investitionen als gefährdet ansehen könnten. Es geht nämlich um sehr viel Geld. Die Entschädigungszahlungen gehen laut Columbia Center regelmäßig in Hunderte von Millionen US-Dollar, manchmal auch in die Milliarden. Und manchmal sind die Investitionsschutzabkommen doch zum Nachteil der Industrienationen: Der britische Ölkonzern Rockhopper beispielsweise verklagte Italien, weil es ein Verbot für Ölbohrungen verhängt hatte. Grundlage war der Energiecharta-Vertrag, der Investitionen in Energieprojekte schützt. Das Schiedsgericht urteilte 2022: Italien muss 190 Millionen Euro plus Zinsen an den Ölkonzern zahlen, der gerade einmal 25 Millionen investiert hatte. Nach Recherchen von Investigate Europe schützt der Vertrag in Europa 344,6 Milliarden Euro. Es werden in Zukunft also ähnliche Klagen erwartet.

Wenn Italien oder Ecuador also die Rechte der Natur auf der nationalen Ebene stärken und hier gar einen historischen Paradigmenwechsel vollziehen, können internationale Verträge und Abkommen die Durchsetzung erschweren oder gar verunmöglichen.

Denn sind die Konzessionen für Bergbau oder Ölförderung erst einmal verkauft, kommt man nur schwer wieder heraus. Auf der anderen Seite haben die Unternehmen mittlerweile meist ihre eigenen Umwelt- und Menschenrechtsstandards oder sind von ihren Heimatländern sogar gesetzlich dazu verpflichtet, ihre Lieferketten sauber zu halten (siehe Kapitel 4). Egal wie schwach diese Standards auch sein mögen, so verbieten sie es eigentlich immer, Paramilitärs in einen Biodiversitätshotspot zu schicken, um dort eine Kupfermine aufreißen zu können.

Beenden wir hiermit unseren kurzen kapitalistischen Ritt durch den neoliberalen Gemüsegarten der Justiz. Was lernen wir? Es ist ziemlich kompliziert und kann ganz schön gefährlich werden. Aber eigentlich ist es doch auch wieder ganz einfach: *Money makes the world go round,* und wenn das meiste Geld und der meiste Profit in den fossilen Energien oder dem naturzerstörerischen Bergbau stecken, dann wird es diese weiterhin geben. Doch schließlich ist auch das Finanz- und Wirtschaftssystem von Menschen gemacht. Es ist lediglich eine Ansammlung von Zeichen und Regeln, denen wir Wert und Bedeutung beigemessen haben. Oft machen diese Regeln heute aber keinen Sinn mehr, oder warum soll es profitabler sein, Natur zu zerstören, als sie zu erhalten? Warum verdient man mehr als Ölingenieur:in statt als Biolandwirt:in oder Krankenpfleger:in? Eine neue Art der Rechtsprechung könnte den Wandel beschleunigen und tut es an der einen oder anderen Stelle bereits. Gesetze können Systeme verändern, Rechte einzufordern, kann Naturzerstörung verhindern. Im Intag ist es bisher wegen zivilgesellschaftlichen Widerstands und verschiedener Gerichtsverfahren schließlich noch keinem der drei angetretenen Großkonzerne gelungen, das giftige Loch ins Grün zu reißen – seit mittlerweile fast dreißig Jahren nicht.

3.
Von beseelten Steinen und mächtigen Frauen: Das Pachamama-Prinzip

Die Erde ist unsere Mutter, denn sie ernährt uns,
sie gibt uns alles, was wir brauchen.

MARTHA AROTINGO

Alles ist vernetzt. Vom Wurzelteich über die Quantenphysik bis zum Kolonialismus

Pachamama begegnet einem an vielen Orten in Ecuador. Manchen bedeutet sie sehr viel, anderen gar nichts. Cenaida Guachagmira sagt: »Pachamama ist alles für mich, meine Mitte, mein Geist, die Erde.« Sie spricht keine der vierzehn indigenen Sprachen Ecuadors. Von welchen Völkern genau sie abstammt, weiß sie nicht. Von Indigenen aus Peru, Kolumbien und Ecuador, habe ihr Vater erzählt.

Pachamama existiert in fast allen indigenen Kosmologien Lateinamerikas. Es ist eher eine Weltanschauung als eine Gottheit, und überall bedeutet sie ein bisschen etwas anderes. Das Wort Pacha stammt aus den Sprachen der Quechua/Kichwa und der Aymara, der großen Völker der Anden. Es bedeutet sowohl Zeit als auch Raum sowie eine weitere Dimension, die Zeit und Raum zusammenbringt: das Universum vielleicht, eine Kraft, eine Quelle. Gott? Pacha steht damit für alles, für die Gesamtheit des Seins, für eine Ausgeglichenheit zwischen den Gegensätzen. Denn nach dem Pachamama-Prinzip gibt es kein absolut Böses und kein absolut Gutes. Alles bedingt sich gegenseitig und ist miteinander verbunden. Die Binarität ist aufgehoben. Es gibt kein Außerhalb von Natur, alles ist Natur, auch der Mensch. Wir sind nicht von ihr getrennt. »Mama« hingegen ist kein original indigenes Wort. Es wurde vermutlich von den Missionar:innen eingeführt und zeigt den westlichen Einfluss.

Nach dem Pachamama-Prinzip hat alles eine Seele. Auch Tiere, Berge oder Flüsse sind Teil der Gemeinschaft, des *ayllu.* Sie leben in wechselseitiger Abhängigkeit voneinander und miteinander. Es geht um Respekt, Dankbarkeit und Verantwortung. In dieser Welt hat der Mensch die Aufgabe, die Kommunikation zwischen allen Wesen aufrechtzuerhalten, die Beziehungen untereinander zu pflegen. Das macht er unter anderem durch Landwirtschaft und Rituale. Auch heute gibt es in den ecuadorianischen Anden beispielsweise die Gewohnheit, »Danke« zu sagen, wenn man jemandem einen Gefallen tut. Nicht andersherum. Man bedankt sich für das Vertrauen der anderen und für die Aufnahme einer Wechselbeziehung.[19]

Das erste Mal habe ich einen Eindruck von diesem Weltbild gewinnen können, als ich 2015 zusammen mit dem Kameramann Jakob Fuhr zwei Schwestern in den Anden Perus begleiten durfte. Magda und Marcela Machaca vom Volk der Quechua. Sie hatten es fertiggebracht, auf 3000 Metern Höhe eine ehemalige Wüstenei in Felder voller Quinoa, Kartoffeln, Mais und sogar Pfirsiche zu verwandeln. Dafür hatten sie das alte Wissen ihrer Ahnen zusammengetragen und mit ihrem Ingenieurstudium verbunden. Sie lassen Wasser wachsen, wie sie es nennen: *crecer agua.* Sie pflanzen Wasser, und sie ernten Wasser – eine hohe Kunst in trockenen Zeiten wie diesen. Seit dreißig Jahren feilen die Schwestern nun schon daran und haben in mittlerweile mehr als hundert Seen und Teichen Regenwasser gewinnen können – an einem Ort, an dem früher die industrielle Landwirtschaft und der Klimawandel alles vertrocknen ließen. Bei ihrer Kunst hilft den Frauen ein Gras, dessen Wurzeln tief und verzweigt in den Boden wachsen. Dieses Gras haben sie in Büscheln um die ersten Pfützen gepflanzt. So entstand eine Art Wurzelbottich, ein dichtes Netz, aus dem das Wasser nur langsam in tiefere Erdschichten sickert. Irgendwann ist es geblieben, bildete Pfützen, und sie konnten die Graskreise erweitern. Heute schwimmen Fische in manchen Lagunen, und die Menschen der Region nutzen das Wasser für ihre Felder und Küchen. Mehr als 400 Sorten Kartoffeln wachsen und kochen dort – gelbe, braune, rote, violette, runde, lange, dicke, dünne. Unsere Geschichte dazu heißt deshalb »Ackerbunt«, man kann sie noch im Internet finden.[20]

Magda und Marcela haben dieses Kartoffelparadies zum Wachsen gebracht, indem sie die Menschen und die Natur mit einbezogen haben. In Gemeinschaftsarbeit, den sogenannten Mingas, bewirtschaften sie die Felder und säubern die Wassergräben. Mehr als 5000 Familien arbeiten heute mit der Organisation der Schwestern zusammen, mit der Asociación Bartolomé Aripaylla (ABA). Auch unter ihrem Land liegt Kupfer, auch hier gab es einen Konflikt. Gerade aber sei alles ruhig, schreibt Marcela über einen Messengerdienst. Sie hätten die Firma vertrieben. Wie genau, will ich wissen. Was genau? Wir verabreden uns mehrfach zum Videocall und kommen doch nicht mehr zusammen.

Im Denk- und Lebenssystem von Pachamama geht es um Wechselwirkungen und Wechselbeziehungen. Das schaut bei den einzelnen Völkern unterschiedlich aus, im Alltag wie auch in der Philosophie. Sinn entsteht meist erst durch das, was im Raum zwischen zwei Gegensätzen passiert, zwischen Mann und Frau, zwischen Drinnen und Draußen, zwischen Himmel und Erde. Es gibt kein dualistisches Entweder-oder, sondern nur ein Dazwischen. Es braucht die Gegensätze für Stabilität, ein gesundes Leben aber findet im Dazwischen statt, im Gleichgewicht. Da auch der Mensch die widerstreitenden Pole in sich trage, sei sein gesamtes Leben darauf ausgerichtet, ein Gleichgewicht zwischen den Gegensätzen herzustellen. Bei diesem Seiltanz helfen ihm Arbeit, Gebete, Feste und Rituale.

Erstaunlich ist die Nähe zu den Philosophien Asiens, aber auch zu Alexander von Humboldt (siehe Kapitel 7). Grundprinzip ist immer das große Ganze, in dem wir alle in Wechselbeziehungen miteinander leben und das mehr ist als einfach die Summe seiner einzelnen Teile.

Selbst die Quantenphysik, die Wissenschaft von den kleinsten Einheiten des Universums, beschreibt die Welt mit einer Theorie aus Wellen und Teilchen, die auch über große Entfernungen hinweg noch in Wechselwirkung zueinander stehen können. Sie besagt, dass es eigentlich gar keine fixen Einheiten gibt. Auf der Mikroebene der Atome und Photonen ist alles ständig im Prozess, dynamisch und immer in Bewegung. Das Universum summt und brummt in einer kollektiven Vibration. Die alten indigenen Kulturen Lateinamerikas haben dieses Grundprinzip allen Lebens schon lange vor unserer Zeit und ohne kostspielige Messinstrumente verstanden.

Doch durch die Jahrhunderte der Kolonisation und Christianisierung, der Gewalt, der Abhängigkeiten und der Heiligen Jungfrau Maria wurde Pachamama schließlich immer mehr zu einer personifizierten Erdenmutter, zu einer Art gütiger Fruchtbarkeitsgöttin. Viele Indigene sind heute Katholik:innen mit einer Verehrung für Pachamama oder einem Nebeneinander und Miteinander der Glaubensvorstellungen. Genauso gibt es Mestiz:innen, also Nachfahr:innen von Kolonisator:innen, die heute Pachamama verehren oder nach dem Pachamama-Prinzip leben.

Das Casa del Alabado in Quito ist ein Museum für sogenannte präkolumbianische Kunst, also für Kunst aus der Zeit, bevor Kolumbus kam. Hier stehen Figuren aus dem ursprünglichen Pachamama-Universum zwischen dickem Gemäuer und in feinem Licht. Sie wirken wie Traumwesen oder wie aus einem psychedelischen Animationsfilm. Eine quadratische, ebenmäßige Stele aus Stein zum Beispiel hat sechs stilisierte Gesichter, ihr Blick geht in alle Himmelsrichtungen sowie nach oben und unten. Sie sieht aus, als gehöre sie eigentlich in ein modernes Designstudio in Berlin-Mitte, stammt aber aus der Valdivia-Kultur, 4000 bis 1500 vor Christus. Ich sehe winzige filigran gearbeitete Figürchen aus Kupfer und Gold und eine Vase mit zwei Gesichtern, deren aufgesperrte Münder als Öffnungen dienen – für Blumen vielleicht oder ein Getränk? Man weiß nicht viel über die alten Kulturen, und die Regierung gebe viel zu wenig Geld für Ausgrabungen aus, sagt Jorge Marcos Pino, der zur Valdivia-Kultur forscht. Er hat zum Beispiel ein Grab mit den Überresten von einer Frau und sechs Männern entdeckt. Was das zu bedeuten habe? Das könne er auch nicht so genau sagen. Das Matriarchat sei sehr spannend, aber viel zu wenig erforscht, hat er dem *Comercio* erzählt, einer ecuadorianischen Tageszeitung. »Frauen haben einige sehr interessante Dinge getan. Ihr Beitrag zu dem, was wir Zivilisation nennen, war entscheidend.« In einigen Gemeinschaften hätten sie die Landwirtschaft erfunden, in anderen die Töpferei.

Die Spanier:innen hat das wenig interessiert, als sie den lateinamerikanischen Kontinent mit Gewalt überzogen. In ihren Augen waren die Berge, Flüsse und Wälder größtenteils eine *Terra nullius,* Niemandsland, eine Wildnis, die man sich untertan machen konnte, sollte oder sogar musste, nach Gottes Auftrag. Seitdem wurden viele Kulturgüter zerstört und geraubt. Die Wissenschaft geht mittlerweile davon aus, dass allein in dem Jahrhundert nach der Ankunft der Kolonisator:innen in beiden Amerikas 56 Millionen Ureinwohner:innen umgekommen sind, vor allem durch eingeschleppte Krankheiten. Das sind rund neunzig Prozent der indigenen Bevölkerung. Ein todbringender Feldzug für Land und Rohstoffe. Allein aus dem Inkareich stahlen die Spanier:innen Tonnen von Gold. Sie schmolzen Kunst, Geschmeide und Münzen zu Barren ein. Knapp 300 Kilogramm täglich. »They turned a whole culture into cash«, schreibt Matthew Hart in *Gold – The race for the world's most seductive metal.*[21] Sie verwandelten eine gesamte Kultur in Geld. Noch heute ist die Beute aus dem kolonisierten Lateinamerika mit Grundlage für die finanzielle Macht Europas.

Das Casa del Alabado liegt im historischen Zentrum von Quito, das auch gerne Centro Colonial genannt wird. Cafés, Restaurants und Hotels nennen sich Dulcería Colonial oder Hotel Colonial San Agustin. Als ob die Kolonialzeit etwas wäre, worauf man stolz sein könnte. Die Kirchen sind überladen mit Gold. Hinter den Altären türmen sich schwindelerregende Höhen des blutigen Metalls gen Himmel. Natürlich ist das alles wunderschön und der Kaffee in der Dulcería Colonial vorzüglich. Aber gleichzeitig kann man sich nur schwer vorstellen, wie viele Menschen leiden mussten, damit dies alles gebaut werden konnte. Quito wurde 1534 von den Spanier:innen gegründet, auf den Ruinen einer alten Inkastadt.

Und während man an seinem Kaffee vor historischer Kulisse in der Hauptstadt nippt, kann man anfangen, sich vorzustellen, wie viele Menschen wohl über wie viele Jahrhunderte hinweg leiden mussten, damit andere Menschen außerhalb von Ecuador Gold, Zucker, Kakao, Bananen und Öl genießen konnten. Und wie viel Natur wurde in diesem Land wohl schon für den Export und die Devisen zerstört? In den letzten Jahrhunderten oder auch erst Jahrzehnten?

Das Land versteht sich als plurinationaler Staat, so steht es zumindest in der Verfassung. Bei der letzten Volkszählung 2010 bezeichnete sich gut eine Million Menschen als indigen. Das sind sieben Prozent der Bevölkerung. Andere Erhebungen gehen davon aus, dass mindestens 25 Prozent der Ecuadorianer:innen indigene Wurzeln haben. Vierzehn indigene Nationalitäten gibt es in Ecuador, wobei die große Gruppe der Kichwa sich noch einmal in Untergruppen und -dialekte auffächert. An der Küste gibt es zum Beispiel die Awa und die Chachi, in den Anden die Kichwa und die Kitu Kara, im Amazonas die Ashuar und die A'i Kofán. Es gibt keine offizielle Kartografie dazu, aber verschiedene NGOs gehen davon aus, dass rund vierzig Prozent der Fläche Ecuadors von hauptsächlich indigenen Menschen bewohnt und bewirtschaftet werden, im Amazonas sogar siebzig Prozent.[22] Sie sind in verschiedenen Verbänden, Parteien, Provinzregierungen und Komitees organisiert, die wiederum zur großen und einflussreichen Dachorganisation CONAIE gehören, die 2019 und 2022 zu landesweiten, langwierigen Streiks aufrief und so einige Forderungen auch in Sachen Öl und Bergbau durchsetzen konnte.

Verschiedene Völker wie zum Beispiel die Kichwa in Sarayaku oder die Kayambi in der Sierra kämpfen für eine offizielle Anerkennung ihrer kollektivistischen Verwaltungsstrukturen, die dem Schutz der Ökosysteme dienen. Gleichzeitig sind rund sechzig Prozent der indigenen Gebiete für Bergbau und Erdöl konzessioniert.

»Wir waren vor dem Staat hier«, hat mir Berta Gualinga, eine Frau vom Volk der Kichwa, im Amazonas gesagt. »Seit Tausenden von Jahren leben wir mit dem Wald. Wir sind Teil des Waldes und wissen, wie man ihn schützt.«

In Deutschland fangen wir gerade erst an, uns mit unserer kolonialen Vergangenheit auseinanderzusetzen. Unsere Geschichte ist dunkel, und wir sind noch immer so sehr damit beschäftigt und davon überfordert, zu verstehen, wie wir einmal ein ganzes Volk auslöschen wollten und Millionen von Menschen den Tod brachten. Aber es scheint, wir verstehen immer mehr, dass die Teile in unseren Autos und die Avocados auf unseren Tellern mit etwas Größerem zusammenhängen als mit dem Inhalt unseres Portemonnaies oder den Angaben auf der Packungsbeilage.

»Vielleicht ist es jetzt auch mal gut«, sagte die Hebamme

Martha Arotingo ist Hebamme, Mutter, Kleinbäuerin und Jurastudentin. Vor allem aber ist sie heute müde. Am Morgen noch hat sie einen Kurs in Heilkräuterkunde gegeben, die Tage davor war sie in Quito an der Universität. Wir treffen uns im Gesundheitszentrum Hampi Warmikuna in Cotacachi. Hampi heißt Medizin auf Kichwa, Warmi Frau und Warmikuna Frau oder Frauengruppe. Hier wird die Heilkunde ihrer Vorfahr:innen unterrichtet und praktiziert.

»Das Zurückliegende ist unsere Stärke«, sagt Martha, »unsere Zukunft.« Das Wissen der Ahn:innen, der Großmütter und Großväter. Es ist wie eine Bibliothek. Denn was du in der Vergangenheit gesät hast, kannst du später ernten. Martha trägt die traditionelle Kleidung der Kichwa der Anden. Eine weiße, mit bunten Blumen bestickte Rüschenbluse und einen weiten dunkelblauen Rock, der mit einem Band oberhalb des Bauchnabels festgebunden ist. Dazu goldene Ohrringe und um die Handgelenke mehrfach gewickelte Ketten aus kleinen korallenfarbenen Glasperlen. Die langen Haare hat sie zum Zopf geflochten und mit einem Band umwickelt.

»Vielleicht sollten nicht alle Kinder geboren werden, die gerade geboren werden«, sagt sie. »Der Mensch ist das schlimmste Raubtier auf diesem Planeten.« Deshalb brauche es eine Gesellschaft, die die Neugeborenen schon von Geburt an mit Liebe empfange und behandle. »Ich glaube aber, oft wollen wir Kinder kriegen, auch weil wir egozentrisch sind. Und wir wollen der Welt zeigen: Schau, das hier ist die Miniversion von mir.« Das »Mini-Me«. Dabei verstünden wir nicht, dass wir als Menschheit immer weiter wachsen und wachsen und wachsen. Und die Erde immer weniger und weniger werde. »Wir vergiften die Flüsse, wir zerstören die Wälder. Ohne dabei an die Kinder zu denken, die nicht mehr in den Flüssen schwimmen können, denn die Flüsse werden verseucht sein. Sie werden keine gesunde Luft mehr atmen können.« Martha hält sich Mund und Nase zu und spricht mit erstickter Stimme: »Wir können nicht lange leben ohne Luft.«

Sie hat selbst fünf Kinder und fühlt sich am erfülltesten, wenn sie einem neuen Erdenmenschen bei der Ankunft hier behilflich sein kann. Die Geburt eines neuen Wesens, das sei ein wunderschöner Moment, sehr zeremoniell, magisch. Dann staune sie immer wieder aufs Neue über die Schönheit und all das, was dabei vor sich gehe. In diesen Momenten spüre sie Pachamama am stärksten. Überhaupt sei Pachamama nichts für den Intellekt. Man müsse das erfahren, erspüren, erleben. Leute, die keine Ahnung von diesem Weltbild haben, denen erkläre sie das immer anhand unserer Lebensmittel. Sie sind nämlich tatsächlich die Mittel für unser Leben. »Wir sind aus dem zusammengesetzt, was wir essen, und dann mach dir klar, woher dieses Essen kommt!« Alles komme aus der Natur, alles sei ein Geschenk von Pachamama. Das Brot, die Karotten, das Fleisch, selbst die widerlichsten Dosenspaghetti und der pinkeste Donut, alles kommt ursprünglich von irgendeinem Feld, von irgendeinem Organismus, von irgendeinem Wesen.

Die Menschen in der Stadt aber würden oft nicht wertschätzen, was die Menschen auf dem Land für eine Arbeit leisten, um die Nahrung wachsen zu lassen und gleichzeitig auch die Flüsse sauber zu halten – die Lagunen, das Grundwasser, alle Wasser. Es ginge darum, eine fast schon intime Beziehung zur Erde zu haben, die Kreisläufe der Erde zu kennen, zu verstehen, wie alles zusammenhängt und dass man selbst ebenfalls zu gut sechzig Prozent aus Wasser besteht. »Die Erde ist unsere Mutter, denn sie ernährt uns. Sie gibt uns alles, was wir zum Leben brauchen.«

Wer das so sieht, kann nicht unpolitisch bleiben, wenn eine riesige Kupfermine mitten in den Nebelregenwald gerissen werden soll, mitten ins Quellgebiet so vieler Wasser. Und so ist Martha Teil des Widerstands. Deshalb sind viele Mauern in Cotacachi voller Gemälde und Sprüche gegen die Mine und für die Natur. Denn würde die Mine aufgerissen, sagt Martha, »dann würden wir anfangen, die Flüsse zu vergiften und zu töten. Die Flüsse, die uns im Prinzip das Leben geben und die Nahrung für eine ganze Gesellschaft.«

Die Menschen in der Stadt dächten oft, mit Geld könne man alles lösen. Entwicklung, das seien Autos, Häuser und noch mehr Geld. Aber was sei denn das Sumak Kawsay, das Gute Leben, fragt Martha. »Es geht darum, sich in seiner eigenen Haut wohlzufühlen, gesund zu sein, immer weiter zu lernen, zu wachsen und mit allem im Reinen zu sein.«

Deshalb studiert sie nun Jura, weil sie in ihrer Arbeit als Hebamme oft von Gewalt während der Geburt im Krankenhaussystem erfahren habe. Wenn sie das Gesetz kenne, könne sie besser für die Rechte und damit für das Gute Leben der Frauen einstehen.

Vor Gericht mit der Tochter des Lichts

Der Prozess, der Cenaidas Leben in ein anderes verwandeln könnte, in ein Leben ohne Kupferminenkonflikt, beginnt an einem Montag im Februar 2022 um zehn Uhr via Zoom. Fünfzehn Minuten vorher ist ihr Computer ohne Internet, ihr Kühlschrank ohne Lebensmittel und ihre Töchter noch im Schlafanzug. Cenaida ist gelassen. Sie sitzt am Küchentisch in Cotacachi, in ihrem Häuschen, das ein halber Rohbau ist. Ein Grau in Grau. Die eine Wand aus Rohputz, der Boden aus Estrich, die andere Wand aus einem milchigen Plastikvorhang. Dort soll einmal ein großes Fenster hin. Cenaida tippt abwechselnd ins Handy und in ihren Laptop. Ihr Partner Nelson ist auf einem Außentermin, Saphira, das schönste Mädchen der Welt, liegt im Bett vor dem laufenden Fernseher. Keyla, die Ältere, tanzt um ihre Mutter herum. Die trägt einen braun karierten Blazer über einem blauen T-Shirt und die Haare offen, unter dem Kinn eine hellblaue Coronamaske. Gerade war sie bei ihren Angestellten im Büro des Internet-Start-ups nebenan. »Wir bringen WLAN auf die Dörfer, aber ich kann mich hier nicht einwählen! Das ist ja schon irgendwie lustig.«

Carlos schreibt: Sie konnten nicht aus dem Intag herauskommen. Es gab einen Erdrutsch, sodass der Bus nicht durchkommen konnte. Sie sind jetzt im WLAN eines Straßenrestaurants und schalten sich von dort aus zum Prozess zu. Cenaida holt sich schnell ein Stück Brot, setzt Milch für die Kleine auf und bürstet die Haare der Großen. »Das sind die Strapazen, wenn man Mutter, Geschäftsfrau und Aktivistin auf einmal ist.«

Gestern stand sie noch auf ihrem Feld am Steilhang mitten im grünen Intag-Wildwuchs. Die Erde habe ihr beigebracht, was Freiheit bedeutet: Unabhängigkeit, Fülle, keine Angst. Das könne sie spüren, wenn sie einfach mit der Erde verbunden sei, mit Pachamama. Cenaida glaubt an sie und die Verbundenheit aller Lebewesen. Das sei aber weniger ein Glauben als ein Wissen, sagt sie. Ein tiefes Wissen, das sie besonders in der Natur spüre. Als 14-Jährige durfte sie einmal mit einer kleinen Intag-Delegation, zusammen mit drei Erwachsenen, in den Amazonas reisen, zum Austausch unter Umweltaktivist:innen, organisiert von einer NGO. Nur eine knappe Woche waren sie dort, aber die Menschen haben sie nachhaltig beeindruckt – und umgekehrt. »Wir respektieren die Erwachsenen in deiner Gruppe«, habe man ihr gesagt. »Aber in dir sehen unsere Schamanen eine besondere Energie. Du bist eine Tochter des Lichts, der Sonne. Du wirst viel leiden, aber auch Großes erreichen.«

Ihre kranke Tochter Saphira habe ihr später beigebracht, dass alles Gute immer auch schwer sei. »Es ist schwer, anders zu sein, aber es gibt dir auch eine besondere Kraft.« Natürlich sei es nicht leicht, sich als Frau in der Männerwelt Gehör zu verschaffen. »Aber dann müssen wir ihnen eben zeigen, wer wir sind. Wir dürfen nicht zulassen, dass sie uns zum Schweigen bringen.« Männer wie Frauen, denn immer wieder seien es durchaus auch die Frauen, die das Patriarchat am Leben halten. Schließlich ziehen sie oft die kleinen Machos heran und beißen andere Frauen zurück.

Sie versucht, ihre Töchter zu Freiheit und Solidarität zu erziehen. Das heißt heute: Sie sollen sich selbst beschäftigen, während Mama vor Gericht zieht. Der erste Tag des Zoom-Prozesses dauert sechs Stunden, es sprechen fast ausschließlich die Anwält:innen, gut hundert Menschen sind zugeschaltet. Wer spricht, erscheint groß auf dem Bildschirm. Der Ton ist leicht aggressiv, besonders aus den scheppernden Laptopboxen auf dem Küchentisch. Cenaida hört zu, kommentiert wie bei einem Fußballspiel und tauscht sich mit den Mitstreiter:innen in der Intag-WhatsApp-Gruppe aus. In der Mittagspause eilt sie los, um einzukaufen und mit ihren Töchtern in einem Schnellrestaurant zu essen. Sie geht geduldig auf alles ein, was Keyla fragt und was Saphira braucht.

Am zweiten Tag sprechen aus den Zoom-Kacheln unter anderem der Umweltaktivist Carlos Zorrilla und der ehemalige Politiker Alberto Acosta. Der eine ist aus seinem offenen Büro über den Wolken des Intag-Tals zugeschaltet, der andere aus seinem Bücherzimmer in Quito. Der eine spricht vor allem über die Natur, der andere über die Verfassung und die Wirtschaft. Er wolle die Dörfer und die enorme Biodiversität des Intag verteidigen, hebt Acosta an und ruft dem Kleinstadtrichter dann die Bedeutung der ecuadorianischen Verfassung in Erinnerung: »Ja, Ecuador hat die Welt erschüttert, indem es als erstes – und bisher einziges – Land der Welt die Natur als Rechtssubjekt anerkannt hat.« Das Gericht müsse diese Entscheidung unterstützen. Der Richter zeigt sich unbeeindruckt im Halbschatten seines großen schwarzen Bürostuhls.

Alberto Acosta erwähnt Pachamama nicht in seinem Statement. Der Volkswirtschaftler fokussiert sich auf Zahlen und Fakten und rechnet vor, dass die Summe, die es kosten würde, das Kupfer aus der Erde zu holen und die Umweltschäden wieder zu beheben, höher sei als der Gewinn, den man mit dem Metall erzielen könnte. »Wir müssen akzeptieren, dass der Bergbau uns nicht aus der Armut herausholen wird, genauso wenig wie es das Erdöl getan hat.« Die Ecuadorianer:innen müssten vielmehr eine andere Art von Wirtschaft entwickeln.

Am dritten Tag ist Cenaida als eine der Kläger:innen an der Reihe. Zuvor spricht Javier Ramirez, der ehemalige Gefangene. Er schaltet sich aus Junín zu. Im Hintergrund sieht man das Holz seines Häuschens, von links überstrahlt die Sonne hell seine Wange. Er blickt ernst in die Kamera und hebt die Hand zum Schwur. Nichts als die Wahrheit werde er sagen, ja.

Mehr als zwei Stunden dauert seine Befragung, er selbst kommt dabei allerdings kaum zu Wort. Immer wieder wird Einspruch erhoben. Die Anwält:innen streiten darüber, was prozessrelevant ist und was nicht. Von seiner Verhaftung ohne Haftbefehl und der Zeit im Gefängnis darf er zum Beispiel nicht erzählen, ebenso wenig, was er über die Inhaber:innen der Konzessionen weiß. Einmal verbittet sich der Richter empört eine Frage, nämlich die nach einem möglichen Bedrohungsszenario durch die Polizei. »Vorsicht mit dieser Frage! Was wollen Sie hier suggerieren? Dass die Polizei von Ecuador das Gesetz gebrochen hat?! Das sehe ich gar nicht gerne! Wenn Sie weiter auf diesem Aspekt bestehen, sehe ich mich gezwungen, das Verfahren aufzuheben und die Polizei von Ecuador über die Anschuldigungen zu unterrichten. Damit sie sich hier verteidigen kann.«

Gustavo Redin hatte die Frage nach der Polizei gestellt. Der Anwalt, der früher einmal Dokumentarfilmer werden wollte. Der Stadtmensch, der die Natur liebt. Er holt tief Luft. »Gut, dann werde ich eine andere Frage stellen, aber noch erwähnen, dass die Generalstaatsanwaltschaft und das Innenministerium hier anwesend sind, die Polizei damit also vollumfänglich vertreten ist.« Er blickt auf einen Zettel vor sich. »Señor Ramirez, welche Art von Tourismus bieten Sie an?«

Die Drohung des Richters ist angekommen, aber nicht angenommen worden. Nun ist Cenaida an der Reihe. In ihrer Stellungnahme will sie von den ersten Unternehmen erzählen, die mit Gewalt ins Tal kamen. Wie sie als Gemeinschaft daraus gelernt hätten, dass eine Mine in Intag die Natur zerstören würde und dass sie für ihre Rechte einstehen müssen. Schon in der ersten Minute unterbricht sie ein Anwalt der Gegenseite. Ihre Kindheit habe nichts mit dem Fall heute zu tun. Der Richter stimmt zu. Cenaida erzählt weiter von den Bauarbeitern, die ihr nicht sagen wollten, für wen und warum sie auf dem Gelände waren. Ihre Ausführungen werden fahrig. Die Klarheit aus dem Workshop ist ihr verlorengegangen. Sie wird wie alle anderen regelmäßig unterbrochen. Ihre Stimme überschlägt sich, klingt nun ebenfalls aggressiv. Irgendwann fängt sie sich wieder: »Und erzählen Sie mir nicht, dass ich ja gar nicht auf der Uni war und auch keine technische Ausbildung habe. Ich weiß, was eine offene Kupfermine in einer Region wie Intag anrichten kann, vor allem mit den vielen Wasserquellen dort, das ist Allgemeinwissen.« Ein Mitstreiter applaudiert.

Cenaidas Befragung dauert etwa eine Stunde, der gesamte Prozess zehn Tage. Als Klägerin muss sie die ganze Zeit anwesend sein. Sie kann in dieser Zeit nicht arbeiten, sie kann sich nicht wirklich um ihre Töchter kümmern. Sie bekommt keine Aufwandsentschädigung.

Drei Dinge helfen ihr in schwierigen Phasen, sagt sie:

- Weinen
- Sich mit der Erde verbinden
- Versuchen, keine Angst zu haben

Weinen, das sei ihre Art sich zu reinigen, eine Art energetische Renovierung. Die Verbindung mit der Erde, das bringe ihr sehr viel Kraft. Wenn sie zum Beispiel nach einem anstrengenden Tag voller Körpertherapien für Saphira nach Hause komme, pflanze sie etwas oder kümmere sich um ihr Feld. Danach geht es nicht nur den Bananenstauden und dem Bohnenkraut besser, sondern auch ihr selbst. Und bei der Angst geht es auch um Feminismus, sagt sie:

> »Wir sind sehr viel mehr als das Wort Frau, das so verunglimpft wurde. Viele Frauen weltweit wissen nur ansatzweise, dass es Führungsfrauen gab und gibt, dass es Matriarchinnen gab, dass es Frauen gab, die sich verteidigt und ihr Leben gegeben haben,

damit wir anders denken können, damit wir frei sein können. In der Tat glaube ich nicht, dass Männer ohne Frauen viel erreichen würden. Aber gemeinsam könnten wir die Welt verändern. Wir müssen nur die Angst abschütteln. Denn die Angst ist es, die uns alle gefangen hält. Sie steckt hinter Ehrgeiz und Gier. Warum richten die Firmen hier so viel Schaden an, ohne sich um irgendetwas zu kümmern? Darüber habe ich lange nachgedacht. Es geht um die Angst vor dem Sterben, die Angst, kein Geld zu haben, die Angst, keine Macht zu haben, die Angst, keinen Respekt zu haben. Nur deshalb kommen die Firmen hierher, und es ist ihnen egal, dass sie alles kaputt machen. Wenn wir versuchen, keine Angst mehr zu haben, dann haben wir schon sehr viel auf unserem Planeten verändert. Und das sind die wirklichen Alternativen, es geht dabei nicht um erneuerbare Energien oder so etwas. Es geht darum, dass wir anders zusammenleben, Männer und Frauen und alle dazwischen.«

Das Urteil vom Provinzgericht in Cotacachi überrascht Cenaida nicht. Ihre Klage wird abgelehnt. Es seien keinerlei Rechte verletzt worden, sagt der Richter den etwa hundert per Zoom Zugeschalteten, weder die der Natur noch die der Gemeinden. Vielmehr verwundere es ihn, dass im Gebiet des angeblich umweltschädlichen Bergbaus eine ausgestorben geglaubte Froschart wieder aufgetaucht sei. Er betont außerdem noch einmal, dass er ein sehr objektiver Richter sei und sich vorher auf keinen Fall mit einer der Parteien zum Mittagessen getroffen habe.

Cenaida schickt eine Sprachnachricht: »Eigentlich wussten wir schon vorher, wie das hier ausgeht. Die Argumente des Richters hatten überhaupt keine juristische Grundlage.« Und: »Wir machen weiter und hoffen, dass die nächste Instanz anders entscheidet.«

Von Männern mit Träumen

Als Hernando Pereira eines Morgens aus unruhigen Träumen erwachte, fand er sich in seinem Bett in einen Ungläubigen verwandelt. Er gab seinen Beruf als Wirtschaftslehrer auf, verließ die Hauptstadt und kehrte auf den Berg zurück, in dessen Erde er als Kind die Überreste einer uralten Kultur gefunden hatte. Der grüne Berg seiner Kindheit ist länglich und oben flach, als hätte jemand die Kuppe abgeschnitten. Die Berge außenherum haben Gipfel und Hügel. Hernandos Berg aber hat ein Plateau, er sitzt freistehend im Intag-Tal, als wäre er vom Himmel gefallen. Oder als wäre er ein ungeheuerliches, schlafendes Tier. Gualiman heißt er, dieser Berg. 63 Hektar, vier Gräber und mindestens fünf Tempel umfasst sein Plateau. Dazwischen sind Felder für Erbsen, Bananen, Kaffee und Mais.

Im Juli 1996 hatte Hernando mehrere Träume, aber er nahm sie lange nicht ernst. Eine ganze Delegation von indigenen Gesichtern suchte ihn immer wieder im Schlaf auf. Er selbst ist Mestize und hatte sich bis dahin nie sonderlich für die Indigenen seines Landes interessiert. Aber im Traum kamen sie nun immer wieder, brachten Geschenke mit und hatten ein Anliegen. »Die sagten, ich muss zurückkehren als Wächter der alten Zivilisation, weil Gefahr droht.« Er hat die Träume lange als Unsinn weggewischt und ist schließlich doch zurückgefahren auf den Berg, auf dem er geboren wurde. Da sagte ihm sein Vater, er wolle das Häuschen und die Felder verkaufen.

Hernando: »Dann kauf ich das eben.«

Acht Tage später hatte er seinen Job gekündigt, sich fast von seiner Frau getrennt und war zurückgekommen. Seine Frau blieb erst einmal in Quito. Lange Zeit sprachen sie nicht miteinander.

Später kamen drei Schamanen, erzählt er. Einer aus Bolivien, einer aus Peru und einer aus Otavalo, der großen Stadt vor dem Intag-Tal. Sie hatten sich erst im Bus ins Tal kennengelernt. Alle sagten, eine starke Energie ziehe sie in den Nebelregenwald, sie müssten wissen, was es damit auf sich habe. Um fünf Uhr nachmittags standen sie gemeinsam auf Hernandos Berg. Sie fragten nach Beweisen für eine besondere Energie. Er zeigte ihnen eine Sammlung von Fundstücken: Kupferarmreife, Figuren aus Ton, Steintröge. Sie wollten ihm drei Steinkugeln abkaufen. Für jedes Geld der Welt, egal. Hernando sagte. »Nein, ich verkaufe hier gar nichts. Ich bin der Wächter dieses Ortes.« Darauf die Schamanen. »Okay, dann bist du das wohl. Das war ein Test.« Die drei weihten ihn in die Heilkunst der Kugeln ein. Damit könne man positive und negative Energien in Einklang bringen und Krankheiten heilen. Fremde und Bekannte seien seitdem zu ihm gekommen, um Schmerzen zu lindern, die bisher keiner lindern konnte.

Er hat mir die Heilkugeln und das Zimmerchen mit der Liege gezeigt. Eine Massage kostet fünfzehn US-Dollar. Ich habe abgelehnt, auch wenn die Geschichte sehr schön war. Ein gutes Marketinginstrument, sagt die kritische Journalistin in mir. Oder doch ein Fenster in eine Welt, die aus so viel mehr besteht, als wir uns in unserer rationalen westlichen Welt vorstellen können. Die Kupferarmreife im improvisierten Museum von Hernando sehen so aus wie der, den ich am Handgelenk trage, nur sehr, sehr viele Jahre älter, oxidiert und ausgefranst. Es gab bisher kaum archäologische Forschung zu den Stätten im Intag. Gualiman ist nicht die einzige, es gibt mindestens fünf.

Ein paar Bergkuppen weiter lebt Omar Guevara auf 2100 Metern. Er ist im Intag geboren, ging aber zunächst zum Geldverdienen nach Otavalo. Über die Jahre hat er dort eine Schreinerei aufgebaut, viele tote Bäume hat er zu Dächern, Holzkonstruktionen und Möbeln verarbeitet, sagt er, als er mich einmal beim Trampen mitnimmt. Sein Vater hatte inzwischen angefangen, ehemalige Zuckerrohrfelder wieder mit Regenwald aufzuforsten. Alle hatten ihn für verrückt erklärt. »Das bringt doch kein Geld! Was soll das?« Doch heute steht dort ein dichter Wald, wo vor 25 Jahren noch die Sonne auf ausgelaugte Erde brannte. Sein Vater starb, und Omar träumte von dem Ort seiner Kindheit. Er stand auf dem Hügel mit der schönen Aussicht, und ihm erschienen Indigene. Er solle zurückkehren, sagten sie, sich kümmern. Das tat er. Vor zwei Jahren verkaufte er seine Schreinerei in der großen Stadt und kehrte zurück ins Intag. Jetzt pflanzt er Bäume, Gemüse und Blumen. Auf seinem Hügel wachsen unzählige Orchideen auf Avocadobäumen. Kolibris schwirren umher. Wenn man Glück hat, sieht man einen Tukan. Campo Kolibri ist ein Ausflugsziel für die Städter:innen der Umgebung geworden. Man kann mit der Zipline über das Grün schweben. Omars Bruder lebt auch hier. Sie bewirtschaften eine kleine Ökofarm und versuchen, den Menschen aus der Stadt die Natur nahezubringen – und die Tempel, über die sie gewuchert ist. Vier kann man mit bloßem Auge erkennen. Bei einem der Tempel hat ein Erdrutsch die Steine frei gelegt. Er glaube nicht sonderlich an das Übersinnliche, und von Religion halte er schon mal gar nichts, erzählt Omar. »Aber die Erde verbindet sich mit dir. Sie ruft dich, sie lockt dich. Sie sagt dir: Das hier ist der Ort, an den du gehörst. Hier kannst du glücklich sein. Die Natur bringt dich zum Lächeln.«

Campo Colibri sei seine Art, gegen den drohenden Kupferabbau zu kämpfen, sagt Omar. Er will den Leuten zeigen, was Reichtum in Wirklichkeit bedeutet. Auch sein Land liegt in den Kupferkonzessionen. Ebenso wie Gualiman. Sie gehören nicht Codelco, sondern BHP aus Australien, dem größten Bergbauunternehmen der Welt. »Wir laufen hier nicht mit Steinen und Stöcken herum und schreien ›Nieder mit dem Bergbau!‹« Er zeigt auf all das Grün um sich herum. »Wir bauen etwas auf, das immer weiterwachsen kann.« Die Kupfermine sei irgendwann leer und hätte kilometerweit alles zerstört. Nachhaltige Landwirtschaft und ein nachhaltiger Tourismus aber könnten immer und ewig florieren. »Die Natur, das ist meine Wiege und meine Mutter«, sagt der große, etwas grobschlächtige Mann, dem man den Schreiner noch ansieht. »Hier fühlst du dich geborgen und behaglich. Wie im Schoß deiner Mama. Wenn du als Kind Angst hast, rennst du in die Arme deiner Mutter.« Auch die Natur hier sage einem: »Ich bin da, ich sorge für dich.«

Chopin Thermes ist der dritte Mann mit einem Traum. Ich habe ihn auf meinem Weg durch seine Stadt kennengelernt – Ibarra, die Hauptstadt der Provinz Imbabura, in der das Gericht den Intag-Fall in der zweiten Instanz verhandelt. Er ist ein Freund eines Freundes. Eigentlich wollte ich nur kurz seine Toilette benutzen, doch dann blieb ich zunächst zum Mittagessen, dann zum Kaffee und schließlich bis zum nächsten Mittag. Chopin ist Musiker, aber fast taub, also erzählt er die ganze Zeit. Mich kann er ohnehin nicht verstehen. Ich schreibe ihm ab und zu eine Frage auf einen Zettel.

1973 ist er aus Frankreich nach Ecuador gekommen, weil er es nicht mehr ausgehalten hat im Land der Elitenliebhaber:innen und Vernuftverehrer:innen. »*Liberté, Egalité* und *Fraternité*, das bedeutet nicht viel«, sagt er ausgerechnet am Tag nach der letzten französischen Präsidentschaftswahl, bei der 42 Prozent seiner ehemaligen Landsleute eine offen rechtsnationale Kandidatin gewählt haben. Aber Chopin ist nicht im Jahr 2022, hier in seinem alten Haus mit dem dicken Gemäuer. Er ist in vielen Jahren und in allen Zeiten. Seit fast fünf Jahrzehnten sammelt er in Ecuador traditionelle Musik von Indigenen, die in matriarchalen Strukturen leben. Er führte auch eine Ehe in diesen Strukturen. Seine Frau wollte eigentlich nicht heiraten, schon gar nicht einen Weißen aus der Welt des Patriarchats. Er musste ihr versprechen, dass sie ihre Freiheit behalten dürfe, vor allem die Freiheit im Denken.

Das tat er und lernte Dinge, die man nur schwer in Worte fassen könne. Man könne die Unterschiede zwischen Patriarchat und Matriarchat nicht erklären, denn schon allein in diesen Kategorien zu denken, sei eine patriarchale Sicht auf die Welt, sagt er. Eine Weltsicht aus Gegensätzen, Hierarchien und Konkurrenz. »Wenn du es unbedingt in diese zwei Worte fassen willst, dann kannst du sagen: Im Matriarchat geht es um die Gleichwertigkeit der Geschlechter und im Patriarchat darum, dass die Männer die dominante Rolle einnehmen.«

Seit 10 000 Jahren gibt es matriarchale Strukturen auf dem Planeten. Das Patriarchat gibt es erst seit 4000 Jahren. »Und es frisst alles auf!«

– Aber warum? –

»Weil es so einfach ist!« Zumindest auf den ersten Blick. Die Entscheidungen werden von nur wenigen getroffen und nicht von allen Beteiligten. Eine kleine Elite dominiert den großen Teil der Gesellschaft, und das Versprechen, dass jeder es in diesen elitären Zirkel schaffen kann, wenn er oder sie nur hart genug kämpft, die Ellbogen nur weit genug ausfährt und fleißig genug arbeitet, dieses Versprechen korrumpiere den unterprivilegierten Teil der Gesellschaft. Dadurch werde die Ungleichheit immer größer und führe schließlich zu Konflikten oder gar Kriegen. Dies ist nicht nur das Hirngespinst eines alten weißen Mannes, denn es gibt zahlreiche Studien, die den Zusammenhang zwischen Ungleichheit und Gewalt bestätigen.

Im Matriarchat hingegen, so der alte weiße Mann weiter, herrschten Solidarität und Gleichwertigkeit. Es gehe um Ausgeglichenheit und Wechselwirkung und vor allem um Freiheit. Es gebe keine Hierarchie und keine Dominanz. Es sei eine kleine Utopie.

Wie genau das im täglichen Leben und in der Gesellschaft funktioniert, kann man kaum erklären, sagt er, man muss es leben, beobachten, wie andere es leben, oder ihre Musik anhören. Deshalb sammelt er sie – aus Dringlichkeit, nicht nur weil sie schön ist –, bevor sie untergeht. Es ist eine Sprache, die leichter zu verstehen ist als Worte.

»Also halte dich so weit wie möglich von allem Patriarchalem fern, wenn du gesund bleiben willst«, sagt er noch, da sind wir schon für ein Glas Rotwein in sein Hinterzimmer aus dicken Teppichen, Holztruhen, Steinfiguren, Masken und Silberschmuck gezogen.

Oh, ich versuche es, Chopin. Ich versuche es wirklich. Das Problem: Es ist überall. Auch in mir. Das Konkurrenzdenken, das mäuschenhafte Frauenbild vom fürsorglichen und fleißigen Bienchen, das heldenhafte Männerbild vom Retter und Macher in schwierigen Zeiten. Der Wunsch, zur Elite zu gehören, das Bedürfnis, die Welt in trennscharfe Kategorien einsortieren zu können. Die Angst, es nie zu schaffen, als gäbe es überhaupt irgendetwas zu schaffen. Aber die Stimme des Patriarchats in mir ist leiser geworden. Ich höre ihr weniger zu und lasse auch andere Stimmen zu Wort kommen. Selbst wenn sie von alten weißen Männern kommen.

4. Auf ein Date mit der deutschen Industrie: Es ist kompliziert

Wir müssen die Angst abschütteln. Denn die Angst ist die Ursache von Ehrgeiz und Gier. Wenn wir versuchen, keine Angst mehr zu haben, dann haben wir schon sehr viel auf unserem Planeten verändert.

CENAIDA GUACHAGMIRA

In Deutschland geht es in Männerträumen noch immer oft um Autos. Das ist ein aufgeladenes Thema, besonders in Zeiten der wachsenden E-Mobilität. Diskussionen über das Tempolimit werden schnell aggressiv, ebenso Diskussionen über Sinn oder Unsinn von SUVs.

Die deutsche Autoindustrie braucht dringend Kupfer und will besser keinen Skandal in ihrer Lieferkette. Dasselbe gilt für die deutsche Bau- und Elektroindustrie und überhaupt die Industrie. Kupfer, das schimmernde Erz, zählt laut Deutscher Rohstoffagentur (DERA) zu den bedeutendsten Industriemetallen der Bundesrepublik.[23] Doch es wird aktuell nicht im eigenen Land abgebaut, sondern ausschließlich importiert oder recycelt. Chile ist weltweit das größte Förderland für das Metall, gefolgt von China und Peru.

Kupfer ist ein kritisches Metall – für die Welt und besonders für Deutschland. Die Bundesrepublik hat ohnehin nur sehr wenige der Rohstoffe, die sie für die Energie- und Mobilitätswende braucht, im eigenen Boden. Die meisten muss sie importieren. Das bedeutet, wir nutzen Ressourcen, die einmal anderen gehörten. Damit machen wir uns abhängig und tragen gleichzeitig Verantwortung. Kupfer, Kobalt, Lithium, seltene Erden und auch Nickel, Sand und Stahl müssen in großen Mengen nach Deutschland importiert werden. Was Gas und Öl für die Industrialisierung waren, sind Metalle und seltene Erden nun für die gewünschte Vergrünung der Wirtschaft. Der Grundgedanke dieser großen Umstellung im industriellen Speiseplan klingt auf den ersten Blick ganz gut verdaulich: E-Autos oder Strom aus Windrädern verursachen kaum noch CO_2, und die Wirtschaft kann schön weiterwachsen, nur eben anders. Vielleicht können wir sogar ein neues Wirtschaftswunder erwarten: Infrastruktur, Gebäude, Energieversorgung, Arbeitswelten – alles muss umorganisiert werden. So viele Jobs, so viele Möglichkeiten, so viel Material. Wir brauchen nur andere Rohstoffe.

Doch bis das E-Auto fährt oder der Strom vom Windrad bis zur Steckdose geflossen ist, muss zuerst einiges an Natur zerstört und einiges an CO_2 produziert werden. Denn auch die Rohstoffe für die Energiewende haben einen hohen Preis. Die Dimensionen sind zwar andere als bei Öl und Gas, aber die ganze Welt transformiert sich gerade, und sie wird gigantische Mengen an Rohstoffen für diesen Strukturwandel brauchen.

Die Welt MUSS sich verändern, das steht außer Frage. Das überlebensnotwendige 1,5-Grad-Ziel wurde schon vereinzelt gerissen, und das Massenaussterben der Arten nimmt existenzbedrohende Ausmaße an. Die Frage ist also: Wie gestaltet sich die Welt um, ohne dabei neue Katastrophen zu verursachen? Wie bauen WIR die Welt um?

Kupfer spielt dabei jedenfalls eine zentrale Rolle, ebenso Deutschland.

Die Bundesrepublik hat Macht und Einfluss – als große Industrie- und Autonation und als wichtiger Player auf dem internationalen politischen Parkett. Sie hat das vierthöchste Bruttoinlandsprodukt der Welt und ist außerdem sogenannte Exportweltmeisterin. Durch ihre Importe und Exporte kann sie international Standards setzen und vorgeben, welche Arten von Wirtschaften und Handelsbeziehungen möglich sind. Sie ist an Entwicklungsbanken wie der Weltbank oder der asiatischen Entwicklungsbank AIIB beteiligt und gern geladener Gast verschiedenster Regierungsführer:innen.

Und Deutschland trägt Verantwortung. Aktuell verursacht es zwei Prozent des CO_2-Ausstoßes für ein Prozent der Weltbevölkerung. Historisch betrachtet, ist es aber der viertgrößte CO_2-Emittent der Welt[24] – nach Russland und vor Großbritannien. Nach Hochrechnungen der Initiative Global Carbon Project, an der mehr als 100 Wissenschaftler:innen beteiligt sind, hat Deutschland seit 1750 mehr CO_2 ausgestoßen als Afrika und Südamerika zusammen, nämlich 5,7 Prozent der weltweiten Emissionen. Angeführt wird die Liste von Europa mit 26,9 Prozent. Darauf folgen die USA mit 25,5 Prozent.

China liegt übrigens bei 13,7 Prozent, falls Sie sich das gerade fragen.

Zu den knapp sechs Prozent der weltweiten Emissionen seit 1750 kommen entlang der Lieferketten weitere CO_2-Emissionen, die außerhalb Deutschlands für den deutschen Konsum oder die deutsche Industrie entstanden sind. Außerdem müsste man weitere Umweltbelastungen und -zerstörungen mit einkalkulieren, um die Verantwortlichkeiten gegenüber der Natur tatsächlich einschätzen zu können: Wasser- und Flächenverbrauch, Insektensterben, Luftverschmutzung, Waldzerstörung, Flusszerstörung, Meerzerstörung, Moorzerstörung und so weiter. Es ist unmöglich, seriöse Übersichtszahlen für In- und Ausland zu liefern, aber Sie bekommen eine Vorstellung von der Zerstörungskraft der deutschen Wirtschaft.

Damit diese nicht allzu verheerend ausfällt, unternimmt Deutschland durchaus einiges. Selbst wenn es der Natur keine eigenständige Rechtssubjektivität zugesteht, so hat es doch ein Netz aus Gesetzen, Verordnungen und Standards gesponnen, das die Natur schützen soll, seit Januar 2023 sogar innerhalb der Lieferketten, also auch außerhalb Deutschlands. Es gibt Umweltschutzgesetze, einen besonderen Paragrafen in der Verfassung, Steuern, das neue Lieferkettensorgfaltspflichtengesetz, Industriestandards, UN-Resolutionen, Beteiligungen an Entwicklungsbanken, Handelsabkommen oder umwelt- und sozialverträgliche Unternehmenskulturen oder Konsumentscheidungen oder, oder, oder. Möglichkeiten, die Natur vor uns selbst zu schützen, gibt es viele. Sie werden allerdings nicht immer wahrgenommen.

Sie haben verstanden – auf einen Kaffee mit Autodeutschland

Carlos Zorrilla spaziert über die leere Münchner Theresienwiese. BMW hat ihn zum Gespräch geladen. Es ist Juni 2019, und der bayerische Autobauer hat im Jahr zuvor eine Initiative für nachhaltiges Kupfer mit Codelco ins Leben gerufen. Mit Codelco, dem chilenischen Staatskonzern, dem größten Kupferproduzenten der Welt, der die Mine in den Nebelregenwald von Intag reißen will. Carlos und zwei deutsche NGOs, Germanwatch und Misereor, haben bei BMW um den Gesprächstermin gebeten, um das Unternehmen über die Vorgänge im Intag zu informieren. Und BMW hat tatsächlich ja gesagt.

Das habe ihn überrascht, sagt Carlos. »Aber das heißt, dass es ihnen wirklich wichtig ist.« Also hat er ein schickes Hemd eingepackt, ist die knappe Stunde von seiner Finca durch den Nebelregenwald zur nächsten Straße gelaufen, hat seine Gummistiefel in einem Laden dort deponiert und sich aufgemacht von den Anden in Richtung Alpen. Er ist im quietschenden Bus nach Otavalo und von dort nach Quito gefahren und im Flieger nach München gekommen. Freund:innen haben zusammengelegt, um die Reise zu finanzieren. In München übernachtet er bei einem anderen ehemaligen Freiwilligendienstler aus dem Intag-Tal, der heute ein Fair-Trade-Café in der Isarvorstadt betreibt. Dort sitzen wir am Tag vor dem Treffen mit BMW zusammen. »Im Intag kann es ja gar kein nachhaltiges Kupfer geben«, sagt Carlos. Es werde immer dringender, dass die Konzerne das akzeptieren.

Carlos geht am Laptop seine Präsentation für den nächsten Tag durch und nippt hin und wieder am Kaffee. Ich bin für ein NDR-Hörfunk-Feature nach München gefahren, es ist das erste Mal seit vielen Jahren, dass ich Carlos und Andreas, den Café-Betreiber, wiedersehe. »Aus irgendeiner Wüste können sie vielleicht nachhaltiges Kupfer holen, aber bestimmt nicht aus dem Nebelregenwald von Intag«, so Carlos. Zum Treffen morgen kommen außerdem eine Rohstoffexpertin und ein Bergbauexperte von Germanwatch und Misereor. Ich soll als Journalistin besser gar nicht erst fragen, ob ich mitkommen darf. Ihr Plan: »Wenn wir ihnen klarmachen können, dass nachhaltiges Kupfer und Intag einfach nicht zusammengehen, dann war es das mit der Initiative zwischen Codelco und BMW«, sagt Carlos. »Oder Codelco muss die Mine im Intag aufgeben.«

In ihrer Initiative für nachhaltiges Kupfer wollen die beiden Weltkonzerne gemeinsam an einer nachhaltigen und transparenten Kupferversorgung arbeiten, heißt es in der Pressemeldung zur Gründung. Vom Abbau des Metalls bis hin zu seiner Verarbeitung im Auto wollen Codelco und die BMW Group den Anfangs- und Endpunkt einer gemeinsamen Kupferlieferkette bilden und so die »Voraussetzungen schaffen für neue Standards in nachhaltiger Kupferverarbeitung«[25]. Ziel dieser Initiative sei es gar, die gesamte Kupferindustrie zu Verbindlichkeiten zu bewegen, damit die Unternehmen soziale und ökologische Verantwortung übernehmen.

Für die Autobauer im Autoland ist es wichtig und schwierig, gute Kupfer-Deals abzuschließen, schließlich baut Deutschland selbst kein Kupfer ab. Doch für ein E-Auto braucht man im Schnitt rund viermal so viel Kupfer wie für ein Auto mit Verbrennungsmotor.

»All diese Unternehmen, all diese schlauen Unternehmen, die wissen, dass es eine große Nachfrage nach Kupfer, Kobalt und Lithium geben wird«, sagt Carlos am Münchner Kaffeehaustisch schon 2019, »sie wollen der Welt beweisen, dass sie diese Rohstoffe ohne Menschenrechtsverletzungen und größere Umweltschäden aus der Erde holen können.« Die Initiative für nachhaltiges Kupfer zwischen BMW und Codelco sei ein solcher Mechanismus. »Man könne auch Greenwashing sagen, aber sie scheinen durchaus besorgt darüber, welche Auswirkungen die erhöhte Nachfrage nach ihren Produkten hat.« Ob er nervös sei, frage ich. Nein, dafür habe er einfach schon zu viel erlebt. Was wäre morgen das beste Ergebnis? »Dass BMW Codelco sagt, dass es keinen Deal gibt, wenn sie in Gegenden wie dem Intag-Tal Bergbau betreiben. Dann müsste Codelco verstehen, dass es das nicht wert ist. Dass sie die Verbindung mit BMW nicht wegen eines einzigen Bergbauprojekts verlieren wollen.«

Doch vielleicht überschätzt er die Macht des Autokonzerns, der auf die Rohstoffe angewiesen ist, die so viele andere gerade auch haben wollen. Ab 2035 will die EU, dass nur noch elektrische Fahrzeuge verkauft werden. Sie hat das per Gesetz beschlossen, und auf einmal wollen alle Lithium, Nickel und Kobalt – und Kupfer. Wahrscheinlich haben Sie bisher vor allem von Kobalt und Lithium als Problemrohstoffen gehört. Doch auch Kupfer ist ein Metall, das demnächst zumindest für Herausforderungen innerhalb der deutschen Autoindustrie sorgen könnte. Kein Autobauer kommt an ihm vorbei. Aber dann bitte ohne Naturzerstörung, sagt Carlos Zorrilla. »Das wäre doch Wahnsinn! Für erneuerbare Energien den Regenwald zerstören!« Auch wenn er nicht nervös ist, so scheint er doch recht aufgeregt von all den Hoffnungen und Möglichkeiten, die sich am nächsten Tag auftun könnten. Die BMW Group bezeichnet sich selbst als einen der international führenden E-Auto-Hersteller und geht aktuell davon aus, dass 2030 mindestens fünfzig Prozent ihres weltweiten Absatzes aus vollelektrischen Fahrzeugen bestehen wird. In den nächsten zehn Jahren will der Konzern etwa zehn Millionen vollelektrische Fahrzeuge auf die Straßen bringen.[26]

Carlos Zorrilla fährt mit der U-Bahn zum Autobauer. Er wird begleitet von Johanna Sydow von Germanwatch und Constantin Bittner von Misereor. Letzterer wird drei Jahre später ins Intag und nach Junín reisen. Johanna Sydow war schon im Intag, sie hat dort ebenfalls als Freiwillige gearbeitet, kurz nach mir. Wir kannten uns nicht, kamen über meine Recherche zum Rohstoffthema zusammen und stellten beim zweiten oder dritten Telefonat fest, dass wir diese Erfahrung teilen.

Das Gespräch mit der Nachhaltigkeitsabteilung von BMW dauert drei Stunden. Ich bleibe draußen und frage später nach einem Interview. Offiziell möchte BMW dazu aber lieber nichts sagen, heißt es.

Die drei kommen nach dem Termin aus dem Gebäude und sind ganz euphorisch. In der U-Bahn stehend mit der Hand in der Halteschlaufe, erzählt er Carlos weiter: »Sie haben erst ziemlich gemauert, haben unsere Fragen in Frage gestellt, aber dann haben sie wirklich zugehört.« Die U-Bahn-Ansage unterbricht ihn. »Und jetzt wollen sie tatsächlich mit Codelco Informationen vergleichen.«

Guter Hoffnung am Würgebaum

Februar 2020. Carlos Zorrilla hat seit seinem Treffen mit BMW vor einem Dreivierteljahr nichts mehr vom bayerischen Autobauer gehört. Ich bin zum ersten Mal seit 2006 wieder im Intag-Tal, die Fotografin Maria Sturm ist nachgekommen. Wir kennen uns nur flüchtig von vor vielen Jahren, ich mag ihre Bilder. Darum habe ich sie gefragt, ob wir uns das Recherchestipendium von Netzwerk Recherche e. V. teilen wollen, das ich für die Geschichte bekommen habe. Ohne dieses Geld hätte ich den Faden der Geschichte vielleicht nie wieder aufnehmen können, ohne Maria nicht so lange festgehalten. Bei der ersten Begegnung in einem Regenwald-Café erzählt sie mir, dass sie schwanger ist. Passt ja, denke ich. Pachamama und das fruchtbare Intag-Tal, gesehen durch die Augen einer schwangeren Fotografin.

Wir besuchen Carlos auf seiner Finca oben im Wald. Er führt uns über einen verborgenen Pfad hinter seine Finca. Vorbei an einem Avocadobaum, an wildem Ingwer, Baumtomaten, Vogelnestern, Riesenameisen, einem Wasserfall und Kaffeepflanzen.

Carlos: »Das hier ist eine Würgepflanze. Der Wirtsbaum ist in der Mitte. Die Würgepflanze außenrum. Seht ihr? Er würgt diesen Ast hier. Schaut: diese unglaubliche Vielfalt, die dadurch entsteht. Denn hier sind jetzt mehrere Baumarten: Epiphyten, Orchideen, Bromelien. Und: poetische Gerechtigkeit: Da ist noch eine Würgepflanze, die die Würgepflanze würgt. Aber es ist wunderschön. Schaut! Die Orchideen, vor euch, über euch! Allein auf dem Ast hier sind fünf, sechs verschiedene Arten. Superdivers. Ich bin jetzt seit vierzig Jahren hier, und der Baum ist immer noch am Sterben. Ein langsamer Tod.«

Ich: »Kannst du darin irgendeine Allegorie sehen?«

Carlos: »Ja, leider Gottes.« Er lacht.

Ich: »Und wer ist wer in diesem Kampf? Bringst du den Kapitalismus um, oder bringt der Kapitalismus dich um?«

Carlos: »Nein, nein, wir werden das schon überstehen. Schaut! Es ist SO SCHÖN!«

Mittlerweile, 2023, gibt es die Initiative für verantwortungsvolles Kupfer zwischen Codelco und BMW tatsächlich und offiziell nicht mehr. Ob Carlos' Besuch dabei überhaupt irgendeine Rolle spielte, ist unklar. Viele Schritte haben zu ihrer Auflösung geführt. Dass es in Deutschland nun ein Lieferkettengesetz gibt, ist sowohl Teil als auch Ausdruck dieser Entwicklung. Auf meine erneute Anfrage schreibt BMW im Februar 2023:

»Die Zusammenarbeit der BMW Group mit dem Bergbauunternehmen Codelco wurde zwischenzeitlich beendet. Der von Codelco unterstützte Copper-Mark-Standard erfüllt nicht unsere hohen Nachhaltigkeitsanforderungen und verfolgt keinen Multi-Stakeholder-Ansatz, weswegen wir uns gegen einen Beitritt entschieden haben.«

Der Copper-Mark-Standard ist ein Nachhaltigkeitssiegel des internationalen Kupferverbands. Die Zertifizierungssysteme für Rohstoffe funktionieren ähnlich wie die Bio-Siegel bei Lebensmitteln, das heißt, sie sind privatwirtschaftlich organisiert, die Standards werden von unabhängigen Dritten überprüft, und man kann leicht den Überblick verlieren. BMW ist beispielsweise der anspruchsvolleren Rohstoffinitiative IRMA beigetreten und dort auch im Vorstand aktiv. Hier werden die Standards gemeinsam von NGOs, Unternehmen und den Gemeinden vor Ort entwickelt, hier gibt es also einen sogenannten Multi-Stakeholder-Ansatz.

Die bisherigen Rohstoffsiegel seien allerdings nicht wirklich verlässlich, sagt Germanwatch. Die Organisation hat eine Studie zu verschiedenen Industriestandards im Rohstoffsektor durchgeführt, darunter auch Copper Mark und IRMA. Keiner der sieben untersuchten Standards sei ausreichend, um Umweltschutz und die Einhaltung von Menschenrechten zu garantieren, so das Ergebnis. Die Zertifizierungsinstrumente könnten zwar durchaus zur Umsetzung von Sorgfaltspflichten beitragen, eigneten sich aber keinesfalls als alleiniges Instrument.

IRMA kommt bei der Untersuchung am besten weg. Der Copper-Mark-Standard hingegen fällt bei vier der fünf untersuchten Kriterien durch. An ihm orientiert sich neben Codelco auch Aurubis, der größte Kupferkonzern Europas mit Sitz in Hamburg. Beide Unternehmen haben nun Anfang 2023 eine Absichtserklärung unterzeichnet, gemeinsam an einer nachhaltigen und verantwortungsvollen Kupferlieferkette arbeiten zu wollen. Eine neue Herausforderung für die Umweltschützer:innen im Intag-Tal. Denn wenn sich Codelco mit dem guten Ruf des deutschen Unternehmens schmücken kann, wird es schwerer, der Firma unlauteres Handeln vorzuwerfen. Gleichzeitig kann es aber wie bei BMW eine Chance sein. Denn wenn ein Unternehmen mit gutem Ruf die Zusammenarbeit aufkündigt oder unter strikte Bedingungen stellt, gerät auch ein Megakonzern wie Codelco in Erklärungsnöte. Diesmal soll aber bitte jemand anderes fahren, sagt Carlos mit müder Stimme. »Falls Aurubis uns überhaupt einladen würde.« Cenaida zum Beispiel. Die ist noch nie geflogen und hat Ecuador noch nie verlassen.

Porsche, Aurubis und die Zauberformel

Weltweit sind aktuell rund 1,2 Milliarden Autos unterwegs, die überwiegende Mehrheit mit Verbrennungsmotor. Wenn die alle irgendwann durch E-Autos ersetzt werden sollen, wird das sehr viel Kupfer, Lithium, Nickel und auch noch einiges an Kobalt brauchen. Alle werden wohl kaum ersetzt werden, mögen Sie jetzt denken. Es geben doch schon jetzt immer mehr Menschen ihr Auto auf, vor allem in der Stadt; außerdem gibt es immer mehr Radwege, zumindest in Deutschland. Und der öffentliche Nahverkehr ist doch auch schon besser geworden. Oder? Nicht wirklich: Es werden sogar immer mehr Autos statt weniger, auch in Deutschland. Am 1. Januar 2023 waren laut Kraftfahrtbundesamt 48,8 Millionen Pkws zugelassen. Das sind so viele wie nie zuvor. Der Grund: Es gibt immer mehr Fahrzeuge pro Haushalt, und sie werden auch noch immer größer, brauchen also immer mehr Rohstoffe und Energie. Der Anteil der Autos mit Elektroantrieb steigt dabei immens: Im ersten Halbjahr 2022 lag ihr Anteil bei 13,6 Prozent. Im Vorjahreszeitraum waren es noch 0,6 Prozent.

Es hilft leider nichts, die Autos einfach auszutauschen. Dann würde zwar kein Diesel oder Benzin mehr verbrannt, aber dafür würden irgendwo auf der Welt Minen in die Natur gerissen – für die Rohstoffe in den Autos und die Rohstoffe der Stromerzeugung. Die ökologische Krise heizt schließlich die Klimakrise mit an und umgekehrt, durch Entwaldung und Versteppung. Und vielleicht haben Sie sich schon einmal die CO_2-Bilanz eines E-Autos angeschaut, bis es überhaupt erst auf die Straße kommt? Die schaut nicht gut aus. Auch die Stromquellen für eine Fahrt durch Deutschland sind aktuell nicht unbedingt gesundheitsfördernd, weder für uns noch für den Planeten: Kohle, Gas, Atom, alles dabei und gar nicht mal so wenig. Wir liegen aktuell bei knapp fünfzig Prozent erneuerbarer Energie, allerdings auch bei mehr als dreißig Prozent Kohlekraft.

Leider konnte ich keinen Autokonzern für ein Gespräch über diese Problematik gewinnen. Entweder es gab keine Antwort oder Verweise auf Unternehmenswebsites. Porsche hat mir immerhin vier Seiten schriftliche Antworten geschickt. Daraus einige Zitate:

> »Für Porsche beginnt Verantwortung vor den eigenen Werkstoren. Auch ohne das Lieferkettensorgfaltspflichtengesetz bekennen wir uns zu den internationalen Standards menschenrechtlicher Sorgfaltspflichten und nachhaltigen Lieferkettenmanagements. Dies verlangen wir von unseren direkten Lieferanten für Produktionsmaterial mit unserem Code of Conduct und dem Sustainability-Rating, kurz S-Rating. ... Entsprechend begrüßen wir das Lieferkettensorgfaltsp flichtengesetz, da es nur das untermauert, was wir ohnehin schon tun. Wir sind aber für eine EU-weite Regulierung: Denn je mehr Unternehmen direkt gesetzlich verpflichtet sind, desto größer ist die Chance auf eine Durchdringung der ganzen Lieferkette. Wichtig sind einheitliche Standards. Porsche arbeitet darauf hin, dass seine Wertschöpfungskette im Jahr 2030 bilanziell CO_2-neutral ist.«

Die Fragen, wie wichtig der Porsche-Kundschaft das Thema Nachhaltigkeit ist und ab wann ein SUV überhaupt nachhaltig sein kann, konnte mir in der Abteilung Beschaffung und Strategie leider niemand beantworten. Für die Herkunft von Kupfer und Kobalt verweist man auf den »Responsible Raw Materials«-Bericht von Volkswagen, dem Mutterkonzern von Porsche. Darin heißt es, VW sei Teil von Copper Mark, dem oben erwähnten Industriestandard. Mit welchen Unternehmen Porsche zusammenarbeitet und aus welchen Ländern das Kupfer kommt, schreibt der Konzern nicht.

BMW bezieht seine Materialien laut Website von mehr als 32 000 Fertigungs- und Auslieferungsstandorten.[27] Wie behält man dabei den Überblick? Auf seiner Internetseite schreibt der Konzern: »Der verantwortungsvolle Umgang mit natürlichen Ressourcen ist eines der Kernelemente des Nachhaltigkeitsengagements der BMW Group.« BMW sprach sich zum Beispiel als eines der ersten größeren Unternehmen öffentlich für das Lieferkettensorgfaltspflichtengesetz aus, das im Januar 2023 nach einem langwierigen, immer wieder auf der Kippe stehenden Prozess in Kraft trat. Auch wenn es vor allem um Menschenrechte geht, ist es Deutschlands bisher wirkungsvollstes Gesetz zu Rechten der Natur außerhalb der eigenen Ländergrenzen und Tellerränder. Für BMW sei ein solches Gesetz sinnvoll, weil es Menschenrechte und Umweltschutzstandards in den Fokus rücken und Rechtssicherheit schaffen würde, so der Autobauer in einem Pressestatement dazu, als es noch umstritten war.

Wie elementar die Rohstofffrage für die deutsche Industrie ist, zeigen zwei Reisen und eine Aussage des Bundeskanzlers. Im Sommer 2022 nahm Olaf Scholz Vertreter:innen von VW und Mercedes mit nach Kanada. Dort unterzeichnete man Absichtsabkommen, um sich Lithium, Kobalt und Nickel möglichst direkt von den Minen zu sichern und weniger von Zwischenhändlern abhängig zu sein. Im Januar 2023 folgte die nächste Reise des Kanzlers zusammen mit Industrievertreter:innen nach Lateinamerika zu ähnlichen Zwecken. Ziel waren diesmal: Brasilien, Argentinien und Chile. Es ging um Freihandelsabkommen, Gas, Lithium und Kupfer. In Santiago de Chile zum Beispiel unterzeichnete Scholz ein Kooperationsabkommen im Bergbaubereich und erneuerte die deutsch-chilenische Rohstoffpartnerschaft. Der Vorstandschef des deutschen Kupferherstellers Aurubis war mitgereist. Er unterzeichnete unter den Augen des Kanzlers die oben erwähnte Absichtserklärung für nachhaltiges Kupfer mit dem staatlichen Bergbaukonzern Codelco. Keine Woche später verkündete Scholz, täglich den Bau von vier bis fünf neuen Windrädern an Land vorantreiben zu wollen. Das sind pro Windrad rund acht Tonnen Kupfer und wären pro 5-Tage-Woche 160 bis 200 Tonnen des Metalls. Dazu kommen gigantische Mengen an Stahl und Beton.

Bisher hatte sich die deutsche Industrie vor allem darauf verlassen, dass der Markt immer genügend Rohstoffe zur Verfügung stellt und sie nach Bedarf einkaufen kann. Doch die Voraussetzungen haben sich geändert. Die Risiken solcher Abhängigkeiten vom Markt sind durch Corona, den Angriffskrieg auf die Ukraine und die Energiekrise klarer geworden. Und der globale Bedarf ist immens: Die Internationale Energieagentur (IEA) schätzt, dass die Nachfrage nach kritischen Rohstoffen der Energiewende bis 2040 im Bereich der seltenen Erden um das Siebenfache und für Lithium sogar um das 42-fache steigen könnte. Die Kupfernachfrage soll einer Untersuchung von Bloomberg NEF zufolge bis 2040 um mehr als fünfzig Prozent ansteigen, während die Versorgung aber nur um knapp zwanzig Prozent ansteigen soll. Kupfer ist ausreichend vorhanden, aber es zu heben, wird immer komplizierter: Der Erzgehalt der verbleibenden Vorkommen ist gering, Minen aufzumachen langwierig und teuer. Die Analyse von BNEF zeigt aber auch, dass die elf größten Bergbauunternehmen über 53 Milliarden US-Dollar an Barmitteln und Barmitteläquivalenten verfügen – der höchste Stand seit einem Jahrzehnt.

Es geht um sehr viel Geld, um die Zukunft und immer mehr auch um Sicherheit.

Der größte Produzent für Kupfer in Europa ist Aurubis mit Sitz in Hamburg. Mehr als 350 Millionen Euro verdiente das Unternehmen 2020/21 brutto mit Metallen für die Energie- und Mobilitätswende, vor allem mit Kupfer. Trotz Coronapandemie konnte die Firma das beste Ergebnis ihrer Firmengeschichte verzeichnen. Über eine Million Tonnen Kupfer werden von rund 7000 Beschäftigten weltweit produziert.[28] Rund die Hälfte entsteht aus Recycling.

Ich darf zum Gespräch vorbeikommen, wir telefonieren davor und danach ausführlich, schicken E-Mails hin und her. Hier im Buch soll ich allerdings nicht wörtlich zitieren, sondern nur die gesagten Informationen verwenden. Das ist der Deal. Die Sorge um den guten Ruf, schlechte Erfahrungen mit Medienmenschen sowie eine unklare Zukunft haben die Industrie vorsichtig werden lassen.

Es ist September 2022, knapp vier Monate vor der unterzeichneten Absichtserklärung mit Codelco. In der S-Bahn zum Termin in das Industriegebiet an der Elbe liest tatsächlich jemand Ludwig Erhards *Soziale Marktwirtschaft* von 1972. Demnach ist eine der wichtigsten Aufgaben des Staates, einen rechtlichen Rahmen zu schaffen, innerhalb dessen sich das wirtschaftliche Handeln abspielen kann. Im Hamburger Werk von Aurubis wird der Reinheitsgrad des Kupfers erhöht, das aus anderen Teilen der Welt über den Hafen der Hansestadt hier ankommt. Was das Werk nach der Verarbeitung verlässt, ist Kupfer mit einem Reinheitsgrad von 99 Prozent.

Aurubis sieht sich als Teil der grünen Wende. Das Unternehmen liefert schließlich den entscheidenden Rohstoff dazu. Woher dieser kommt, legt Aurubis aus Wettbewerbsgründen allerdings nicht im Detail offen, sondern gibt lediglich die Herkunftsländer, nicht aber die Unternehmen an. Vom chilenischen Staatskonzern Codelco bezieht man nach eigenen Angaben bisher nur geringe Mengen an Hüttenzwischenprodukten. Ob die gemeinsame Absichtserklärung für nachhaltiges Kupfer das ändert, ist unklar, sie steht noch am Anfang. Auf meine Nachfrage schreibt der Konzern Mitte Februar 2023:

> »Grundsätzlich verfolgt Aurubis mit seinen Geschäftspartnern stets den Ansatz der kontinuierlichen Verbesserung. Durch den stetigen und intensiven Austausch wirken wir darauf ein, dass

Metalle verantwortungsvoll produziert werden und wir einen Beitrag zur Nachhaltigkeit in der Lieferkette leisten. Hinweise auf mögliche Umweltschäden und Verstöße gegen Menschenrechte nehmen wir sehr ernst. Und zwar: immer und ausnahmslos. Eine Abweichung von den Standards bewerten wir, um entsprechende Konsequenzen daraus zu ziehen – bis hin zur Aufkündigung der Geschäftsbeziehung.«

Aurubis hat sich Umwelt- und Sozialstandards verschrieben, die es selbst überprüft und von Externen begutachten lässt. Ein wichtiges Instrument ist das Copper-Mark-Siegel, das zwar extern kontrolliert wird, allerdings bei der oben erwähnten Germanwatch-Studie als nicht ausreichend bewertet wurde. Als Beispiel für das Verantwortungsbewusstsein des Konzerns dient ein Fall mit einem Bergbauunternehmen in Norwegen. Umweltschutzorganisationen und die indigenen Samen vor Ort hatten das geplante Kupferprojekt als extrem zerstörerisch kritisiert. Es hätte allerdings die erste CO_2-neutrale Kupfermine der Welt werden sollen. Aurubis wollte sich die Rohstoffe daraus für die nächsten zehn Jahre sichern, dafür gab es schon unterschriebene Absichtserklärungen vom Bergbauunternehmen und von Aurubis. Doch es kam zu Protesten vor Ort, die Mine würde Natur und Gemeinschaft schädigen, hieß es. Auch auf einer Aktionärsversammlung von Aurubis wurde Kritik am Projekt geäußert. Im August 2021 kündigte das Hamburger Unternehmen die Absichtserklärung mit dem norwegischen Bergbauunternehmen schließlich auf. Neben kommerziellen Bedingungen seien bestimmte soziale Aspekte des Projekts noch stärker zu berücksichtigen, heißt es in einer Pressemeldung des Konzerns dazu. »Unsere Verantwortung in der Lieferkette ist elementar«, wird Michael Hellemann, Senior Vice President Commercial der Aurubis AG, darin zitiert.

Die Samen von Norwegen feierten den Rückzug von Aurubis als »historischen Schritt«. *Der Spiegel* zitiert einen überraschten Vertreter der Volksgruppe:

> »Ich frage mich, wie es sein kann, dass ein gewinnorientiertes Unternehmen offenbar eher auf indigene Rechte und Umweltschutz achtet als die norwegische Regierung. Für unsere Parteien ist das peinlich. Das ist eine neue Erkenntnis für uns. Aber es ist ein starkes Zeichen, dass wir auch als kleine Minderheit stark sind, wenn wir zusammenhalten.«[29]

Und es ist ein Zeichen für die Macht der Unternehmen in Sachen Umweltschutz und für die Rechte indigener Völker.

Auch die Märkte reagierten auf die Aufkündigung der Absichtserklärung durch Aurubis, allerdings nicht ganz so euphorisch: Der Aktienwert sank um etwa zwei Prozent.

Verstöße gegen geltende Umweltrechtsvorschriften seien für den Konzern rote Linien, heißt es. Dafür greift man auf Informationen aus der Presse und von NGOs zurück und hat auf der Internetseite eigens eine Whistleblower-Anlaufstelle eingerichtet. Außerdem arbeitet das Unternehmen mit vielen Bergwerken und Konzernen zusammen, um sich nicht von einzelnen großen Playern abhängig zu machen.

Am umweltverträglichsten wäre es, Kupfer nicht frisch abzubauen, sondern zu recyceln. Aurubis baut diese Sparte immer weiter aus und liegt aktuell nach eigenen Angaben bei einer Recyclingquote von fünfzig Prozent. Doch Recycling allein kann den weltweiten Kupferbedarf nicht decken. Dafür ist die Nachfrage zu hoch. Wenn sich allerdings der Energie- und SUV-Bedarf drastisch verringern würde, müssten nicht ganz so viele und nicht ganz so große neue Löcher aufgerissen werden, um an frisches Kupfer zu gelangen. Trotzdem: Ohne neue Bergwerke wird die Energiewende nicht funktionieren.

Tja, und nun? Wo ist sie dann die Lösung? Versuchen wir, eine Formel von Ronja von Wurmb-Seibel zum konstruktiven Blick auf die Welt anzuwenden. Ronja ist Journalistin und Autorin und hat knapp zwei Jahre in Afghanistan gelebt. Dort hat sie gelernt, wie man noch in den ausweglosesten Situationen einen konstruktiven Ansatz findet. Sie hat ein Buch darüber geschrieben: *Wie wir die Welt sehen*[30]. Darin offenbart sie ihre Formel, eine Zauberformel: Scheiße + X, nennt sie die. Das heißt, man hat ein Problem und sucht sich mindestens ein X dazu. Das können Menschen, Projekte, Technologien sein, die versuchen, dieses Problem zu lösen. Oder andere Orte, an denen es schon einmal geklappt hat. Ein Perspektivwechsel oder auch die Vergangenheit. Vor allem gibt man in seinem Denken und Erzählen dem X mehr Raum als dem Problem. Es gibt verschiedene Schulen und Theorien zum konstruktiven Journalismus, aber im Prinzip lassen sie sich alle auf Ronjas einleuchtende Formel herunterbrechen. Also, wo ist das X für unser Problem des klima- und umweltzerstörerischen Verkehrs und der Energiegewinnung?

Wir könnten mit der Erkenntnis beginnen, dass es wie bei vielem in unserer komplexen Welt nicht DIE EINE Lösung gibt. E-Autos können sicher dazu beitragen, aber nicht, wenn einfach alle Autos ausgetauscht werden. Damit würden wir die Natur lediglich auf andere Art zerstören. Aber es gibt noch so viel mehr Lösungsmöglichkeiten. Zum Beispiel Städte, die ihre Verkehrskonzepte verändert haben und noch weiter verändern, damit man auch ohne eigenes Auto einfach von A nach B kommt: London, Barcelona und Bogotá zum Beispiel. Auf dem Land ist es in Europa leider immer noch einigermaßen schwierig bis unmöglich, ohne Auto auszukommen. In Lateinamerika hingegen gelangt man fast in jeden Winkel mit irgendeinem Bus oder Minivan. Bessere Recyclingsysteme können ein weiteres X sein oder transparentere Lieferketten. Förderungen und Subventionen könnten umgeschichtet werden, Steuern anders erhoben. Momentan fließt sehr viel Geld in die Autoindustrie, zur

Entwicklung neuer Technologien und für sogenannte Kaufanreize. Der Kauf von E-Autos wird mit 4500 Euro subventioniert, vor 2023 waren es sogar 6000 Euro. Wenn man das in den öffentlichen Nahverkehr stecken würde? Nachhaltiges Reisen und Urlauben sind riesige X, allerdings nur, wenn es tatsächlich nachhaltig und nicht die Greenwashing-Variante für Instagram ist. Wenn wir ehrlich sind, erkennen wir den Unterschied ziemlich schnell. In unserem Beispielfall aus Intag könnte Codelco selbst ein X sein. Es ist immerhin ein Staatsunternehmen. In Chile gab es 2022 einen Regierungswechsel. Der neue Präsident Gabriel Boric hat sich Umweltschutz und Menschenrechten verschrieben.

Insgesamt und überhaupt kommt es natürlich auf den Strommix und Energieverbrauch an: 48 Prozent davon wurde in Deutschland im Jahr 2022 aus erneuerbaren Energien produziert, so die Bundesnetzagentur: aus Sonne, Wind, Wasser und Biomasse. Mehr als ein Drittel stammte aber aus Kohle. Bis 2030 sollen es achtzig Prozent erneuerbare sein und bis 2035 nahezu hundert. Zusätzlich wird der Strombedarf wegen der Energiewende aber rapide steigen. Sehr viel von dem, was bisher mit fossilen Energien betrieben wurde, muss schließlich mit Strom gedeckt werden. Manche Prognosen gehen gar von einer Verdopplung oder Verdreifachung des Strombedarfs bis 2050 aus. Wie soll diese Rechnung je aufgehen?

Man könnte jetzt ganz logisch von zwei Richtungen kommen: zum einen mehr erneuerbaren Strom produzieren und zum anderen vielleicht doch nicht so viel Strom verbrauchen. Das sind nun zwei sehr große X für das Problem Strom. In beiden Bereichen wiederum gibt es viele technische, gesellschaftliche und individuelle Möglichkeiten, dem Ziel näher zu kommen. Ein ganzer Blumenstrauß voller X wird sich auftun.

Eins will ich kurz beschreiben, weil es ganz konkret aus dem Kupferbergbau kommt: die Renaturierung von Minen, nachdem die Rohstoffe aus der Erde geholt wurden. Ein besonders grünes

Beispiel gibt es dafür in Kanada. Die Region um Sudbury wurde fast hundert Jahre lang mit Schwefeldioxid und Metallen aus der Verhüttung von Nickelerz verseucht. Doch schon vor vierzig Jahren tat sich ein Team aus Wissenschaft, Regierung, Zivilgesellschaft und von den Bergbaufirmen zusammen, um die Region wiederzubeleben. Seitdem wurden zwölf Millionen Bäume gepflanzt und 3400 Hektar Land renaturiert. Noch vor wenigen Jahrzehnten stieß die Stadt jährlich fast 2,5 Millionen Tonnen Schwefeldioxid aus, heute ist sie eine der Städte mit der saubersten Luft in ganz Ontario. Doch auch Sudbury hat noch nicht alle seine Probleme gelöst. Noch immer sind Tonnen von giftigen Minenabfällen in der Erde, die Säuren und Metalle freisetzen und Trinkwasser wie Nahrungsketten kontaminieren können. Kritiker:innen sagen außerdem, die Hauptanstrengungen der Renaturierung wurden nicht von den Hauptverantwortlichen geleistet, also von Unternehmen und Regierung, sondern von Wissenschaft und Zivilgesellschaft. Aber es ist ein Fenster in eine grünere Möglichkeitswelt als die Welt, in der wir heute leben.

Wir können auch die Perspektive wechseln und den Verkehrs- und Energiesektor links liegenlassen. Schließlich hängt alles mit allem zusammen, und Energie brauchen wir ohnehin für alles. Was würde passieren, wenn man die Natur als Subjekt mitdenkt? Wenn man ihr mehr Respekt entgegenbrächte? Schauen wir uns unsere Lebensmittel an, privat und vor allem auf gesellschaftlicher Ebene. Unsere Finanzströme, unsere Landwirtschaft, unsere Arbeitswelten, unsere Kleidungsindustrie, unsere Freizeitgestaltung, unsere Gebäude. Wenn wir das anders organisieren und – ja, auch wenn es erst mal wehtut – vor allem reduzieren, dann gibt es weniger Menschenrechtsverletzungen und Umweltzerstörung auf der Welt. Die niederländische Stadt Amsterdam beispielsweise versucht, das oben erwähnte Donut-Modell der planetaren Grenzen von Kate Raworth umzusetzen. Eine der vielen Maßnahmen ist es, bis 2030 nur noch halb so viele Rohstoffe zu verwenden wie bisher und bis 2050 in eine hundertprozentige Kreislaufwirtschaft einzusteigen.

Wenn wir zusätzlich strukturelle Benachteiligungen wie Armut und Rassismus auf globaler Ebene, aber auch im eigenen Land mitdenken und versuchen, auszugleichen, können wir vielleicht so viele Menschen für diesen gewaltigen Transformationsprozess gewinnen, wie wir benötigen. Denn wer ums tägliche Überleben im Alltag kämpft, hat keine Energie, sich darüber Gedanken zu machen, wie er oder sie am besten von A nach B kommt oder ob man mal eine Bewegung für eine bessere Busanbindung in der Region starten könnte oder gleich eine Petition für ein neues Gesetz. In der Initiative »Tax me now« beispielsweise haben sich hundert Millionär:innen aus verschiedenen Ländern zusammengetan, um der sozialen Ungleichheit und der Klimakrise mit einer höheren Vermögenssteuer entgegenzuwirken.

Die X, die es für Transformationen braucht, funktionieren im besten Falle auf zwei Ebenen: auf der individuellen, persönlichen Ebene, in unseren täglichen kleinen Entscheidungen und Bekanntenkreisen sowie auf der strukturellen Ebene, auf der wir unsere Gesellschaften organisieren, also unsere Gesetze, Gepflogenheiten und Werte. Natürlich stehen beide Ebenen in Wechselwirkung und bedingen sich gegenseitig. Das Schöne an der überwältigenden Komplexität und Größe unserer sich überlagernden Krisen ist ja, dass eigentlich für alle etwas dabei sein sollte, wie man an der Lösung mitwirken kann. Was wäre Ihr Bereich? Wo im Strauß der vielen X wären Sie am besten aufgehoben, damit er bald anfängt, zu blühen?

Ob wir den ökologischen Kollaps aufhalten können, weiß niemand, aber, wie Carlos Zorrilla gesagt hat: »Wir müssen es ja wenigstens versuchen!« Mit welchen X, das ist die Frage. Das Schwierigste wird wohl sein, Mehrheiten für einzelne Lösungsmöglichkeiten zu finden und daraus Bewegungen oder Gesetze zu formen – siehe Tempolimit oder jede x-beliebige Vereins-, Redaktions- oder Elternabendsitzung. Die Natur als Rechtssubjekt oder mehr Respekt vor der Natur als Grundpfeiler von Entscheidungen könnten dabei eine hilfreiche Orientierungsmarke sein, für die man Menschen über Parteigrenzen und Ideologien hinweg gewinnen kann. Wenn Respekt vor der Natur allerdings schon als Ideologie angesehen wird, wird es schwierig. Aber das war und ist es bei mehr Respekt für Schwarze und Frauen auch sehr lange gewesen. Veränderung ist also möglich und kann vielleicht sogar ganz schön schnell gehen. Ob der Klimawandel menschengemacht ist oder nicht, diese Diskussion muss man ja zum Glück kaum noch führen. Und so lange ist das noch gar nicht her.

Auf Schatzsuche: Von Lieferketten in der Tiefsee und im Bundestag

Im Labor der Bundesanstalt für Geowissenschaften und Rohstoffe (BGR) in Hannover deutet nichts darauf hin, dass hier gerade ein umstrittener Schatz analysiert wird. Weder die Glasvitrinen im Foyer mit Nickelin aus Richelsdorf und Pyrolusit aus Peine noch die Zettelkästen in der Bibliothek lassen die Bedeutung des Ortes für die Zukunft vermuten. Auch die schmalen Bürogänge mit grau melierten Böden und orangegelben Türen verkleiden den zukunftsweisenden Inhalt der Anstalt recht gut. Und das Gerät für die Schatzanalyse sieht aus wie eine überdimensionale Küchenmaschine. Im Haus nennt man es liebevoll Pulverisette. Es geht um Kupfer und Kobalt aus der Tiefsee.

Die Bundesregierung hat seit 2010 eine Rohstoffstrategie. 2020 wurde sie fortgeschrieben, und 2022 sollte sie überarbeitet werden, doch war unklar wie. Anfang 2023 gab es ein Eckpunktepapier. Darin steht unter anderem: Förderung der Kreislaufwirtschaft, die Einrichtung eines Rohstofffonds und die Sicherstellung eines nachhaltigen Marktrahmens, sprich: Gesetze. Der Druck steigt.

Deutschland hat kaum eigene Rohstoffe, vor allem nicht die, die es für die Energiewende braucht. Das Land benötigt gigantische und/oder heikle Mengen an Stahl, Kupfer, Nickel, Mangan, Aluminium und seltenen Erden, wenn es die Energiewende bewältigen will. Manche sagen: wenn Deutschland weiterhin eine Industrienation bleiben will. Die Rohstofffrage wird immer mehr auch zu einer Sicherheitsfrage.

In der aktuellen Version der Rohstoffstrategie der Bundesregierung heißt es:

> »Als einer der weltweit führenden Technologiestandorte und als Exportnation ist Deutschland in hohem Maße auf eine sichere Rohstoffversorgung angewiesen. … Ohne Hightech-Rohstoffe wird es keine entsprechenden Zukunftstechnologien ›Made in Germany‹ geben. Die Verfügbarkeit von mineralischen Rohstoffen wird damit zu einer zentralen Herausforderung für das Industrieland Deutschland.«[31]

Das war noch vor dem Angriffskrieg auf die Ukraine und klang schon damals fast alarmistisch.

Vor allem benötigen wir Beton und Stahl: laut Deutscher Rohstoffagentur (DERA) zum Beispiel 27,4 Millionen Tonnen Beton und 9,5 Millionen Tonnen Stahl allein für Windkraftanlagen bis 2030. Beides sind extrem umweltzerstörerische Rohstoffe. Aber bleiben wir beim Kupfer: Hier geht die DERA von 730 000 Tonnen für Solarzellen und von 160 000 Tonnen für Windkraft bis 2030 aus. Andere Länder haben noch ambitioniertere Pläne, allen voran die USA und China. Die globale Gleichzeitigkeit von Energie- und Mobilitätswende sowie Digitalisierung wird den Druck in den nächsten Jahren massiv erhöhen. Rohstoffsicherheit gilt damit immer mehr auch als Sicherheit für Wohlstand und Frieden.

»Wohlstand und Frieden für wen?«, fragen Sie sich jetzt vielleicht? Dazu kommen wir später.

Die Rohstoffe der Energiewende können tatsächlich überlebenswichtig werden. Deshalb ist der Schatz, den Carsten Rühlemann für die Bundesanstalt für Geowissenschaften und Rohstoffe (BGR) aus der Tiefsee gehoben hat, so wertvoll: Manganknollen. Einmal durch die Pulverisette gedreht, finden sich darin Kupfer, Kobalt, Zink und Nickel. Einer dieser Knollen liegt auf dem Fensterbrett, als ich die BGR 2019 für NDR Info besuche, frisch vom deutschen Forschungsschiff Sonne heraufgetaucht. Die Knolle ist so groß wie ein Handball und sieht aus wie ein großer schwarzer Blumenkohl ohne Blätter. Die Mineralien in der Tiefsee gelten als gemeinsames Erbe der Menschheit. Ihre Erkundung und Nutzung regelt die Internationale Meeresbodenbehörde mit Sitz in Kingston, Jamaika. Noch ist der Abbau verboten, gerade wird darüber beraten und auch immer heftiger gestritten, wann und unter welchen Bedingungen mit dem Bergbau begonnen werden kann. Ein Versuch der Internationalen Meeresbodenbehörde (ISA), ein entsprechendes Regelwerk für Tiefseebergbau aufzustellen, ist bei einer zweiwöchigen Ratssitzung im März 2023 vorerst gescheitert. Die 36 Mitgliedsstaaten konnten sich unter anderem deshalb nicht einigen, weil Deutschland erhebliche Bedenken angemeldet und gar zu einer vorsorglichen Pause im Tiefseebergbau angemahnt hatte.

BGR-Geologe Rühlemann hat da weniger Bedenken, sondern eher vielversprechende Fakten.

Die Knolle auf seinem Fensterbrett in Hannover kommt aus dem deutschen Lizenzgebiet im Pazifik zwischen Mexiko und Hawaii, aus der Clarion-Clipperton-Zone. Diese Zone ist ungefähr so groß wie die EU und Großbritannien zusammen, knapp vierzig Prozent stehen unter Schutz, für den Rest halten verschiedene Länder und Unternehmen Abbaulizenzen. »Man sagt, ab zehn Kilogramm pro Quadratmeter würde sich ein Abbau lohnen. Wir sind weit darüber«, so Rühlemann. Er hat mit einem Forschungsteam die 4000 Quadratkilometer im deutschen Gebiet kartiert und ist mit dem Ergebnis sehr zufrieden. Einmal haben die Kolleg:innen ihm ein besonderes Geschenk gemacht. Bei den Tauchgängen holen er und sein Team neben Manganknollen auch immer wieder allerlei Getier aus der Tiefsee mit nach oben, sogar bisher unentdeckte Arten. Und eins davon haben seine Kolleg:innen nach ihm benannt. »Zu meinem Geburtstag«, dem sonst recht trockenen Mann entfährt ein herzlicher Lacher. Ein Ruderfußkrebs trägt tatsächlich seinen Namen. »Ein Minikrebs, der jetzt am Boden des Pazifiks herumkrebst.« Er ruft das Bild dazu am Computer auf und amüsiert sich: »Es hat Füße. Es hat Greifwerkzeuge. Es sieht eigentlich recht hässlich aus.«

Im April 2021 war Carsten Rühlemann wieder im Gebiet seines Namensvetters, diesmal, um die Umweltauswirkungen eines möglichen Manganknollen-Abbaus zu überprüfen. Sechs Wochen war er mit einem Team von Wissenschaftler:innen aus unterschiedlichen Forschungsinstituten Europas auf dem Meer. Sie haben gemessen, getestet, gewogen, Tiere nach oben geholt und Instrumente nach unten sinken lassen. Greenpeace kam mit einem eigenen Boot vorbei und hat das Schiff mit dem Manganknollen-Kollektor bemalt. »Risk!« haben die Aktivist:innen mit orangener Farbe auf eine Seitenwand geschrieben. Das Risiko halte sich nach den bisherigen Auswertungen in Grenzen, sagt Rühlemann bei einem Telefonat im September 2022. Die Greenpeace-Aktion fand er unangebracht und unverständlich. Viel bemerkenswerter sei der Test des Kollektors in 4500 Metern Tiefe gewesen. Es war der erste seiner Art. »Da war ich wirklich erstaunt, wie präzise der seine Bahnen da unten gezogen hat.« Genauso wie er fahren sollte, ist er auch gefahren und hat die Knollen eingesammelt. Es gibt Videomaterial dazu, auch online. Ein Manganknollenfeld sieht aus wie eine Unterwasser-Mondlandschaft voller schwarzer Blumenkohlköpfe. Darüber fährt eine Art gigantischer Staubsauger und sammelt die Knollen ein. Der Schatz blieb diesmal unten, denn die Forschungsreise hatte allein den Grund, die Umweltauswirkungen zu analysieren. Darüber ist nämlich noch nicht alles bekannt; viele Befürchtungen und Horrorszenarien kursieren. Der Meeresgeologe Rühlemann sieht keine Daten, die das bestätigen würden, ganz im Gegenteil. Die Suspensionsfahne zum Beispiel, also das Sediment, das durch den Kollektor aufgewirbelt wird, sei etwa sechs Meter hoch gestiegen. »Vorher hat es geheißen, die würde Hunderte, wenn nicht Tausende von Metern hochsteigen, die ganze Wassersäule würde ruiniert, was nicht stimmt«, Rühlemann vermisst die Fakten bei den aufgeregten Diskussionen um den Tiefseebergbau. Es werde zu viel spekuliert, was alles Schlimmes passieren könnte, ohne sich auf die tatsächliche Forschungsgrundlage zu berufen. Er verweist an eine Biologin im Team und darauf, dass es auch Kritik daran gab, dass er als BGRler die Internationale Meeresbodenbehörde berät, er also ein staatlich verordnetes Interesse am Tiefseebergbau habe. Das sei Quatsch, es gehe um die Fakten.

Annemiek Vink arbeitet ebenfalls für die BGR und sagt: »Eigentlich wissen wir schon eine ganze Menge über die Tiefsee. Das ist kein weißer Fleck mehr.« Die Biologin räumt mit den beiden Hauptsorgen der Bedenkenträger:innen gegen den Tiefseebergbau auf: Lärm und weniger CO_2-Speicherfähigkeit der Ozeane. Auf dem Meeresgrund sei das 4500 Meter entfernte Forschungsschiff noch immer lauter gewesen als der Kollektor selbst direkt vor den Messinstrumenten. »Die Schifffahrt an sich wäre da wohl eher ein Problem, über das man mal reden könnte«, so Vink. Und das CO_2 im Meer speichern die Algen. Die können nur leben, wo es Licht gibt, also in den ersten paar hundert Metern unter der Meeresoberfläche. Deshalb dürften die oberen Schichten auch auf keinen Fall beschädigt werden, sagt Annemiek Vink. Die bisherigen Forschungsergebnisse deuten darauf aber nicht hin. Im November und Dezember 2022 wurde das Gebiet erneut untersucht. Auch das hätte keine besorgniserregenden Ergebnisse zutage gefördert. Eineinhalb Jahre nach der Störung hatten sich neunzig Prozent der aufgewühlten Sedimente wieder an genau derselben Stelle abgelagert, und viele der Arten waren lebendig wieder gefunden worden. Natürlich seien noch nicht alle Auswirkungen erforscht, aber die hingen vor allem von der jeweils eingesetzten Technologie ab.

Weshalb es dann so eine starke Kritik am Tiefseebergbau gebe?, frage ich. Sie seufzt am anderen Ende der Leitung. »Weil wir nicht klar sehen können oder wollen«, sagt sie. »Es ist fast, als hätten wir akzeptiert, dass die Auswirkungen des Bergbaus an Land so zerstörerisch sind, wie sie sind, weil es einfach schon immer so war. Wir vergessen, was wir heute schon anrichten, seit Jahren schon anrichten: Ganze Berge tragen wir ab für ein bisschen Kupfer oder Nickel.«

Trotzdem könne der Tiefseebergbau nur eine Ergänzung sein, kein Ersatz des Bergbaus am Land. »Die Bevölkerung wächst und wächst.« Wenn man sich das global anschaue, dann sehe man: »Wir werden in den nächsten dreißig Jahren noch sehr viele Metalle brauchen.« Die Bundesregierung erklärte im November 2022 trotzdem, dass sie bis auf weiteres keine Anträge auf kommerziellen Abbau von Rohstoffen in der Tiefsee unterstützen werde. Der Grund: Es könne nicht ausgeschlossen werden, dass es durch den Tiefseebergbau zu »ernsthaften Umweltschäden« komme. Die Regularien zum Abbau werden allerdings international ausgehandelt. Wenn Deutschland nun erst einmal nicht mehr mitspielt, setzt das natürlich ein sehr starkes Zeichen, im Rest des Ozeans aber wird es trotzdem weitergehen. Die rechtliche Grundlage und die Standards dazu werden derzeit von mehr als 150 Staaten ausgehandelt und somit um einiges verbindlicher und transparenter sein als die Gesetzgebung von so manch rohstoffreichem Staat oder gar von Investitionsschutzabkommen. Doch selbst in der Wirtschaft blinken die Warnleuchten beim Tiefseebergbau. Einige Unternehmen haben gar die Forderung nach einem Moratorium unterschrieben, darunter Google, Samsung, Volvo, VW und BMW. Der Tiefseebergbau solle so lange verboten werden, bis seine Folgen wissenschaftlich umfassend untersucht sind und ein ausreichender Schutz für die Tiefsee gewährleistet werden könne, heißt es in der Initiative der Umweltorganisation WWF. BMW begründet den Schritt mit Verantwortung und Nachhaltigkeit. Dem *Manager-Magazin* sagte Claudia Becker, Expertin für nachhaltiges Lieferkettenmanagement bei BMW, dazu: »Wir wollten aus der Industrie ein Zeichen setzen, dass wir Mineralien erst nutzen können, wenn deren Abbau ausreichend erforscht ist und die Folgen für die Umwelt bekannt sind.«

Interessant, finden Sie nicht? Auf mehreren Ebenen, finde ich. Zunächst ganz allgemein: Wir wissen sehr viel über die verheerenden Umweltauswirkungen von zum Beispiel Nickelbergbau im Regenwald von Indonesien, von gigantischen Monokulturen aus Soja oder Palmöl in den Wäldern Lateinamerikas oder von einer potenziellen Kupfermine im subtropischen Nebelregenwald. Dagegen werden keine Moratorien von großen Unternehmen unterschrieben. Hier fordert die Bundesregierung keine vorsorgliche Pause aus Sorge vor ernsthaften Umweltschäden. Warum kann oder will man hier kein Zeichen setzen?

Die andere Ebene betrifft unseren Beispielfall im Intag: Es gab eine Initiative von Misereor und Germanwatch, die die deutschen Autobauer dazu bewegen wollte, sich öffentlich gegen die Kupfermine auszusprechen, also zu sagen: Wir werden von dort nichts kaufen, sollte das Loch in den Wald und Berg gerissen werden. Immerhin wäre es die größte Mine in Ecuador vom größten Kupferbergbau-Unternehmen der Welt in einer der artenreichsten Regionen des Planeten. Da könnte man doch einmal öffentlichkeitswirksam nein sagen und ein Zeichen setzen. Die Folgen für die Umwelt sind hinreichend bekannt. Trotzdem wollte niemand mitmachen. Warum? Die Autobauer haben meine Anfrage dazu nicht beantwortet. Ich vermute, die Aktion war ihnen zu kleinteilig. Oder wollten sie es sich nicht mit Codelco verscherzen? Hatten Sorge vor einer Lawine von ähnlichen Fällen?

Wie auch immer. Deutschland braucht dringend Zugang zu den Rohstoffen der Energie- und Mobilitätswende. Wir sind einer der weltweit größten Rohstoffimporteure und damit abhängig von teilweise fragwürdigen Partnern im Ausland – seien es sogenannte gescheiterte Staaten wie die Demokratische Republik Kongo oder mit Korruptionsvorwürfen belastete Bergbauunternehmen wie Glencore, Kriegstreiber wie Russland oder Unberechenbare wie China. Das riesige Reich der Mitte ist aktuell für mehr als die Hälfte des weltweiten Kupferbedarfs verantwortlich, also für die Nachfrage nach Kupfer auf dem Weltmarkt. Gleichzeitig ist China nach Chile und Peru aber auch einer der größten Produzenten für raffiniertes Kupfer weltweit. Nicht all dieses Kupfer kommt original aus China, sondern es wird als Rohmaterial aus anderen Teilen der Welt nach China importiert. Das Land tätigt Investitionen und besitzt Bergwerke, Staudämme und Ländereien auf der ganzen Welt. Was in China passiert und entschieden wird, hat Auswirkungen auf fast jede größere Lieferkette, die sich um den Globus spannt. Gerade hat man dort beschlossen, bis 2030 zusätzliche 450 Gigawatt aus erneuerbaren Energien zu produzieren. Das entspricht der Leistung von 450 kleineren Atomkraftwerken, und dafür braucht China nun selbst sehr viele seiner Rohstoffe. Die DERA geht davon aus, dass China den Export von Rohstoffen deshalb demnächst einschränken wird. Aktuell ist China mit Abstand Deutschlands Hauptzulieferer von seltenen Erden. Aber auch für Kupfer, Aluminium, Rohstahl und Zink ist es entscheidend.

Schon vor dem Angriff auf die Ukraine und vor Corona, im November 2019, treibt den Ausschuss für wirtschaftliche Zusammenarbeit und Entwicklung die Sorge nach Versorgungssicherheit im Berliner Bundestag um. Ich bin für eine Recherche vor Ort. Der Ausschuss tagt zum Thema Mobilität und Rohstoffe, und alle sind sich zumindest in einer Sache einig. Von der AfD bis zur Linken – einmal im Kreis herum und mit Blick auf die Spree – mahnen alle die Abbaubedingungen in der Demokratischen Republik Kongo an und diskutieren mit den geladenen Expert:innen, denen die Parteien Fragen stellen können. Diese dürfen exakt zweieinhalb Minuten lang sein, die Antworten sechs Minuten. Wer überzieht, wird vom Sitzungsleiter ermahnt. Es überziehen ausschließlich die Fragenden, nicht die Antwortenden. Der Leiter der Bundesanstalt für Rohstoffe, BGR, ist dabei, außerdem der Leiter des Fraunhofer Instituts in Dresden, ein Physiker, ein Herr vom Bund Deutscher Industrie sowie Johanna Sydow von Germanwatch und aus dem Intag-Tal. Es gibt diesen Moment, in dem wir kurz Augenkontakt haben – sie auf der Expert:innenbank, ich auf der Pressetribüne. Es ist, als wäre das Intag-Tal einen Wimpernschlag lang mit uns hier anwesend im Deutschen Bundestag. Ein Fenster öffnet sich kurz in das grüne Grün des Nebelregenwalds. Genau jetzt in dieser Sekunde fließen dort die vielen Wasser, hüpfen dort die vielen Vögel durch die Äste und riecht es dort nach feuchtem Holz und Fruchtbarkeit. In dieser Sekunde wie in allen Sekunden und an allen Tagen. Aber in dieser Sekunde ist das alles kurz auch im Deutschen Bundestag anwesend, zumindest im Blick zwischen Johanna und mir. Wir lächeln uns zu.

Im Sitzungssaal 3.101 des Deutschen Bundestags diskutieren die Parteien drei Stunden lang über Verantwortung, Rohstoffe und E-Mobilität. Am Ende der Fragerunde erwische ich den Leiter des Fraunhofer Instituts in Dresden, Alexander Michaelis. Er hat noch ein bisschen Zeit, bevor er den Zug zurücknimmt. Der Physiker vermisst in der Diskussion um Klimawandel, Energie und Mobilitätswende vor allem einen für ihn entscheidenden Aspekt:

»Die E-Mobilität oder ein E-Fahrzeug hat auf das Klima überhaupt keinen Einfluss. Das ist einfach eine andere Antriebsart. Ob ein Batteriefahrzeug klimarelevant wird, das hängt von dem Strom ab, der da reinkommt. Solange wir noch Kohlestrom haben, macht das wenig Sinn. Das ist die eigentliche Thematik: Wo kommt eigentlich der erneuerbare Strom her? Vielleicht auch etwas, was vielen Leuten nicht bewusst ist.«

Generell sei vielen Leuten vieles nicht bewusst, sagt Michaelis. Das könne zu Schwierigkeiten führen, besonders wenn es sich bei diesen Menschen um Politiker:innen handle. »Das Thema muss man in seiner ganzen Komplexität behandeln. Wenn Sie eine Kette in einem Gebiet nicht mit im Auge haben, wird das Ganze nicht funktionieren. Und das beunruhigt mich in solchen Ausschüssen immer ein bisschen. Ein Politiker versucht, das zu vereinfachen, weil er das sonst gar nicht verstehen kann, vielleicht.«

Das eigentliche Problem sei gar nicht das Klima, sagt er. »Das eigentliche Problem ist: Sie haben acht Milliarden Menschen. Ja, und wir werden dann irgendwann mal zehn Milliarden oder zwölf Milliarden haben, und die brauchen immer mehr Ressourcen. Und dadurch wird natürlich der gesamte Ressourcenbedarf steigen.«

Die Lösung dieses Problems könne nur komplex sein und müsse an vielen Stellschrauben gleichzeitig ansetzen. Alternative Rohstoffquellen aufzutun, sei eine Möglichkeit, aber gleichzeitig sei es wichtig, von vornherein weniger Rohstoffe zu verbrauchen oder wenigstens die Rohstoffe wieder zu recyceln, die schon aus der Erde geholt und verbaut wurden. Und wenn es um Länder wie Kongo oder Chile gehe, dann solle Deutschland weniger versuchen, von dort die Rohstoffe zu beziehen, als vielmehr vor Ort die Erzeugung regenerativer Energien zu fördern. Die Krise sei schließlich eine globale.

Wortungetüm für eine bessere Welt: Das Lieferkettensorgfaltspflichtengesetz

Ein Instrumentarium dafür sollte das Lieferkettensorgfaltspflichtengesetz werden, das seit Januar 2023 gilt. Es soll die zerstörerischen Auswirkungen unseres schönen Bundesbürger:innenlebens in den anderen Teilen der Welt etwas eindämmen. Dem Wortungetüm ging ein langwieriges Gesetzgebungsverfahren voraus, dessen Details ich uns hier ersparen will, obwohl manche durchaus Unterhaltungswert besitzen. Wie bei der Natur als Rechtssubjekt in Ecuador ist auch das Lieferkettengesetz besonderen Konstellationen, Persönlichkeiten und dem Durchhaltevermögen der Idee zu verdanken, dass es überhaupt zustande kam. Jetzt hängt es davon ab, wie es umgesetzt und kontrolliert wird. Im Kern besagt es, dass die großen Unternehmen im Land dafür Sorge tragen müssen, dass Menschenrechte und Umweltschutzstandards nicht nur im eigenen Haus, sondern auch entlang ihrer Lieferketten eingehalten werden. Das Gesetz beruht auf den UN-Leitprinzipien für Wirtschaft und Menschenrechte. In Frankreich und Großbritannien gibt es schon ähnliche, aber weniger umfassende Gesetze; in den nächsten Jahren soll ein EU-weites Lieferkettengesetz verabschiedet werden. Man könnte sagen, Deutschland hat hier eine Vorreiterrolle eingenommen. Seit Januar 2023 gilt das Gesetz für Unternehmen ab 3000 Beschäftigten, später soll es auch für kleinere ab 1000 Beschäftigten gelten. Das sind nicht viele Unternehmen, aber es sind die, die viele Materialien bewegen, die viel Geld und Einfluss besitzen. Sie müssen nun ein Risikomanagement und Beschwerdeverfahren einrichten, regelmäßige Analysen durchführen und Präventionsmaßnahmen treffen. Besonders streng gelten die Maßnahmen für ihre direkten Zulieferer, aber auch für die weiter entfernten Glieder ihrer Lieferkette tragen die Unternehmen Verantwortung und müssen versuchen, Abhilfe zu schaffen, wenn sie von Verstößen hören. Einige taten das schon vor dem Gesetz freiwillig, jetzt sind alle ab einer bestimmten Größe dazu verpflichtet.

Das Lieferkettengesetz schützt die Natur über Deutschlands Ländergrenzen hinweg auf zwei Ebenen: zum einen indirekt über die Menschenrechte, zum Beispiel im Verbot »der Herbeiführung einer [für den Menschen] schädlichen Bodenveränderung, Gewässerverunreinigung, Luftverunreinigung, schädlichen Lärmemission oder eines übermäßigen Wasserverbrauchs«[32], und zum anderen über eigenständige umweltbezogene Risiken. Diese leiten sich aus drei Umweltabkommen ab, die Deutschland unterschrieben hat, unter anderem aus dem Minamata-Übereinkommen zur Eindämmung von Quecksilberemissionen. Hier wird es sehr kleinteilig, um das Klima oder um Biodiversität im Großen geht es nicht. Zuständig für die Kontrolle des Lieferkettengesetzes ist das BAFA, das Bundesamt für Wirtschaft und Ausfuhrkontrolle. Auf meine Anfrage schreibt das Amt, dass bis Ende 2022 rund sechzig Stellen für die Durchsetzung des Gesetzes besetzt werden und 2023 mit weiteren Stellen gerechnet wird. Rund 3000 Unternehmen gilt es zu kontrollieren. Von zentraler Bedeutung sei dabei der Bericht über die Sorgfaltspflichten, den die Unternehmen selbst anzufertigen hätten. Bei Verdachtsmomenten könne das BAFA »Personen vorladen, Geschäftsräume betreten, Unterlagen einsehen und prüfen sowie konkrete Handlungen vorgeben, um Missstände zu beheben«, heißt es in der Antwort auf meine Anfrage. Das könnten auch Vor-Ort-Kontrollen im eigenen Geschäftsbereich der Unternehmen sein. Zulieferer außerhalb dieses Geschäftsbereichs seien »grundsätzlich nicht erfasst«. Das heißt, bei der Überprüfung eines deutschen Autobauers würde die Kupfermine, aus der das Material für den Motor stammt, nicht überprüft. Das BAFA müsste sich auf die Berichte des Autobauers oder Dritter wie beispielsweise NGOs und Medien verlassen.

INTAG, MARIA STURM

Bauarbeiten 2020

Übergriff 2006 (Foto: EW)

Der ehemalige Präsident der verfassungsgebenden Versammlung Alberto Acosta

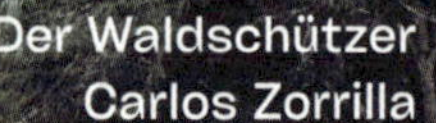

Der Waldschützer Carlos Zorrilla

Die Kleinbäuerin und Klägerin Cenaida Guachagmira (Foto: EW)

SECRET SARAYAKU, MISHA VALLEJO PRUT

WAYRU KILLA
Martha Arotingo (Auszug)

Kuyashka Itzel,
pakarichikka hatun misharimi kan:

millay wayru killapi
tukuypak yuyaywan
kaparirkanchik

Shimita sawarichishkamanta
kay alllyuwan, pakarichipi
kumpamkapak
mana saki ushay tiyarkachu

Hatun makanakuy tiayrka
ňukanchik mama Ilaktapi
pachakunak manllanayay
kuyurishka karka
purishspa rirkanchik,
shinami chayarkanchik.

?yuyarinkichu rumikunata
ňankunapi, ushiku?

Kay puripika
runakuna shinchiyashpa kakta
rikunchik
kay, chay manyakunamanta
wawakuna pukllanakun kushilla,
nanpi antawakuna nima
illan ushashka aukakunawan
tuparirkanchik
Hatun taytami shuyakun
ima kankagua shina
paypa churipak churikuta kay
pachaman apamuchun.

chayashpaka, kushi manta
wakarkanchi, wawalla

mana iniyna wawa kawsarikun
mama shuyakun kay shinchi
pakariyta tukuchinkapak

ally wawakunata pakariyna
kanchik, paktaykunata maskachun
mayman rishkapi yurakunata
tarpuna imashina wiksapi
wawakuna wiñan pakta kay
pachaman chayamuchun

shinami kay kawsay, ushiku

kashna misharikuna
kikinpak umapi,
shunkupipash sapiyachina kanki
maypipash shinchi, sincshimi
purina kanki

OKTOBER
Martha Arotingo (Auszug)

Liebe Itzel,
eine Geburt ist wie eine Revolution:

Kämpferischer Oktober
mit kollektivem Gedächtnis,
die Stimme war erhoben.

Ich habe mein Wort gegeben
zur Geburt einer Familie,
es war ein entscheidender Pakt.

Eine blutige Unterwerfung
in widerspenstigen Zeiten
wir haben sie bewältigt, um
anzukommen

Erinnerst du die Steine im Weg,
Tochter?

Viele Menschen waren im
Widerstand,
Bäume, die gingen
von einer Seite zur anderen,
spielende Kinder,
ein großzügiger Asphalt,
extreme Militarisierung.

Der Großvater wartete
ungeduldig.

Wir weinten vor Freude, meine
Kleine

Es ist eine Bestie,
das sich entwickelnde Leben,
die Mutter hofft,
auf dass die unnachgiebige
Geburt endet.

Dass sie vernünftige Kinder mit
einem Durst nach Gerechtigkeit
gebärt,
in allen Kämpfen,
die Pflanze wächst,
um bis zur Geburt zu gelangen.

So sehe ich dich, Tochter!

Mit großer Güte
ist die Geburt gekommen,
wie das Leben sich selbst
gegeben hat
in dieser Rebellion.
So musst du immer gehen:
stark in diesem Leben.

Mille Beche / Tausend Schnäbel

Zinnschürfer im Kleinbergbau von Manono, DR Kongo

Georges Senga

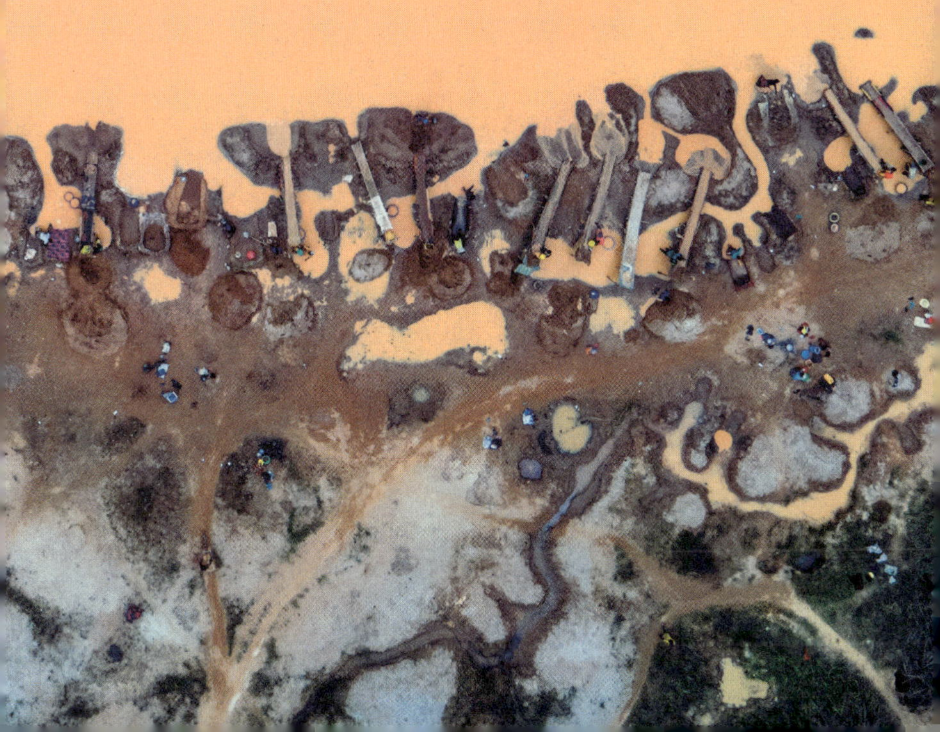

Tshanga, DR Kongo
Georges Senga

Es war einmal ein Wald, Deutschland
Maria Sturm

Bei Verstößen gegen das Lieferkettensorgfaltspflichtengesetz kann das Amt ein Bußgeld verhängen, das sich an der Größe des Unternehmens und dem verursachten Schaden orientiert. Ab einem Bußgeld von 175 000 Euro soll die Firma für drei Jahre von öffentlichen Aufträgen ausgeschlossen werden. Wie genau sich das Gesetz in die Wirklichkeit übersetzen wird, werden Beispielfälle und -urteile entscheiden.

Das Lieferkettengesetz gilt in der sonst sehr kritischen NGO-Szene als Erfolg. Johanna Sydow sieht darin gar einen Paradigmenwechsel, aber es reiche noch lange nicht aus. Wirklich wirksam werde es erst, wenn die Zulieferer offengelegt werden müssten, wenn es auch für weniger große Unternehmen gelte und wenn es eine zivilrechtliche Haftung gebe. Sie hofft auf die EU. Hier werden in den nächsten Jahren eine Batterieverordnung und ein EU-Lieferkettengesetz verabschiedet. Aktuell sähe es so aus, als könnten beide Initiativen sogar noch umfassender werden als das deutsche Sorgfaltspflichtengesetz und beispielsweise gar mit einer zivilrechtlichen Haftung ausgestattet werden. Das bedeutet, Unternehmer:innen könnten persönlich verklagt werden, wenn sie dem Gesetz zuwiderhandeln.

5. Her mit dem Guten Leben: Ein Rezept aus dem Amazonas

Im Lebendigen Wald besteht das Wirtschaftssystem aus einem ökologischen Netz, denn auch die Welt der Natur ist eine soziale Welt. Die Wesen des Waldes stehen miteinander in Kommunikation.

KAWSAK-SACHA, EIN INDIGENER VORSCHLAG ZUR KLIMAKRISE, PARIS 2015

Die Frauen von Sarayaku wissen, wie man Frieden schafft, wie Einheit und Gemeinschaft wachsen können, wie man die Gewalt draußen hält und sie drinnen erstickt. Vor vielen Jahren, in den Neunzigern, war ihr Volk gespalten. Eine große Erdölfirma versprach schnelles Geld. Sie müssten nur einen Teil ihres Landes aufgeben, einen kleinen Teil von Sarayaku. Die indigene Gemeinde liegt östlich von Puyo im ecuadorianischen Amazonas. Sie ist Teil der gigantischen grünen Lunge unseres Planeten. In vier Stunden kann man sie mit dem Kanu oder in zwanzig Minuten mit der Propellermaschine erreichen. Es gibt keine Straßen weit und breit. 1350 Quadratkilometer für 1500 Menschen in verstreut liegenden Stelzenhäusern unter Blätterdächern. Die Menschen von Sarayaku durchwandern ihre Alltage in Jeans und T-Shirt, die Festtage in Federschmuck und Gesichtsbemalung. In dem Gebiet leben außerdem unzählige Arten von Pflanzen und Tieren, es ist Lebensraum für Tapire, Affen und Heilkräuter und sogar für gute Geister, heißt es in Sarayaku, für die Schutzwesen des Waldes, die in den Lagunen und Flüssen leben – *los seres protectores* auf Spanisch, *runa* auf Kichwa, der Sprache von Sarayaku. Diese guten Geister schützen die Menschen und die Bäume. Sie schützen die Blumen, die wie rosa Quallen aussehen und die orangeschwarzen Schmetterlinge, die den Frühstückstisch umflattern. *Pimpilitu* heißt Schmetterling auf Kichwa.

Die Frauen wussten zuerst, dass eine Ölfirma auf ihrem Gebiet all das zerstören würde. Sie überzeugten die Zweifler:innen, und gemeinsam vertrieben sie in jahrelangem Widerstand den Konzern. »Kawsak Sacha« nennen sie ihre Art, mit der Natur zu leben. Es steht für ein Leben in Solidarität und Harmonie mit der Natur, zu Ehren von Pachamama, der Mutter Erde. Sie übersetzen es als »der Lebendige Wald«. Es bedeutet, dass der Mensch Teil der Natur,

Teil des Waldes ist. Darauf gründet die Philosophie von Sarayaku Kawsak Sacha ist ihr Rezeptvorschlag an die Welt, es besser zu machen. Es ergebe mehr Sinn, die Lebensgrundlagen zu schützen, als sie zu zerstören, das ist die Quintessenz. Es klingt so logisch, dass es wehtut.

Die Menschen von Sarayaku leben das, was seit 2008 in der ecuadorianischen Verfassung steht, schon seit Jahrhunderten. Für sie steht außer Frage, dass die Natur wesenhaft ist, also ein Subjekt. Dass man sie mit Respekt zu behandeln hat, dass sie Rechte aus sich selbst heraus hat und die Grundlage allen Guten Lebens ist, des Sumak Kawsay.

Aus dem Lebendigen Wald stamme alle Weisheit und aller Reichtum, sagen die Menschen hier. Aber dabei handele es sich um eine andere Art von Reichtum, eine andere Art von Weisheit als die, die man an den Börsen und in den Bibliotheken dieser Welt feiert.

Sarayaku öffnet sich, es beeinflusst die Welt und lässt sich von ihr beeinflussen. Es gibt eine Bank, Internet und Pokémonfiguren. Und die Bewohner:innen arbeiten mit internationalen Organisationen und Universitäten in Ecuador, den USA oder auch in Deutschland zusammen. Ihnen stellen sie ihr Rezept des Kawsak Sacha zur Verfügung. Biolog:innen interessieren sich für ihre Zutaten zum Guten Leben, ebenso Jurist:innen, Anthropolog:innen und Mediziner:innen. Im Gegenzug will Sarayaku Solidarität. Die Gemeinde arbeitet an einer Sonderverwaltung für ihre Gebiete und hat dafür schon einen Gesetzesentwurf entwickelt sowie den einen oder anderen Parlamentarier gewinnen können.

Das Wissen von Sarayaku ist ein Schatz. Weltweit machen indigene Menschen nur etwa sechs Prozent der Bevölkerung aus, aber auf ihrem Land wachsen und leben rund achtzig Prozent aller Arten unseres Planeten. Immer mehr Studien zeigen, dass es der Natur in Gebieten, in denen Indigene leben, besser geht als sonst auf der Welt. Eine Studie der Universität von British

Colombia hat beispielsweise Daten von mehr als 15 000 Regionen in Australien, Brasilien und Kanada analysiert und kam zu dem Ergebnis, dass die Zahl der Vögel, Säugetiere, Amphibien und Reptilien in den Gebieten am höchsten war, die von indigenen Gemeinschaften verwaltetet oder mitverwaltet wurden.[33] Diese leben nachhaltig und verhindern oft Rodungen, Bergbau oder Monokulturen. Erst an zweiter Stelle kamen Schutzgebiete wie Nationalparks oder Wildtierreservate. Der UN-Biodiversitätsrat und die Welternährungsorganisation fordern deshalb seit einiger Zeit, die Rolle der Indigenen beim Klima- und Biodiversitätsschutz zu stärken. Weltweit gibt es knapp 500 Millionen indigener Menschen in 5000 Völkern.

Viele indigene Gruppen leben schon seit den verschiedensten Zeitrechnungen in und mit ihren Wäldern, Flüssen und Wildtieren zusammen. Sie haben ein tiefes Verständnis von der Welt entwickelt, die sie umgibt, davon, wie die Zusammenhänge und Verflechtungen in der Natur funktionieren oder was die Wolken bedeuten und wann man jagen gehen kann. Unser westliches Konzept der Ökologie bleibt an der Oberfläche, es fängt erst an, dort einzutauchen, wo sich die Indigenen schon seit Jahrhunderten, Jahrtausenden bewegen. Immer mehr wissenschaftliche Daten bestätigen den indigenen ganzheitlichen Blick auf die Natur als Zusammenspiel verschiedener Lebewesen, beispielsweise die Forschung zu Pilzen als Informationsüberträgern, zu Fruchtfliegen mit Schmerzempfinden oder zu Wäldern als Riesenorganismen.

Ich war zweimal eine Woche in Sarayaku und habe einen Teil der Gemeinschaft nach Quito vor das Verfassungsgericht begleitet. Habe Freundschaften geknüpft und mit Menschen gesprochen, die zu Sarayaku arbeiten. Kawsak Sacha habe ich nicht durchdrungen. Dafür muss man eine sehr lange Zeit dort leben, im besten Falle dort aufwachsen oder sich dort verlieben. Es ist wie eine andere Sprache, diese Art zu leben. Aber ich konnte einen Eindruck gewinnen, den ich hier teilen will. Die Bilder, die Sie in diesem Buch zu Sarayaku finden, hat Misha Vallejo Prut gemacht. Er war 2015 das erste Mal dort und seitdem immer wieder. Misha ist Ecuadorianer mit ukrainisch-russischen Wurzeln und einem israelischen Pass. Er sagt, Sarayaku habe ihn über die Jahre hinweg viele Lektionen gelehrt:

> »Und ich denke, die wichtigste davon ist, dass der Mensch nicht über der Natur steht, sondern Teil von ihr ist. Wenn wir nicht lernen, dies wertzuschätzen, und in unserer Arroganz verharren, weil wir uns für überlegen halten, sind wir zum Aussterben verurteilt. Die Natur ist weise.«

Doch auch Sarayaku ist kein Paradies. Ich habe Streitigkeiten, Eitelkeiten und hasserfüllte Blicke gesehen. Nicht alle Menschen sind an allen Entscheidungen beteiligt, und manche leben von einem bedenklichen Speisezettel. Erst seit kurzem gibt es eine Wasseraufbereitungsanlage. Die Kloake landet im Fluss. In ihm wird gebadet, gewaschen und aus ihm das Koch- und Trinkwasser abgeleitet.

Aber Sarayaku kann eine Alternative zu einer Welt sein, die hauptsächlich auf Naturausbeutung, Konkurrenz und Wettstreit aufgebaut ist. Die Menschen im Lebendigen Wald zeigen, was die papierenen Worte der ecuadorianischen Verfassung in der Realität bedeuten können. Sie zeigen, wie ein Leben aussehen kann, in dem die Natur als Subjekt anstatt als Objekt betrachtet und behandelt wird. Natürlich kann man in New York oder Berlin nicht leben wie im Wald, aber man kann die Prinzipien von Respekt vor und Solidarität mit der Natur beherzigen. Der Papayabaum steht nicht unbedingt vor dem eigenen Haus, sondern Tausende Kilometer entfernt. Man holt die Frucht nicht selbst vom Baum, höchstens vielleicht die Minze von der Fensterbank. Solidarität über eine solche Distanz aufzubauen, ist nicht leicht, aber möglich. Und wenn es nicht möglich ist, ist Papaya zum Frühstück am Ende vielleicht auch einfach nicht die beste Idee.

Sarayakus Rezept zum Guten Leben und gegen den ökologischen Kollaps hat schon jetzt Erstaunliches bewirkt. Es hat einer kleinen Gemeinschaft im großen Wald dazu verholfen, ihr Land gegen eine internationale Ölfirma und gegen ihre eigene Regierung zu verteidigen, Covid-19 ohne größere Verluste zu überstehen, ihre Häuser und Leben nach großen Überschwemmungen wieder aufzubauen sowie auf internationalen Bühnen und Konferenzen zu sprechen.

Wie man eine Ölfirma vertreibt und Einheit schafft

In den Neunzigern wusste man noch wenig über das geheime Leben der Bäume oder den Schmerz der Fruchtfliege. Auch gab es kaum Verbindungen von Sarayaku mit dem Rest der Welt. Was Reichtum und Wissen war, bestimmten vor allem die Börse und »der weiße Mann«. Damals wollte die argentinische Ölfirma CGC einen Teil von Sarayaku in Geld umwandeln. Den Bewohner:innen wurde gesagt, sie müssten nur ein paar Verträge unterzeichnen. Es würde Jobs geben, Schulen, Häuser, Unigebühren für ihre Kinder. »Stellt euch das mal vor!«, sagten die Herren von der Firma mit den Plastikhelmen und in gelben Gummistiefeln.

Und einige stellten sich das vor. Sie dachten, das klingt doch gut, gar nach einem guten Leben, DEM guten Leben vielleicht. Andere stellten sich anderes vor: Sie sahen, wie Bäume gefällt wurden, wie die Wasserläufe vom Öl verseucht wurden, Tiere starben, wie die heiligen Orte im Wald zerstört wurden. In einer ihrer großen Versammlungen kämpften die Männer von Sarayaku schließlich sogar gegeneinander – erst mit Worten, dann mit Muskeln und schließlich mit den Holzstäben, die die Kurakas, die Vorsitzenden der sieben Gemeinden der Gemeinschaft, eigentlich als Zeichen der Verantwortung immer mit sich tragen.

Die Frauen von Sarayaku sagten: »Genug!« Fast alle waren sie dagegen, dass die Erdölfirma ihr Gebiet betrat. Vor allem aber waren sie gegen die Zwietracht in ihrem Volk. Sie hatten verstanden. Und sie entwarfen einen Plan. Die, die mit der Firma zusammenarbeiten wollten, sollten eiskalt behandelt werden. Ihnen sollte zum Beispiel keine Chicha mehr serviert werden. Das kommt einer Ächtung gleich, denn die Chicha, das ist das gemeinschaftsstiftende Getränk in Sarayaku. Es bedeutet mehr als das Bier in Bayern oder der Wodka in Russland. Chicha wird von den Frauen zubereitet und besteht aus zerstampftem, zerkautem und wieder ausgespucktem Maniok, fermentiert und durchaus lecker. Das sollte denen vorenthalten werden, die das Öl als Lebensoption ansahen. Sie sollten auch andere Zuwendungen nicht mehr erhalten, die Frauen meist umsonst hergeben: Liebe, Essen, Verständnis.

Mehr und mehr Menschen änderten ihre Ansicht über das Leben und das Öl. Nur noch wenige sahen darin eine Option. Sie mussten die Gemeinschaft verlassen, entschied die große demokratische Versammlung von Sarayaku. Also gingen sie, zumindest die meisten.

2002 kam die Ölfirma, CGC aus Argentinien, gemeinsam mit der staatlichen Erdölfirma Petroecuador. Sie kamen mit Gewalt, mit Hubschraubern und mit dem ecuadorianischen Militär. Sarayaku stand in Einheit dagegen, mit Kanus und Holzstäben, die Frauen an vorderster Front. Die Kinder ließen sie oft alleine zu Hause, genauso die Alten. Über Tage und Nächte verteilten sich die Indigenen über ihre 135 000 Hektar, um das Land zu schützen. »Da sind Dinge passiert, an die erinnert man sich nicht so gerne«, sagen sie heute. Berta Gualinga zum Beispiel erinnert sich trotzdem: »Damit andere wissen, was möglich ist.« Sie ist die Vorsitzende der Frauenorganisation von Sarayaku, im Vorstand der kommunalen Bank und Lehrerin. Berta ist 51 Jahre alt und hat den aufrechten Gang einer tanzenden Bauarbeiterin. Ihren kleinen Augen sieht man an, dass sie viel gelacht und manchmal geweint haben. Wie die meisten hier trägt sie Gummistiefel, außerdem Jeans, T-Shirt, die langen Haare sind zum Zopf gebunden. Ihre Hände und der Haaransatz sind schwarz von Wituk-Farbe. Sie wird aus der gleichnamigen Frucht gewonnen und bei besonderen Anlässen auf Haare und Gesicht aufgetragen, zum Zeichen der Schönheit und Stärke.

Der Brauch geht auf eine uralte Legende zurück, die besagt, dass in früheren Zeiten Menschen und Tiere eins waren; es gab keinen Unterschied. Damals lebten die Schwestern Wituk und Manduru in schwierigen Zeiten. Sie suchten Heilung und Frieden in der Verwandlung. Die ältere Schwester wurde zu einem Wituk-Baum, der kranken oder traurigen Menschen Leben und Energie spendet, die jüngere Schwester wurde zu einem Manduru, einem Achiote-Strauch, der ebenfalls heilen kann. Sich mit der satten schwarzen Farbe zu bemalen, gebe ihnen Kraft und Leben, sagt Berta. Sie symbolisiere die Verwandlung der Wituk-Frau, die trotz oder wegen all des Leides, das ihr widerfahren ist, nun Früchte geben kann, die den Menschen Energie und Leben schenken.

Als die Ölfirma kam, war Bertas Mann Franco Viteri Präsident von Sarayaku. Einmal war er über mehrere Tage verschollen, und sie malte sich das Schlimmste aus. Das permanente Dröhnen der Helikopter über dem Kopf und im Ohr habe nicht nur die Kinder mürbe gemacht. Sie kämpfte mit Tränengas im Haus und Todesdrohungen am Telefon. Und sie kämpfte im Wald, mit ihrer Stimme und Anwesenheit – friedlich. »Denn es gab Momente, da sagten auch die Männer, wenn wir da jetzt reingehen, kann es gut sein, dass der Konflikt eskaliert.« Also gingen die Frauen rein. Es gibt ein Video[34] von 2002, aufgenommen von Eriberto Gualinga, der heute Filmemacher ist. Darin sieht man, wie eine Gruppe Frauen die

Arbeiter der Erdölfirma beschimpft: »Was macht ihr hier?«, empören sie sich. »Geht auf euer eigenes Land zum Arbeiten, wenn ihr welches habt! Respektiert, dass das hier unser Land ist!« Sie reden aufgebracht auf Männer in gelben Overalls ein. In einem anderen Ausschnitt halten Soldaten ein Kanu zur Inspektion an. Männer und Frauen werden getrennt, Eriberto wird aufgefordert, die Kamera auszuschalten. Er lässt sich nicht einschüchtern und die Kamera laufen, filmt auch, wie Hilda Santi, die damalige Vizepräsidentin von Sarayaku, den Soldaten Paroli bietet. »Wir haben den Ministerien dieses Landes unsere Position dargelegt, höflich und diplomatisch«, sagt sie bestimmt. »Wir werden keine Erdölfirma auf dem Gelände von Sarayaku dulden.« Sie hält einen Holzstab in der Hand und trägt ein buntes Halstuch zum weißen T-Shirt. Die Soldaten schauen konsterniert. »Warum haben Sie unser Kanu durchsucht?!«, fragt Hilda mit anklagendem Ton. »Weil Sie glauben, dass wir Waffen haben? Warum glauben Sie das? Wegen all der Lügen, die verbreitet werden.« Sie holt kurz Luft. Der Wortführer der Soldaten geht dazwischen: »Fertig jetzt?«, fragt er. »Nein, noch nicht!«, sagt Hilda und redet weiter.

Schon damals, also vor der revolutionären Verfassung von 2008, hätte es einen Informations- und Befragungsprozess der Bevölkerung vor Ort geben müssen. Das ist eine Regelung, die in vielen Ländern gilt und zum Beispiel auch von den Umwelt- und Menschenrechtsstandards der Weltbank vorgeschrieben wird. Der sogenannte »Free, Prior and Informed Consent«-(FPIC-)Standard heißt auf Deutsch etwas umständlich »auf einer freien, vorab durchgeführten und auf Informationen basierenden Zustimmung beruhend«, was jedoch nicht heißt, dass die Bevölkerung ein Vetorecht hat. Es bedeutet, dass sie korrekt informiert und ihre Meinung gehört werden muss. Immer wieder aber wird dieses Recht den Anwohner:innen bei Staudämmen, Ölpalmenplantagen oder Kupferminen verwehrt.

Auch in Sarayaku drang die Firma auf das Gelände vor und begann mit den Arbeiten, ohne dass die Menschen vor Ort umfassend informiert oder befragt worden waren. Bis Anfang 2003 versenkte CGC dann in Hunderten Bohrlöchern fast 1,5 Tonnen hochexplosiven Sprengstoffs, zwölf Meter tief im Boden. Da riefen die Menschen von Sarayaku neben all ihren guten Geistern auch Justitia an. Sie suchten sich einen Anwalt und zogen vor den Interamerikanischen Gerichtshof für Menschenrechte. Er garantierte erste Schutzmaßnahmen und fällte 2012 ein wegweisendes Urteil. Fast zehn Jahre waren seit dem ersten Hilfegesuch vergangen, aber nun hatten sie es schriftlich:

Die Firma darf das Öl nicht aus der Erde holen. Der Staat Ecuador habe mit der Genehmigung des Erdölprojekts die Rechte der Gemeinschaft auf vorherige Konsultation, auf Gemeinschaftseigentum und auf kulturelle Identität verletzt. Der Gerichtshof verurteilte Ecuador zu einer Schadensersatzzahlung von mehr als einer Million US-Dollar. Er ordnete außerdem an, den Sprengstoff zu beseitigen und ein verbindliches Verfahren zu entwickeln, wie in Zukunft mit solchen Fällen umzugehen sei. Das Urteil wurde international als wegweisend gefeiert. Eine kleine indigene Gemeinschaft und ihr Wald hatten gegen einen Ölkonzern gewonnen.

Heute, mehr als zehn Jahre später, liegt die Tonne Sprengstoff noch immer im fruchtbaren Boden von Sarayaku, und es gibt noch immer keine verbriefte, einklagbare Regelung, wie solche Fälle in Zukunft gehandhabt werden sollen. Um Sarayaku herum werden die indigenen Gemeinden immer wieder von ausländischen Ölfirmen oder von Petroecuador heimgesucht; es gibt regelmäßig Lecks bei Bohrungen oder Leitungen. Und im Februar 2023 wurde sogar einer der Anführer einer indigenen Nachbargemeinde ermordet, der sich gegen Ölbohrungen einsetzte.

Nimmt man die Gesetze der Physik oder auch die Forderungen der Internationalen Energieagentur ernst, dürften fossile Energieträger schon lange nicht mehr gefördert werden. Eigentlich dürfte das Öl unter Sarayaku also gar keine Bedrohung mehr für das Leben darüber sein. Doch die Beispiele hier und in der Welt lassen anderes befürchten. Wie also bleiben Öl, Kohle und Gas in Zukunft wirklich in der Erde? Ecuador hat mit der Yasuní-Park-Initiative einen Vorschlag gemacht, wie das theoretisch möglich wäre, und Sarayaku hat mit der Rettung des Waldes vorgemacht, wie es praktisch gehen kann. Gesetze, die tatsächlich umgesetzt werden, könnten diese Ansätze dauerhaft in die Wirklichkeit übertragen.

Pachamama und die Frauen von Sarayaku

Das Leben in Sarayaku ist nicht leicht, sagt Berta, vor allem wenn man kein Mann ist und mitreden will. Bei meinem ersten Besuch korrigiert sie Schularbeiten, während die anderen nach gemeinsamer Arbeit an den Wegen Chicha trinken und tanzen. Bei meinem zweiten Besuch vertritt sie die Interessen der Gemeinschaft bei einer Konferenz zu Landrechten an der Küste Ecuadors, während die anderen das Pachamama-Fest feiern. Sie kommt für den letzten Tag des Fests in den Lebendigen Wald, nur um zwei Nächte später gleich wieder in die Hauptstadt aufzubrechen.

Das Fest dauert drei Tage, es gibt Sportspiele, Tänze und Preisverleihungen, zum Beispiel für die größte Maniok-Wurzel von Sarayaku oder den schnellsten Chicha-Trinker. »Pachamama ist alles«, sagen die Indigenen. »Sie ist Leben, sie ist Frieden, sie ist Heimat.« Das feiern sie und gleichzeitig den Jahrestag ihres großen Friedensmarsches von 500 Leuten aus dem Wald bis nach Quito. 2012 zogen sie los, um ihre Rechte einzufordern, eine verbindliche Regelung für ihr Gebiet zu bekommen und den Sprengstoff loszuwerden. Bis heute sind diese Forderungen nicht erfüllt. Doch die Menschen haben schon neue Pläne zu ihrer Erreichung geschmiedet, schwingen Reden und die Hüften. Geschichte wird erinnert und erneuert.

Ganz Sarayaku ist auf dem weitläufigen zentralen Platz aus rotbrauner Erde zusammengekommen. Außenherum stehen die sieben Holzstelzenhäuschen der sieben Gemeinden von Sarayaku, außerdem im Kreis: das zweistöckige Gemeindehaus mit Büros für die Organisation, ein Haus für die großen Versammlungen, eine kleine Kirche und eine Bühne mit Mikros und Verstärkern, die den gesamten Platz beschallen. Am Morgen hat es noch geregnet, die Trommler und Schulklassen sind im Grau in einem großen Kreis einmarschiert, manche Männer mit über der Brust gekreuzten Knochen- und Federketten, die Frauen mit filigraner Gesichtsbemalung aus Linien, Rechtecken und Punkten. Über allem schwebt die Drohne von Eriberto – für die sozialen Medien und neue Filme.

Auch die Schönheit der Frauen wird prämiert. Jede der sieben Gemeinden hat eine Waldfee geschickt. Sie präsentieren sich tanzend und mit einem Schwur auf Sarayaku ins Mikrofon. Am Ende gewinnen alle, denn es gibt hier nur Gewinnerinnen. Alle sind schön, wunderschön, als hätten sie Schmetterlinge gefrühstückt.

Ich stehe neben Bertas Mann. Wir betrachten das Spektakel von der Seitenlinie aus. Franco ist drahtig, 53 und schaut meist mit freudig aufgerissenen Augen und krausgezogener Stirn, so, als würde er gleichzeitig alles aufsaugen, bestaunen und einordnen, was in der Welt so passiert. Irgendwann fängt er an, zu erzählen.

Jetzt sei eigentlich die Zeit der Frauen. Die Männer hätten lange genug geredet und entschieden. Deshalb gehe die Welt ja gerade auch zum Teufel. Ich solle gar nicht mit ihm reden eigentlich, sondern mit Berta, aber die ist auf dieser Konferenz. Das Tolle an Sarayaku sei auch, dass es hier um die Gemeinschaft gehe und nicht um Einzelne. Das verstehe die Presse aber nicht immer. Ein französischer Journalist habe ihm einmal erklärt, sie könnten Geschichten nur über einzelne Personen erzählen, damit man das verstünde in der westlichen Welt. »Warum denn? Es geht doch hier um die Gemeinschaft. Aber gut, wenn das so ist.« Auch in Sarayaku sei noch lange kein Gleichgewicht zwischen den Geschlechtern erreicht. Die Frauen, die Jugend, die müssten mehr mit eingebunden werden. Aber ich solle wirklich mit Berta reden. »Sie ist schlau, sie hat tolle Ideen, sie weiß viel.«

Berta kommt aber erst in zwei Tagen, und so feiere ich noch ein bisschen Pachamama, mache Gruppenfotos mit verschiedenen Handys, trinke Chicha, esse Fisch mit Kochbananen und lasse mich zum Tanzen auffordern. Nach den Festspielen auf dem großen Platz ziehen die Leute in Grüppchen durch den Wald und durch die verstreut liegenden Häuser. Überall wird der symbolträchtige Zaubertrank Chicha serviert, überall mindestens eine Runde getanzt. Nach dem fünften Haus habe ich die Orientierung verloren. Dazwischen wurde irgendwann der Fluss mit einem Kanu überquert, wir sind ein paar hundert Meter hinaufgefahren – oder hinunter? Man trifft Menschen, mit denen man sich schon einmal unterhalten hat, tanzt und trinkt mit ihnen, verliert sie wieder, trifft neue Menschen. Es ist fast wie auf einem Musikfestival mit verschiedenen Bühnen. Nur dass man kein Elektro, Indie oder Metal hört, sondern die hypnotisierenden Trommelschläge der Tambore. Duum-da-da-da. Duum-da-da-da. Duum-da-da-da. Vielleicht ist es auch wie im Guten Leben. Man trifft auf Menschen, geht eine Weile mit ihnen mit, trifft neue Menschen, ändert die Richtung. Bleibt eine Weile in dem einen Haus und eine Weile in einem anderen. Immer gibt es Chicha, und immer gibt es jemanden zum Reden oder Tanzen oder Schweigen. Nach und nach fordern die Männer die Frauen zum Tanz auf. Das heißt, sie fragen zuerst die Frau, ob sie will, danach deren Mann, Bruder, Onkel oder sonstigen männlichen Verbandelten, ob sie dürfen. Als Frau sagt man nicht nein, lasse ich mir erklären. Frau hat aber die Macht und Möglichkeit, sich nach der Aufforderung nur ein einziges Mal im Kreis zu drehen und dann sofort wieder hinzusetzen, den Mann keines Blickes zu würdigen und ihn so öffentlich zu demütigen. Ich habe dabei ein paar hasserfüllte Blicke gesehen, die nur erahnen lassen, was sich zwischen zwei Menschen abgespielt hat. »Ja, es gibt auch häusliche Gewalt hier«, lasse ich mir erzählen. »Einiges von dem, was du glaubst zu sehen, stimmt, anderes nicht.« Ich höre von Betrügereien und Kuckuckskindern. Vor allem aber sehe ich viel Vergnügen und aufreizende Hüftschwünge bis ins hohe Alter. Duumm-da-da-da. Duumm-da-da-da. Duumm-da-da-da. Duumm-da-da-da. Ein Zweivierteltakt, der durch die Nacht und durch den Wald vibriert. Ein Herzschlag. Eine Aufforderung. Eine Ansage.

»Es bedeutet, dass wir noch hier sind«, sagt Helena Gualinga. Sie ist zwanzig Jahre alt, hat eine Mutter aus Sarayaku und einen Vater aus Finnland. Und mehr als 90 000 Follower:innen auf Instagram. Ihre Kindheit hat sie im Amazonas verbracht, ihre Schulzeit in Europa. Immer ist sie zwischen beiden Welten hin und her gewandelt und sieht sich heute als ihre Vermittlerin. Im Internet und auf internationalen Konferenzen schlägt sie Brücken für Zehntausende. Sie spricht Kichwa, Spanisch, Englisch, Finnisch und Schwedisch. Sie übersetzt das Leben und die Überzeugungen aus dem Amazonas für den Westen. Das sei nicht immer leicht. Es gäbe so viele Vorurteile! Zum Beispiel: »Warum habt ihr Handys, wenn ihr doch die Natur schützen wollt?!« Oder: »Warum seid ihr überhaupt im Internet und nicht einfach im Wald?« Sie versucht in solchen Situationen, ruhig zu bleiben. Aber wenn schon die Handys auf Unverständnis stoßen, sei es besonders schwer, das Besondere an Sarayaku zu erklären und zu übersetzen. »Es gibt bei uns so viele unterschiedliche Menschen und Überzeugungen, Meinungen. Aber das bedeutet nicht, dass wir nicht eine einheitliche Front haben. Das bedeutet nicht, dass wir nicht geeint sind. Es bedeutet, dass es eine Vielfalt in unserer Einheit gibt.« Alles hier sei ein Zeichen des Widerstands, sagt sie. »Die Tänze, die Trommeln, dass wir unsere eigene Sprache sprechen. Wenn die Generation meiner Onkel und die meiner Großmütter nicht gekämpft hätten, wenn alle, die vor uns kamen, nicht gekämpft hätten, würden wir heute hier nicht tanzen.« An vielen Orten im Amazonas sei das alles schon ausgelöscht oder stark bedroht. »Da wird nicht mehr getanzt, nicht mehr getrommelt, da gibt es keinen Regenwald mehr.«

Denn dem Amazonas geht es nicht gut, vor allem nicht in Brasilien und Bolivien. Es gibt Brandrodungen für Futtermittelanbau, aber auch immer mehr Feuer wegen der Klimakrise. Dazu kommen Holzschlag, Erdölförderung und Bergbau. Ölfelder wie das unter Sarayaku machen rund neun Prozent des gesamten Amazonasgebiets aus. Besonders viele liegen in Ecuador. Neunzig Prozent des aus dem Amazonasgebiet exportierten Rohöls kommt von hier und geht vor allem in die USA.

Der Amazonas erstreckt sich über neun Länder, rund zwanzig Prozent seiner Wälder sind in den letzten fünfzig Jahren zerstört worden, andere Berichte gehen von bis zu 26 Prozent aus. Er verliert seine Fähigkeit, sich selbst zu regenerieren, nach Dürren und Bränden wieder nachzuwachsen. Er versteppt nach und nach. Nach einer Studie aus dem März 2022, an der auch das Potsdamer Institut für Klimafolgenforschung beteiligt war und für das Satellitendaten aus drei Jahrzehnten ausgewertet wurden, rückt der Punkt, an dem alles umkippt, immer näher. Schon jetzt setzt der Amazonas in manchen Regionen mehr CO_2 frei, als er aufnimmt. *The Point of no Return* ist vielleicht sogar schon da, sagen manche. Das würde bedeuten, egal welche Anstrengungen der Mensch noch unternähme, der Wald wäre verloren – ähnlich wie bei den Gletschern, bei denen bereits jetzt klar ist: Mehr als die Hälfte wird bis zum Ende des Jahrhunderts wohl verschwinden, selbst wenn ab morgen kein einziger Tropfen Erdöl mehr verbrannt werden würde. Der Amazonas ist einer der drohenden Kipppunkte der Klimakrise. Die Überlebensfähigkeit dieser Systeme kann nur bis zu einem gewissen Punkt strapaziert werden. Bei den meisten ist es die 1,5-Grad-Erwärmung. Ist der entscheidende Punkt überschritten, gibt es kein Zurück mehr, dann kollabieren die Systeme unaufhaltsam und heizen die Klima- und Biodiversitätskrise exponenziell weiter an. Dann versteppt der Amazonas, schmilzt das Grönlandeis, dann sterben alle Korallen, lösen sich Meeresströmungen auf, und es ist völlig egal, ob wir die globale Erhitzung wieder zurückschrauben können.

Der Amazonas ist entscheidend für das ökologische Gleichgewicht auf dem gesamten Planeten. Er ist der größte Regenwald, den wir haben, und speichert unglaublich viel CO_2: zwischen neunzig und 140 Milliarden Tonnen. Das aber wird bei Bränden nach und nach freigesetzt. Dazu kommt, dass eine Austrocknung dieser riesigen Region sehr wahrscheinlich die Zirkulation in der Atmosphäre und damit Wetterphänomene weltweit verändern würde. Noch ist der Kipppunkt des Amazonas aber nicht definitiv erreicht, und es ist unklar, wie lange es noch dauern kann. Klar ist aber, dass Brandrodungen, Ölförderung, Bergbau und Abholzungen das Absterben beschleunigen und Aufforstungen den Kipppunkt hinauszögern oder vielleicht gar verhindern können. Hier könnte die Yasuní-Park-Idee zum Tragen kommen, von der uns Alberto Acosta in Kapitel 2 erzählte. Ein Schuldenerlass für Amazonasländer im Tausch gegen Schutzzonen.

In Sarayaku brauchen die Menschen keine Satellitendaten, um zu wissen, wie wertvoll und entscheidend der Wald für ihr eigenes Leben und für das Leben auf dem Planeten ist. Sie brauchen keine Hightechlabore, um zu wissen, welche Pflanze bei Fieber und welche bei Magenproblemen oder Wunden hilft. Sie brauchen kein Architekturstudium, um ihre beeindruckenden Holz- und Blätterbauten zu errichten, kein Musik-Konservatorium, um berührende Melodien zu spielen, und sie benötigen keine Bibliothek, um den eigenen Staat zu verklagen. Das besondere Wissen von Sarayaku wird anders produziert und anders weitergegeben als an den Hochschulen dieser Welt. Im täglichen Leben lernen die Menschen voneinander und von der Natur.

Sie lernen aber auch von der Welt da draußen, in den eigenen Schulen vor Ort oder an Schulen und Universitäten in den größeren Städten. Sie lernen im diplomatischen und juristischen Prozess und von den Besucher:innen. Manche führen Horkheimer und Adorno ins Feld, wenn sie hören, dass ich aus Deutschland komme, andere Hitler. Niemand Fußball. Horkheimer und Adorno schaue ich später noch einmal nach. Die beiden Philosophen der Frankfurter Schule gelten als große Kritiker der modernen westlichen Gesellschaft. Noch während des Zweiten Weltkriegs schrieben sie die *Dialektik der Aufklärung* im Exil, als immer offensichtlicher wurde, dass die vielbeschworene Vernunft den Faschismus nicht würde aufhalten können. Einen wirklichen Ausweg aus der Misere zeigen sie nicht auf. Sarayaku könnte einer sein.

Der Kern aller Weisheit ist hier die Natur. Die Menschen feiern sie und zollen ihr täglich Respekt, besonders am Pachamama-Fest. Am dritten Tag kommt schließlich und endlich Berta, die Lehrerin und Vorsitzende der Frauenorganisation. Es ist der Ausklang. Die Menschen wandern weiter in Kleingruppen von Haus zu Haus, es wird weiter Chicha getrunken, zum Tanzen hat aber kaum noch jemand Energie. In einem Häuschen auf einem Hügel schneiden sich unsere Wege. Jemand spielt Gitarre, ein anderer Flöte, jemand singt auf Kichwa, niemand trommelt. Wir lauschen eine Weile der Musik. Berta ist müde von der Reise. Sie liebe Ecuador, erzählt sie, könne sich mit dem Staat aber nicht so wirklich anfreunden. Die Rechte der Natur und gleichzeitig das Recht des Staates auf alles, was im Boden liegt, auf Erdöl, Rohstoffe und sogar das Wasser, das widerspreche sich doch.

»Wir als indigene Gemeinschaften sind der Ansicht, dass der gesamte Lebensraum, der uns gehört, auch wirklich uns gehört. Denn wir waren schon vor dem Staat da. Wir sind ein tausendjähriges Volk, das seit langem hier lebt, sich hier niedergelassen hat. Also kann der Staat uns dieses Recht nicht verweigern. Er muss das respektieren.«

Wenn man die Rohstoffe aus der Erde hole, zerstöre man, was hier oben lebe. Sie deutet um sich ins Grün. »Das lassen wir nicht zu. Nicht einen Zentimeter.«

Drei Tage später ist sie in Quito, um mit rund vierzig Mitstreiter:innen ihre Rechte an den Türen der großen Politik einzufordern. Sie sind mit ihren Körperketten aus Schlangenknochen, Samen und Federn gekommen, mit Trommeln und Flöten. Sogar ein paar Eimer Chicha haben sie dabei. Denn sie wollen vor dem Verfassungsgericht einfordern, dass das Urteil des Interamerikanischen Gerichtshofs für Menschenrechte umgesetzt wird. Außerdem haben sie einen Termin in der *Asamblea Nacional,* dem Parlament Ecuadors, um die Kawsak-Sacha-Erklärung vorzustellen, das Prinzip des Lebendigen Waldes. Und sie wollen für eine Selbstverwaltungszone werben.

Später am Nachmittag, in einem Versammlungshaus einer indigenen Organisation und vor dem nächsten Termin im kalten Quito, erzählt Berta mir dann auf fast 3000 Höhenmetern und mit Blick auf die noch höheren Höhen der Andengipfel, was es mit der Gleichberechtigung in Sarayaku auf sich hat:

»Früher dachten die Männer, was eine Frau sagt, macht keinen Sinn«, sagt sie. »Aber jetzt respektieren die Männer die Frauen mehr und hören zu, wenn wir reden. Sie schicken die Frauen sogar nach vorne, damit sie reden, wie ja auch gerade in der Nationalversammlung.« Für die Frauen sei es immer noch schwierig, Ämter zu übernehmen. Nur wenige hätten das bisher geschafft. Sie selbst ist nun das erste Mal die Vorsitzende der Frauenorganisation und hatte vorher nur kleinere Ämter inne. Sie war Schuldirektorin und im Vorstand der kommunalen Bank. Dort sei übrigens entschieden worden, dass besser die Frauen das mit dem Geld übernehmen sollten, weil den Männern nicht allzu sehr vertraut wurde.

Woher dieser Wandel hin zu mehr Gleichberechtigung kam, will ich wissen. »Der kommt von uns selbst, aber auch weil wir andere Gesellschaften beobachten«, sagt Berta. Außerdem sei es nur logisch: »Wenn man gleichberechtigt arbeitet, fühlt man sich gut. Wenn eine Person alle Verantwortung hat, wird sie schnell müde und erschöpft. Dann kommt es irgendwann zu Groll und Unmut. Aber wenn es ein Gleichgewicht gibt, ist das für alle besser.«

Jetzt vertritt Berta Sarayaku national und international. Sie war zum Beispiel im Herbst 2021 in Glasgow beim Klimagipfel und fliegt demnächst mit ein paar Jugendlichen nach Hannover, wo Sarayaku eine Austauschschule hat. Es sei nicht einfach, die Kinder zu Hause zu lassen. Die Frauen seien ja immer für die Familie verantwortlich. Sie selbst hat fünf Kinder, der Jüngste ist noch nicht einmal ein Teenager. Da spüre sie schon den Druck, sich kümmern zu wollen oder zu müssen. Aber die anderen Aufgaben seien ja auch ihre Aufgaben, jetzt als Vorsitzende der Frauen. »Eigentlich kann mir niemand sagen: ›Nein, das kannst du jetzt nicht machen.‹ Nur ich selbst.« Es gebe sehr viele Frauen, die diesen Druck nicht wollen, die nicht weggehen wollen, wenn die Kinder zu Hause sind und wenn sie ein schlechtes Gewissen haben. »Aber wenn du diese Entscheidung nicht treffen kannst, wirst du nie irgendwas machen können. Du musst dich entscheiden.«

Kawsak Sacha als Vorschlag an die Welt

Bertas Schwippschwägerin Patricia Gualinga hat sich für einen dritten Weg entschieden. Sie hat keine Kinder, einen gut bezahlten Job in der großen Stadt ausgeschlagen und erst spät geheiratet. Sie hat sich ganz den Anliegen Sarayakus gewidmet, ist in der Welt herumgekommen, hat Todesdrohungen erhalten und internationale Umwelt- und Menschenrechtspreise. Patricia ist mit Carlos Zorrilla im Intag befreundet; das war eine der Verbindungen, die mich nach Sarayaku brachten. Patricia empfängt mich im Familienhaus in Puyo, der Hauptstadt der Provinz Pastaza und Tor in den Amazonas. Sie hat gerade den Olof-Palme-Preis gewonnen, einen renommierten, mit umgerechnet rund 95 000 Euro dotierten Preis aus Schweden für internationale Verständigung und gemeinsame Sicherheit. Frühere Preisträger:innen waren Kofi Annan und Aung San Suu Kyi. Zur Feier trägt sie die Wituk-Farbe in einem filigranen Muster über den Wangenknochen und große runde Ohrringe aus gelben und hellblauen Federn. Das Muster auf ihrer Haut symbolisiert eine Anakonda, erklärt sie; es stehe für Stärke, Energie und vor allem für ein besonderes Ereignis.

Patricia spricht langsam und bestimmt. Sie sitzt auf einem Holzstuhl vor der Haustür. Ab und zu fährt ein Wagen vorbei, einmal fliegt ein Hubschrauber über uns hinweg. Sie lässt sich nicht beirren und wirkt auf ihrem Stuhl, als säße sie auf einem Thron, von dem aus sie eine Ansprache an ihr Volk hält. Sie strahlt Würde und Klarheit aus.

Eigentlich sei sie immer recht schüchtern und still gewesen, erzählt sie. Aber wenn es um Sarayaku und den Schutz der Natur ginge, da wäre es manchmal, als würde nicht sie sprechen, sondern *el espiritu* – der Geist, die guten Geister, die Natur, ein altes Wissen, ein altes Wesen, wer weiß das schon. Das erste Mal hat sie ihren Mut zusammengenommen und das Wort ergriffen, als sie gemeinsam mit drei Männern der Gemeinschaft und insgesamt hundert US-Dollar nach Quito aufgebrochen war. Die Ölfirma wollte mit ihnen sprechen, in einem Luxushotel. Sie hatten den ganzen Tag über noch nichts gegessen, das Geld war für Anreise und Unterkunft ausgegeben. In teurem Ambiente wurden ihnen exquisite Speisen angeboten. Sie lehnten ab. Ihnen wurde außerdem unterbreitet, was die Regierung der Firma angeboten hatte, nämlich das Öl aus den Tiefen

Sarayakus holen zu dürfen, in Block 23. Die Mitarbeiter der Firma erzählten, dass sie bald mit dem Militär kommen würden, sie sich aber keine Sorgen machen müssten, da die Regierung das schließlich alles abgesegnet habe. »Es wird keinerlei Probleme geben.« Da habe sie gesagt: »Das werden wir nicht erlauben. Wir werden einen Gerichtsprozess anstrengen und unsere Rechte verteidigen.« Der Mann von der Ölfirma hätte sich vor ihr aufgebaut und gesagt: »Usted es una niña caprichosa!« Ein eigensinniges Mädchen. »Du verstehst das hier nicht.« Und sie habe schlicht wiederholt: »Wir werden das nicht zulassen, und der Gerichtsprozess wird international.« Dann seien sie gegangen, zu Fuß, weil sie kein Geld mehr hatten für Taxi oder Bus. Wenn sie heute nach Quito fährt, kann sie zusammen mit dreißig bis fünfzig Mitstreiter:innen kommen. Sarayaku hat mittlerweile, rund zwanzig Jahre später, Sprinterbusse mit dem Schriftzug des Volkes, Freund:innen in der Hauptstadt und mehr als hundert US-Dollar für Spesen. Sie werden unter anderem finanziert von der Entschädigung, die der Interamerikanische Gerichtshof ihnen zugesprochen hatte. Außerdem arbeiten sie mit verschiedenen NGOs zusammen, verkaufen Schmuck und filigran bemaltes Porzellan und unterhalten ein kleines Reiseunternehmen, mit dem man sie besuchen kann: Papangu Tours.

Im Lauf der Jahre wurde der Rechtsweg immer wichtiger für Sarayaku. Er ist das entscheidende Mittel zur Verteidigung, wenn man keine Gewalt anwenden will. Denn auch internationale Verbündete oder Medienaufmerksamkeit können nur helfen, wenn offensichtlich ist, was richtig und was falsch ist. Und das entscheidet nun einmal am verbindlichsten das Gesetz.

Nach und nach übersetzten die Menschen von Sarayaku deshalb ihre Art, in Harmonie mit der Natur zu leben, in ein Regelwerk, das mit den Grundprinzipien der ecuadorianischen Verfassung übereinstimmt – die Erklärung des Kawsak Sacha, des Lebendigen Waldes. In vielen Versammlungen hat sich die Gemeinschaft nach und nach auf Wortlaut und Vorgehensweise geeinigt. Patricias Bruder José ist der führende Kopf dahinter, sie selbst hat die Erklärung auf internationalen Konferenzen und Vorträgen der Welt unterbreitet. Auch bei Papst Franziskus war sie schon. Das erste Mal wurde Kawsak Sacha 2008 am Tag der Erde in Paris offiziell vorgestellt. Seitdem ist sie um die Welt gezogen, heute gibt es eine Onlinepetition zur Unterschriftensammlung, damit sie rechtlich anerkannt wird, zuerst vom ecuadorianischen Staat, danach von der Weltgemeinschaft. Ihre Art, zu leben, ließe sich in den Grundprinzipien auch auf andere Gesellschaften übertragen, sagen die Bewohner:innen von Sarayaku. Sie selbst wollen Autonomie und Selbstbestimmung auf Grundlage der verfassungsrechtlich verbrieften Rechte der Natur, der Rechte der indigenen Völker und des Wissens ihrer Vorfahren. Das essenzielle Dokument dazu besteht aus zehn Seiten, die vom Gleichgewicht und Respekt im Wald handeln, von Pachamama und den Wechselwirkungen zwischen Menschen, Tieren, Pflanzen und den Schutzwesen.

So fängt es an:

> »Wir, die ursprünglichen Völker des Amazonas, haben eine ganzheitliche Vision von Pachamama, wir sind ein Teil von ihr. Von Geburt an nehmen wir eine Lebensweise an, die in Koexistenz mit allen Wesen des Lebendigen Waldes organisiert ist.«[35]

Und geht später so weiter:

> »Unser Plan für das Leben sieht die Stärkung des Sumak Kawsay (Gutes Leben) auf der Grundlage einer harmonischen Beziehung zwischen den Ayllukuna (Kernfamilien) und allen Wesen vor, die den Lebendigen Wald ausmachen. Er wurde geschaffen,

> um die Ökosysteme an Land und im Wasser frei von Verschmutzung zu halten, um fruchtbares Land mit zahlreichen Tieren, verschiedenen Wäldern, Quellen, Salzpflanzen und Sümpfen, saubere Gewässer, Ernährungssouveränität und die Reproduktion von Leben zu gewährleisten.«

In Artikel 4 der Erklärung wird die ecuadorianische Regierung dazu aufgefordert, den Lebendigen Wald von Sarayaku als lebendiges und bewusstes Wesen sowie als eigenständiges Rechtssubjekt anzuerkennen, dessen tatsächliche und rechtliche Existenz die indigenen Völker schützt – unter Berufung auf die Verfassung und auf UN-Abkommen.

Patricia sagt, das Zusammenleben in Sarayaku sei aus dem jahrtausendealten Wissen der indigenen Völker des Amazonasregenwaldes erwachsen und durch aktuelle wissenschaftliche Studien untermauert. Es geht um eine Lebensphilosophie, die Reichtum anders definiert und damit alles umkehrt.

Die moderne Welt habe den Menschen ins Zentrum des Universums gesetzt und damit die Ökosysteme so sehr aus dem Gleichgewicht gebracht, dass sie kurz vor der Zerstörung stünden, heißt es in einem weiteren Papier zur Erläuterung. Kawsak Sacha hingegen strebe nach Balance, nach Ausgeglichenheit zwischen allen Lebensformen. Dafür sei es elementar, die Natur und alle Wesen in ihr tatsächlich als Subjekte anzuerkennen.

Ziel der »Erklärung zum Lebendigen Wald« ist zum einen, das Gebiet Sarayakus vor Ölbohrungen, Rodungen oder Bergbau zu schützen, und zum anderen, der internationalen Gemeinschaft ein Lebensmodell vorzuschlagen, das auf alternativen Kriterien von Reichtum basiert – nicht auf Geld und Gold, sondern auf sauberen Flüssen voller Fisch zum Beispiel, auf Sumak Kawsay, dem Guten Leben, oder auf der Kraft von ganzheitlicher Organisation.

»Kawsak Sacha ist das Heiligste und Erhabenste, was unsere Schamanen und Weisen überliefert haben«, sagt Patricia. »Es ist das tiefgreifendste Wissen darüber, was der Wald, was Natur sein kann, welche Funktion der Mensch darin hat, seine Verbindung mit allem.« Denn der Amazonas sei eine überaus wichtige Biomasse für den Planeten, die mit Biomassen an anderen Orten verbunden sei, mit den Gletschern, mit den Wüsten, mit anderen Regenwäldern. »Die Störung und Zerstörung dieser Verbindungen lässt ein Ungleichgewicht entstehen, das alles vernichten kann.« Kawsak Sacha, das sei das tiefe Wissen darum, dass es Verbindungen zwischen allem gebe, die weit über uns hinausgingen. Ein Wissen, das nicht in Büchern zu finden sei, nicht in den Natur- und nicht in den Politikwissenschaften. Um dieses Wissen zu begreifen, müssten wir aus unseren Denkschablonen heraustreten und uns mit der tatsächlichen Natur verbinden. Nicht nur Sarayaku hätte dieses Wissen, alle indigenen Völker wüssten das. Aber man höre ihnen nicht zu. »Sarayaku hat deshalb einen Vorstoß gemacht und versucht, das alles zu erklären.«

2015 reiste eine kleine Delegation mit einem Dokument nach Paris zur Klimakonferenz, mit einem »indigenen Vorschlag, dem Klimawandel zu begegnen«. Patricia und ein paar andere waren dabei. Mit bunten Federn und Wituk-Bemalung reisten sie an, mit der Farbe der Verwandlung, der Metamorphose vom Leid zur Heilung. Die Anzug- und Kostümwelt einigte sich aber auf einen anderen Vorschlag, nämlich auf eine Zahl: 1,5. Die Erderwärmung sollte nicht weiter ansteigen als um 1,5 Grad. Alles darüber hinaus würde zu einer globalen Katastrophe führen, so viel hatte man verstanden. Doch die schöne Zahl auf dem Papier konnte die Erderwärmung nicht aufhalten, und deshalb bewegen wir uns aktuell auf rund drei Grad Erwärmung zu. Denn es werden weiter Kohlekraftwerke und Pipelines gebaut und neue Erdölfelder erschlossen. Meist im außereuropäischen Ausland, aber immer wieder gerne mit deutschen Investitionen und/oder für deutsche Energiekunden, wie zum Beispiel für Kohle aus Kolumbien oder Erdgas aus dem Senegal.

Den Menschen aus Sarayaku wollte die Welt beim Klimagipfel 2015 nicht wirklich zuhören, vielleicht hat sie sie nicht einmal wahrgenommen.

»Wir fordern die Weltgemeinschaft auf, sich um eine echte Metamorphose *(tiam)* zu bemühen«, steht im Pariser Klimavorschlag von Sarayaku. »Wir müssen uns von dem modernen Entwicklungsmodell, das die Natur als materielle Ressource behandelt, verabschieden und zu einer Alternative übergehen, die anerkennt, dass es der bessere Weg für unsere Politik und Wirtschaft wäre, eine Gemeinschaft mit den vielen Lebewesen zu bilden, mit denen wir unsere Welt teilen.«

Doch die Welt einigte sich 2015 lieber auf eine Zahl – auf etwas Handfestes.

»Die Leute müssen lernen, zuzuhören«, sagt Patricia 2022. Sie und ihre Mitstreiter:innen haben ihren Vorschlag der alternativen Weltbetrachtung weiterentwickelt und weiterverbreitet, auf Konferenzen und Kongressen, in Parlamenten und der Presse. »Aber sie sollen nicht nur uns Indigenen zuhören, sondern vor allem der Natur.« Diese versuche, über ihre Ökosysteme eine Botschaft weiterzugeben. Und die müsse man verstehen. »Aber die Leute verlieren sich in ihrer Rationalität«, sagt Patricia auf ihrem Holzstuhl, den ihre Entschlossenheit in einen Thron verwandelt hat. Und es sei ja auch nicht einfach, diese Botschaft zu verstehen. Man könne sie nur mit dem Herzen und mit einem offenen Geist verstehen.

Ob es irgendwo auf der Welt ein Beispiel dafür gäbe, wie so ein Leben in völligem Einklang mit der Natur aussehen könne, in der westlichen Welt vielleicht sogar, frage ich. »Nein«, sagt sie fast trotzig. Sarayaku versuche es, aber man habe ihnen keine Zeit gelassen, etwas aufzubauen. Die letzten Jahre hätten sie vor allem damit verbracht, ihr Gebiet zu verteidigen. »Man hat uns verfolgt, man hat uns kriminalisiert. Wir hatten noch keine Zeit, es so anzuwenden, wie wir das gerne tun würden.« Es müsse aber auch Vorschläge aus dem Westen geben, gerade aus Ländern wie Deutschland mit seiner großen Autoindustrie. »Und nicht erst in zehn, fünfzehn Jahren. Wir haben keine Zeit mehr.« Es sei nicht nur die Verantwortung der Indigenen, diesen Planeten zu schützen, sondern die Verantwortung eines jeden Erdenbürgers, einer jeden Erdenbürgerin. Dabei gehe es auch um das Wirtschaftssystem. Das sei derzeit ausschließlich darauf ausgerichtet, mehr und mehr zu konsumieren, mehr und mehr Geld zu verdienen. »Aber das ist keine Wirtschaft für das Leben!« Keine Wirtschaft, um den Wald zu schützen, um gesund zu leben. »Keine Wirtschaft für den Geist. Für die mentale Gesundheit.«

Und die Verfassung von Ecuador, ob die dabei helfe, so etwas aufzubauen, frage ich. Das seien schöne Worte auf dem Papier, sagt sie, die aber von der aktuellen Regierung und auch von anderen Autoritäten nicht akzeptiert würden. »Aber ja, es hilft, wenn wir Gerichtsprozesse anstrengen gegen die Zerstörung der Natur oder die Verletzung indigener Rechte, dann können wir uns auf diese Artikel berufen.«

Man könne nämlich durchaus ohne Verzicht und ohne Ausbeutung mit und von der Natur leben, sagen die Indigenen. Auch dafür steht das Chicha-Getränk. An manchen Festen übergießen sie sich gegenseitig damit – aus Spaß, zum Tanz, zum Kokettieren, vor allem aber, um sich und der Welt die Fülle zu zeigen, in der sie leben. Im Lebendigen Wald gibt es unendlich viel Chicha. Sie wird niemals ausgehen. Das sagt das Ritual. Es gibt immer genug zu essen. Man muss nur kurz vor das Haus gehen, eine Papaya vom Baum holen, ein Wildtier jagen oder einen Fisch fangen. Es wird immer Nahrung geben, das ist das Versprechen des Lebendigen Waldes – wenn man sich an die Regeln hält. Hier zählt alles als Lebewesen: die Tiere, die Pflanzen und selbst die Geister. Alles soll mit Respekt behandelt werden, so das Grundprinzip. Bevor du etwas nimmst, musst du um Erlaubnis fragen. Du kannst nicht nur nehmen, du musst auch etwas geben. Die Kawsak-Sacha-Regeln ähneln den Regeln, die Mütter auf der ganzen Welt ihren Kindern beibringen. Irgendwo unterwegs scheinen wir vergessen zu haben, sie einzuhalten oder was sie bedeuten.

Und natürlich können wir nicht alle im Wald leben, aber wir können das Prinzip mit dem Respekt vor der Natur, der Verbundenheit der Lebewesen oder des friedlichen Widerstands auf unsere jeweiligen Lebenssituationen übertragen. Was könnte das in der Großstadt sein, was auf dem Land? Welche Lebensmittel würden wir einkaufen oder doch selbst anpflanzen? Wie würden wir von A nach B kommen? Was würden wir von unseren Regierungen einfordern? Wie würden wir das einfordern? Dafür muss man gar nicht an gute Waldgeister glauben oder esoterisch werden, vielleicht nur ein bisschen utopisch.

Die Schlange und der gewaltlose Widerstand

Die Tage von Sarayaku beginnen vor der Sonne und vor den Vögeln. Mit Flötentönen und Wuayusa-Tee, zwischen vier und fünf Uhr in der Früh. Der Tee mit den Blättern der Wuayusa-Pflanze lässt Gedanken und Gefühle fließen, macht Türen auf und den Körper leicht. Um den Topf auf dem Feuer und mit den Schalen aus getrocknetem Kürbis in der Hand verbreitet sich das Wissen von Sarayaku. Probleme werden besprochen, Träume erzählt und Pläne geschmiedet.

Zu meinem ersten Wuayusa-Morgen bin ich im Haus von Gerardo und Rosa Gualinga eingeladen. Er ist der Chef der Sicherheitstruppe, verantwortlich bei Unfällen, Überfällen und unerlaubtem Eindringen von Erdölfirmen. Sein Haus besteht wie die meisten Häuser von Sarayaku aus zwei Dächern und zwei Sphären:

Das eine Dach schwebt auf Stelzen offen über dem Lehmboden. Hier werden die Gäste empfangen, und hier ist die Feuerstelle für den Wuayusa-Tee. Das andere Dach sitzt auf Holzwänden. Dort schläft die Familie. Und da oft und viele Gäste empfangen werden, ist der erste Bereich der größere. Bei Gerardo könnte man bestimmt sechs Tischtennisplatten nebeneinander aufstellen. Sein Haus steht in Kushillu Urku, einer der Gemeinden von Sarayaku. Das Schlafhaus steht auf Pfählen, um sich vor einem Übertreten des Flusses zu schützen und um den überschüssigen Platz im Trockenen zu nutzen. Von Haus zu Haus kann man vor lauter Pflanzenwelt nicht blicken, aber mit einem Ruf, der tief aus dem Bauch herauskommt und dann hoch in den Kopf steigt, kann man seinen Besuch ankündigen oder hören, wie es so geht: Wuahooooooooo!? Geschulte Ohren erkennen den Rufer an der Vibration, die kilometerweit durch das Grün schallen kann – hin und her zwischen den sieben Gemeinden von Sarayaku. Der Ruf von Gerardo ist besonders durchdringend.

Der Wuayusa-Tee köchelt auf einem Feuer zwischen zwei Baumstrünken. Eine Kerze brennt. Sonst ist die Nacht noch schwarz, aber voller Geräusche. Die Grillen haben einen sirrenden Teppich ausgebreitet, dazwischen hört man die dunklen Rufe von Nachtvögeln. Gerardo und sein Bruder José sitzen auf kleinen Holzschemeln. Sie unterhalten sich gedämpft auf Kichwa. Gerardo trägt Flipflops, die langen Haare hat er zum Zopf gebunden. José hat Basketball-Jordan-Badeschlappen an, sein Haar trägt er offen, und auf dem Gesicht sind die verwischten Überreste seiner Bemalung von den Feierlichkeiten der Vortage zu sehen: ein dicker schwarzer Streifen auf dem Kinn sowie vier dünnere schwarze Streifen, die über und unter den Augen auf die Nase zulaufen. Die Gualingas sind so etwas wie die intellektuelle Elite Sarayakus. Sie haben mehrere Ämter in der Organisation der Gemeinschaft inne und sind oft Mitglieder der Delegationen, die mit Politiker:innen Ecuadors sprechen oder zu internationalen Konferenzen reisen. Sabino, das Familienoberhaupt und Vater der Brüder, ist der spirituelle Führer im Lebendigen Wald. Er ist ein Yachak, ein Schamane. José wiederum hat die Lebensphilosophie des Kawsak Sacha maßgeblich in niedergeschriebene Worte gefasst, als Vorschlag an die Welt und als Forderung für die Gemeinschaft selbst. Er kennt sich außerdem mit Medizinpflanzen und Träumen aus. Der Wuayusa-Tee am Morgen sei wichtig für den Zusammenhalt, erklärt er.

Ich frage ihn, welche Geschichte von Sarayaku auf keinen Fall verlorengehen darf. Er erzählt mir seine Lebensgeschichte am Feuer ins Mikrofon. Es ist ein fast zweistündiger Monolog voller Wörter, Pausen und auch ein paar Tränen: Wald, Flucht, Folter, Einsamkeit. In der Zwischenzeit wird es hell, die Geräusche verändern sich. Doch das Feuer, der Tee und die Konzentration zwischen uns spannen einen Kokon, der das Hier und Jetzt vergessen lässt. Wir wandern durch das Leben und den Schmerz eines Kämpfers, der lieber viel mehr lieben würde. Der Bruder kannte das wenigste davon, vor allem nicht die Tränen.

Als ich die Audiodatei auf meinen Computer ziehen will, existiert sie nicht. Das Mikrofon hat nicht aufgenommen, oder ich habe den entscheidenden Knopf nicht gedrückt, wer weiß. Das ist mir in gut zehn Jahren Radiomachen noch nie passiert. »Ein schlechtes Omen«, sagen die Brüder, deren Vater schwer krank in Puyo liegt. Eine Woche später stirbt er, der Yachak, der Schamane. Und die Geschichte, die nicht verlorengehen darf, steht nun in meinem Tagebuch. Viele andere Geschichten sind auf der Speicherkarte im Mikrofon, zum Beispiel die von der Boa. Sie ist die Grundlage des gewaltfreien Widerstands von Sarayaku. Sabino hat sie ihnen in den Tagen der Bedrohung erzählt wie – »eine utopische Legende, aber real«, erinnert sich José.

Damals dachten sie noch, sie müssten sich und ihr Gelände mit Waffengewalt verteidigen. Es war nirgends festgeschrieben, wem dieses Land gehörte. »Der Staat konnte nehmen, was er wollte.« Die Indigenen lebten aber schon seit Urzeiten auf diesem Land. Und die einzige Art, wie sie dieses Leben dort verteidigen konnten, war mit Waffen, so dachten sie. Doch Josés Vater und auch seine Mutter erzählten immer wieder die utopische Legende von der Boa:

Es war einmal eine riesige Boa, eine gigantische Anakonda. Die fiel über Sarayaku her. Ihr Name war Wasi Amarun. *Wasi* heißt Haus und *Amarun* Boa. Denn sie war so groß wie ein Haus, sehr groß. Sie hat viele Dörfer zerstört und Leben ausgelöscht. Alles auf ihrem Weg hat sie mitgenommen, hat Häuser gefressen, Tiere, Menschen. Eines Tages hatte jemand eine Vision, einen Traum. Der Wald hatte sie ihm eingegeben. Aber es war nicht irgendein Mensch. Es war ein Mann, der gerade seine Initiation durchlief, um seinen Geist zu schärfen, der also fastete und deshalb eine besonders starke Energie hatte. Er aß kein Salz, kein Chili, nichts Süßes, nur gewisse Fische. Sassi nennt sich das. Es ist ein Ritual, um Körper und Geist zu stärken. Mit Kontrolle, Abstinenz und Selbstbeherrschung lernt man, weise zu werden. Und deshalb hatte dieser Mann eine Vision, in der ihm gesagt wurde: »Du musst hinein in die Boa und bis zu ihrem Herzen vordringen. Wenn du einmal drin bist, wirst du ihr nicht die kleinste Verletzung zufügen. Du musst nur die Vene zum Herzen durchschneiden. Die musst du suchen. Aber benutze dafür nicht ein Messer aus Eisen, benutze ein Messer aus Bambus!« Und so hat er es gemacht. Er ist in die Boa hineingekrochen und hat nichts verletzt. Er ist nur bis zum Herzen hinein und hat die Vene durchgeschnitten. In dieser riesigen Boa waren viele Menschen, Gefangene, Sklaven und Tiere. Er hat seine Verwandten wieder getroffen und sie alle befreit. So erzählt José die Geschichte bei Grillenzirpen und im Kerzenschein am selben Abend in mein Mikro hinein, das ich diesmal alle zehn Minuten auf Funktionstauglichkeit teste.

Das Messer aus Eisen, das der Weise nicht benutzen soll, das stehe für Gewalt, für den Kampf mit Waffen. Das Messer aus Bambus hingegen, das er verwenden soll, stehe für all das Wissen, die Weisheit und die Kunst.

> »Also haben wir in Sarayaku, als neue Generation, damals gesagt: Wir ändern unsere Strategie, wir kämpfen von nun an friedlich. Keine Gewalt mehr. Wir geben das Projekt des bewaffneten Widerstands auf. Aber natürlich, klar, wir werden weiterkämpfen, mit unserer Weisheit, mit unserem Wissen, unserer Kunst. Mit allem, was wir haben. Deshalb ist Sarayaku jetzt im friedlichen Kampf.«

Und der sei so viel stärker als der Kampf mit Waffen. Dafür stehe das Messer aus Bambus. So versuchen seine Bewohner:innen, national und international Gehör zu finden. Sie tun dies mit Filmen, Kooperationen, Musik, Gesetzesinitiativen, Wissenschaft und einer Grenze aus blühenden Bäumen, die sie schon seit 2012 um ihr Territorium herum pflanzen. In gut 25 Jahren kann man aus der Luft von oben einen rotgelben Umriss im Grün des Amazonas leuchten sehen, so die Idee.

Die Antwort auf alles sei Kawsak Sacha, das Zusammenleben als Lebendiger Wald, als Einheit in Gegenseitigkeit, nach innen und nach außen, vor Ort und in der Welt, im Heute und mit dem alten Wissen der Vergangenheit.

»Stell dir vor, wir hätten uns für das Messer aus Eisen entschieden!«, sagt José, das Kinn auf die Hand auf dem Holztisch gestützt. »Was wäre unser Schicksal gewesen? Die Gewalt, der Krieg, Flucht, Verstecken.« Eine Waffe sei vielleicht tödlich, aber die Waffe, die sie nun benutzen, sei so viel mächtiger als jede Waffe der Welt – nämlich die Idee des Kawsak Sacha, friedlich verbreitet über Kunst, Wissenschaft, Reisen, Gäste und Feste. »Sie kann das Bewusstsein von Menschen und von ganzen Gesellschaften verändern.« Als ein Vorbild, ein Orientierungsstern wirke sie viel tiefgreifender, als jede Waffengewalt das jemals könnte. Denn so bleibt der Kampf nicht der alleinige Kampf von Sarayaku, sondern werde zu einem Kampf vieler Menschen an vielen Orten.

»Wir mögen ein kleines Volk sein,« sagt José. »Aber in jedem unserer Herzen gibt es noch mal ein ganzes Volk, das ebenfalls kämpft. Und wenn wir noch so klein sind: Wir haben das mächtige Symbol des Lebens auf unserer Seite. Es unterscheidet sich sehr vom mächtigen Symbol eines Geschosses, dem Symbol des Todes. Und so kommen wir voran. Schritt für Schritt. So kämpfen wir weiter.« Mich rühren diese Worte. Wieder klingt es so einfach und so logisch, und doch handelt die Welt da draußen nach so ganz anderen Prinzipien.

Dabei ist nicht erst seit der Punkband Die Ärzte und den Neunzigern klar: »Gewalt erzeugt Gegengewalt.« Natürlich muss man sich und die Verbündeten verteidigen, aber wie? Ein Krieg gegen einen Krieg ist immer noch ein Krieg, nach innen wie nach außen, auf der politischen, der persönlichen oder der gesellschaftlichen Ebene. Der Krieg gegen den Terror, gegen die Drogen oder gegen die SUV-Fahrer:innen hat bisher nicht viel gebracht. Gewalt erzeugt Gewalt. Verletzte Menschen verletzen Menschen. Diese Kreisläufe können nicht mit noch mehr Gewalt durchbrochen werden, höchstens kurz angehalten. Es gibt viele Studien und Beispiele dafür aus allen möglichen Disziplinen: der Psychologie, der Friedensforschung, der Gewaltprävention.

Auch zu friedlichem Widerstand gibt es viel Forschung und Theorie. Ein wichtiges Werk ist *The politics of nonviolent action* des US-amerikanischen Politikwissenschaftlers Gene Sharp von 1973. Er listet darin fast 200 Protestmethoden auf: Boykotte, Streiks, Plakataktionen, Petitionen, Schweigemärsche.[36] Vieles davon konnte man in den letzten Jahren bei Klimaprotesten, im Arabischen Frühling oder bei der »Black Lives Matter«-Bewegung beobachten und unterstützen. Sharps Grundthese lautet: Jede Regierung, und ist sie noch so autoritär, ist auf die Mitwirkung der Menschen angewiesen. Denn Machthaber:innen haben am Ende nur die Macht, die ihnen auch überlassen wird. Protest und Nichtkooperation können diese Macht abschwächen und sogar auflösen.

Wie wirksam diese Methoden sind, haben die Harvard-Politologin Erica Chenoweth und Maria Stephan, eine Forscherin am International Center of Nonviolent Conflict in Washington, untersucht. Interessant hierbei ist, dass Chenoweth vor dieser Recherche selbst erst glaubte, dass gewaltfreier Widerstand bei wirklich harten Konflikten wie autoritären Herrscher:innen nicht funktionieren könne. Das Ergebnis ihrer Analyse von mehr als 300 Konflikten und Aufständen zwischen 1900 und 2006: Friedlicher Widerstand ist doppelt so effektiv wie gewaltsamer Protest. Knapp sechzig Prozent der gewalttätigen Revolten schlugen fehl, bei den gewaltfreien waren es nur zwanzig Prozent.[37] Wichtig für den Erfolg seien außerdem: ein klares Ziel, gute Organisation, eine überzeugende Führung und eine Zahl. Um Regierungen zum Handeln zu bewegen, müssten sich nämlich mindestens 3,5 Prozent der Bevölkerung an der Bewegung beteiligen – friedlich, versteht sich. Das ist nicht wenig. In Ecuador wären das 630 000 Menschen, in Deutschland knapp drei Millionen.

Zum Abschied hat mir José eine Kette mit zwei Anakonda-Knochen geschenkt. Sie soll vor Widrigkeiten schützen und die Weisheit bewahren. Wochen oder Monate später beschwere ich mich in einer Nachricht über einen harten Tag an einem anderen Ort. José schreibt: »Erinnere dich an die Geschichte von Wasi Amarun, die ich dir erzählt habe. Man muss mutig sein und stark, aber im Herzen weich, um Schwierigkeiten zu überwinden.« Und ich denke, ja, wahrscheinlich ist es so. Es klingt so einfach.

Der Lebendige Wald im Schnee

Im Januar 2023 ist José Gualinga zu einem mehrtägigen, interdisziplinären Workshop zu den Rechten der Natur an die Universität Tübingen geladen. Das Konzept der Rechte der Natur, der Rights of Nature (RoN), findet immer mehr Interessent:innen in der Wissenschaft. Draußen schneit es, drinnen hört José den Expert:innen aus Jura, Anthropologie, Soziologie und Zivilgesellschaft zu und hält selbst einen Vortrag über Kawsak Sacha.

Später beim Bier erzählt er, das Konzept der Rechte der Natur mache für ihn wenig Sinn. Wenn wir alle Natur sind, brauche es doch keine gesonderten Rechte für DIE Natur. »Aber die industrialisierte Welt hat Schwierigkeiten, das zu verstehen, also gut: Wir können über Rechte der Natur sprechen. Wenn das die nächstbeste Möglichkeit ist, um darüber zu sprechen, wie wir die Verbindungen zwischen allen Wesen auf diesem Planeten respektieren und anerkennen, dann lass uns über die Rechte der Natur sprechen.« Auf Kichwa gibt es gar kein Wort für Natur. Da alles Natur ist, gibt es keinen Unterschied zwischen Mensch und Natur oder zwischen Kultur und Natur. Ein gesondertes Wort für alles, was nicht Mensch oder menschengemacht ist, macht deshalb keinen Sinn. In Sarayaku sprechen die Menschen stattdessen von Kawsak Sacha, vom Lebendigen Wald. Und sie selbst sind ein Teil davon.

6.
Kongo GmbH & Co: Über die Lieferungen zum Leben

Es kommt ein Punkt, an dem wir
aufhören müssen, die Menschen einfach
aus dem Fluss zu ziehen.
Wir müssen flussaufwärts gehen und
herausfinden, warum sie ins Wasser fallen.

DESMOND TUTU

Die Dinge, auf denen wir unsere Leben aufbauen, die wir täglich essen, berühren und benutzen, sie kommen von überallher. Ihre Lieferwege und -ketten sind unübersichtlich, intransparent und weitverzweigt. Und sie kommen aus der Vergangenheit. Der Kolonialismus steckt noch heute in all unseren Leben und in den meisten Dingen. Unsere heutige Weltordnung ist aus ihm erwachsen. Er steckt im Elfenbein, in den Goldkellern und in den Gefängnisraten in den USA. Er steckt in der Land- und in der Reichtumsverteilung. Vorurteile bauen auf ihm auf. Seine Auswirkungen durchziehen noch immer die Welt, strukturell und in einzelnen Biografien. Noch immer gibt es Ausbeuter:innen und Ausgebeutete, wenn auch viel subtiler als zu den Hochzeiten des Kolonialismus. Es gibt Privilegierte und Ausgebootete. Aber es gibt wenig Bewusstsein dafür.

In diesem Kapitel betrachten wir die Verzahnung der Rechte von Mensch und Natur genauer. Dabei hilft ein Blick in die Vergangenheit und über den Tellerrand.

Über die Gleichzeitigkeit der Dinge

Fiston Mwanza Mujila ist zu Besuch in Hamburg. Er ist kongolesisch-österreichischer Schriftsteller, der Freund eines Freundes und zur Recherche in die Hansestadt gekommen. Es geht um den deutschen Afrikaforscher Albrecht Roscher, 1836 in Altona geboren. Fiston schreibt einen Roman über ihn. Wir wandern durch meine aktuelle Heimatstadt und essen Fischbrötchen an dem Hafen, von dem aus seine Romanfigur rund 150 Jahre zuvor ablegte, um Afrika zu erforschen, zu kartografieren und zu kategorisieren. Die Hamburger Kaufmannschaft hatte Roscher dabei mit Geldern unterstützt. Fiston finanziert seine Recherche selbst, er geht in verschiedene Museen und Häuser, um mehr herauszufinden.

Ihm scheint, erzählt er später, dass die Hamburger:innen und Tourist:innen nur wenig mit der langen und bedeutenden Kolonialgeschichte der Stadt zu tun hätten, als sei sie eine Sache für Museen und für Spezialist:innen.

Die Hansestadt aber ist zu Kolonialzeiten mit Kaffee, Gewürzen, Tee und Teppichen reich geworden. In einem Park oberhalb der Elbe steht noch immer ein überdimensional großes Bismarck-Denkmal mit Blick in Richtung Hafen und von dort aus in die ganze Welt. Es erinnert an den ersten Reichskanzler Deutschlands. 34 Meter ist der gigantische Bismarck hoch. Aktuell wird er bausaniert – trotz heftiger Kritik an seinem kolonialen Erbe und der Erinnerungskultur. Was nämlich gerne vergessen wird, ist: Bismarck hat nicht nur die Sozialgesetze eingeführt, sondern er lud 1884 die damaligen Weltherrscher nach Berlin zur sogenannten »Kongokonferenz« ein. Hier teilten die Herren einigermaßen einvernehmlich den afrikanischen Kuchen mit dem Lineal unter sich auf und schufen die Grundlagen für die koloniale Ausbeutung des Kontinents und die heutigen Konflikte. Ganz zivilisiert einigten sie sich damals auf die Regeln zur Eroberung und Kolonialisierung Afrikas. Auf Einladung des deutschen Reichskanzlers schrieben die Herren Geschichte und begründeten eine neue juristische Disziplin: das Kolonialrecht. In 38 Artikeln regelte die sogenannte Kongoakte, wie der Wettlauf um Afrika möglichst gerecht gestaltet werden könne – gerecht für die Eroberer, versteht sich. Es wurde außerdem festgelegt, dass das Gebiet des Kongobeckens gegen freie Fahrt auf dem riesigen Kongofluss an den belgischen Herrscher gehen solle, als Privatbesitz für König Leopold II. – eine verheerende Entscheidung für die Menschen dort. In Europa aber brachte sie die Industrialisierung voran. Leopold II. ließ nämlich den Kautschuk in den Bäumen seines Privatbesitzes systematisch und gnadenlos ausbeuten. Das Gummivorprodukt war ein zentraler Rohstoff der damaligen Zeit, der vor allem in der Autoproduktion, aber auch für sonstige Fließbandproduktionen verwendet wurde. Millionen Kongoles:innen kamen beim Abbau ums Leben oder wurden verstümmelt.

Über die Kongokonferenz aber steht nichts an der Bismarck-Statue in Hamburg. Ein paar hundert Meter weiter die Elbe hinauf findet sich ein anderes Denkmal, das so manches vergessen lässt, was eigentlich der Erinnerung bedarf. Hier ragt eines der Wahrzeichen Hamburgs in den Himmel, die protestantische Kirche St. Michaelis, liebevoll auch »Michel« genannt. Hier erinnert eine Tafel an die deutschen Gefallenen der Kolonialkriege in China und Afrika. Wer nicht erwähnt wird, sind die Menschen, die bei diesen Eroberungszügen durch die Kolonialmacht getötet wurden. Auch nicht erwähnt werden die bis zu 100 000 Herero und Nama, die im heutigen Namibia ausgelöscht wurden. Es war der erste Völkermord der neueren Geschichte. Von Deutschland aber wurde er erst 2021, knapp 120 Jahre später, als solcher anerkannt.

Langsam, langsam regt sich etwas in Europa und in Deutschland. Immer mehr Menschen versuchen, die Vergangenheit neu zu betrachten, Verantwortung zu übernehmen und die Zukunft besser zu gestalten. Geraubte Kunst wird zögerlich zurückgegeben, Plätze und Straßen werden umbenannt. Angemessene Entschädigungen aber werden nicht gezahlt. In Hamburg gibt es mittlerweile eine Forschungsstelle zum (post-)kolonialen Erbe der Stadt, und zwar an der Stelle, an der vor hundert Jahren noch das Kolonialinstitut stand. Am Max-Planck-Institut der Stadt hat das Forschungsprojekt »Dekoloniale Rechtsvergleichung« begonnen, koloniale Strukturen in Justizsystemen aufzudecken und indigene Rechtsvorstellungen sichtbar zu machen. Für den Direktor des Instituts ist Kolonialität keine Sache der Vergangenheit. Professor Ralf Michaels sieht in ihr eine »totalisierende und universalisierende Denkweise, die auch der Moderne zugrunde liegt«[38]. Und so lange ist das alles schließlich gar nicht her. Der Kongo beispielsweise wurde 1960 unabhängig.

Die Länder Lateinamerikas sind schon länger souverän, aber immer noch in der Kolonialität verfangen.

Afrika in Ecuador

Den Staat Ecuador zum Beispiel gibt es seit 1830, nach der Unabhängigkeit von Spanien und nach dem Zerfall Großkolumbiens, zu dem auch das heutige Venezuela und Panama gehörten.

Heute sind etwa siebzig Prozent der Menschen in Ecuador Mestizen, stammen also von spanischen Kolonisator:innen und Indigenen ab. Sechs Prozent der Bevölkerung sind weiß, haben aber die mächtigsten Positionen im Land inne. Sieben Prozent der Ecuadorianer:innen sind Indigene, und ebenso viele bezeichnen sich als Afroecuadorianer. Das heißt, sie stammen von versklavten Menschen ab. Rund 12,5 Millionen Menschen wurden in Afrika auf Schiffe verbracht, rund zehn Millionen kamen in den beiden Amerikas an, im Norden und im Süden. In Ecuador leben heute mehr als eine Million ihrer Nachfahr:innen.

Einige von ihnen leben in San Lorenzo, an der Pazifikküste nahe der Grenze zu Kolumbien.

Ein ecuadorianischer Freund, der in seiner Familiengeschichte Sklavenhalter und einen Freiheitskämpfer mit sich herumträgt, nimmt mich mit zu einem Musikprojekt für die dortige Jugend. Die Hafenstadt ist ein Drogen- und Kriminalitätshotspot. Aus der Region kommen unter anderem Palmöl, Gold und Holz. Die Bevölkerung ist fast ausschließlich Schwarz. Afrika in Ecuador nennt man es hier. Ihre Vorfahren wurden verschleppt und auf den Zuckerrohrplantagen in der Umgebung zur Arbeit gezwungen, genötigt, vergewaltigt und ausgebeutet. Großgrundbesitzer, Spanien und Europa profitierten, die Kindeskinder der Unfreien leiden noch immer unter extremer Armut, Diskriminierung und Perspektivlosigkeit, so sehr, dass manche keinen anderen Ausweg sehen als Kinderprostitution oder Drogenkartelle. Der Umweltrechtsanwalt Gustavo Redin hat hier einen Fall, bei dem es um Landrechte geht. Ein großer Palmölkonzern macht einer afroecuadorianischen Gemeinschaft das Territorium streitig. Ein paar Kilometer nördlich geht es um illegalen Goldbergbau, der einen Fluss vergiftet. Wieder leben die besonders Armen auf besonders reichem Boden.

Wir fahren zu diesem Fluss. Oberhalb des Wassers stehen an einem Kiesweg ein paar windige Bretterbuden-Restaurants. Vor jedem sind ein Arrangement aus Plastikstühlen und mindestens eine große Box aufgebaut, die versucht, die Musik des Nachbargrills zu übertönen. Es gibt Bier, Melonen und riesige Kochtöpfe mit dampfenden Fleischsuppen. Kinder rennen herum, Paare rekeln sich im Wasser und am Ufer. Einige suchen nach Gold, aber die meisten schlicht nach ein paar sorglosen Stunden am Wochenende. Wir sind an einer Flussgabelung. Zwei Wasser fließen ineinander, das eine ist klar und frisch, das andere milchig trübe. Wo sie aufeinandertreffen, wird alles milchig trübe. Das klare Wasser komme aus der Region des Cachi-Volkes, erklärt mir der Drummer vom Jugendprojekt. Die Cachi hätten es bisher geschafft, den Bergbau bei sich zu verhindern. Jetzt genießen er und die anderen Nachfahren versklavter Menschen die Konsequenz des indigenen Widerstands im erfrischenden Nass. Einmal kommen würdevoll zwei Cachi auf einem Floß vorbeigefahren. Die Badenden machen Platz, die Goldschürfenden stehen ohnehin im Schatten der Uferbäume. Kurz begegnen sich die Indigenen des einen Kontinents und die Nachfahr:innen der entführten Indigenen des anderen Kontinents vor den Augen eines Sklavenhalter-Ururenkels. Wir trinken ein Bier auf die Gleichzeitigkeit und das hoffentlich baldige Ende der Ungerechtigkeit.

Die Soziologen Michel Lapierre Robles und Aguasantas Macías Marín haben jahrelang in der Region um San Lorenzo gearbeitet und geforscht. Sie kommen zu einem dystopischen Schluss:

> »Die kriminelle Ausbeutung der letzten fünfzig Jahre (Holz, Palmen und Gold) erklärt den derzeitigen Zustand der Gewalt. Illegalität, Bedrohung und Tod sind gängige Praktiken für die irrationale Ausbeutung der Rohstoffe und die Ausweitung der illegalen Wirtschaft. Die ökologische und humanitäre Katastrophe umfasst die Zerstörung von sechzig Prozent des Waldes, den unersättlichen Vormarsch der großen Palmölproduzenten, den illegalen Handel mit mehr als vierzig Prozent des angestammten Landes der Afroamerikaner, den Verbrauch von Wasser, das seit mehr als zehn Jahren mit Agrochemikalien und Schwermetallen verseucht ist, und die extreme Armut, unter der neunzig Prozent der Bevölkerung leiden. Ein perfektes Beispiel dafür, wie die weitgehende und einvernehmliche Vernachlässigung durch den Staat, der unkontrollierte Kapitalismus, die Kriminalität, der historische Rassismus und das Desinteresse der Gesellschaft die Lebensbedingungen der indigenen und afroindigenen Gemeinschaften verschlimmern.«[39]

Marie Sofia Valenica leitet das Jugendprojekt Ecoclub. Sie ist San-Lorenzanerin. Aus welchem afrikanischen Land ihre Vorfahren stammen, weiß sie nicht. Die afroecuadorianische Kultur aber ist ihr wichtig. Sie ist ein Heilmittel für die traumatisierte Gemeinschaft. Vor fast dreißig Jahren hat Marie zusammen mit ihrem Bruder den Jugendclub gegründet, zuerst mit kleinen Privatspenden von deutschen Bekannten, später mit Unterstützung vom Kindermissionswerk. Es reicht trotzdem hinten und vorne nicht, aber ums Geld ginge es hier ja schließlich nicht, sagt sie. Als die eigenen Kinder aus dem Haus waren, hat Marie ihr Leben ganz den Ecoclub-Kindern gewidmet. In der bunt bemalten, leicht wackeligen

Holzkonstruktion mit Freiluftbühne, Miniküche und drei windigen Zimmerchen lernen die Kinder und Jugendlichen unter großen Bäumen, Marimba zu tanzen und die Instrumente dazu zu spielen. Sie malen und basteln und bekommen unter der Woche eine warme Mahlzeit am Tag. Es ist ein Ort der Kreativität und Unbeschwertheit in einer Stadt voller Gewalt. Hier sollen sie Ruhe finden und Respekt lernen, vor anderen Menschen, vor sich selbst und vor der Natur, sagt Marie. Respekt aus Liebe, nicht Respekt aus Angst. »Das Wichtigste ist, dass die Kinder sich hier wohlfühlen, dass sie hier einen sicheren Ort haben, wo es ihnen gut geht.« Wenn sie ihnen hier helfen, so hofft sie, werden die Kids später vielleicht auch einmal jemandem helfen. »Bis zu meinem Tod werde ich hier sein!«, sagt Marie.

Ein Tropfen auf den heißen Stein ist dieses Projekt, aber vielleicht auch eines von vielen, vielen kleinen X und Lösungsmöglichkeiten aus der strukturellen Ungleichheit und Unfreiheit. Eines der Mädchen aus den ersten Jahren des Ecoclubs arbeitet mittlerweile beispielsweise in der Stadtverwaltung von San Lorenzo, andere konnten mit ihren Tänzen auf Reisen gehen. Wir fragen ein paar der Kinder nach ihren Träumen. Ein Mädchen möchte Volleyballspielerin werden, zwei Jungs Fußballspieler. Ein anderer will Soldat mit einer Pistole werden und die schlechten Menschen ins Gefängnis bringen. Ein Mädchen möchte einmal nach Quito fahren, einfach so, zum Besuch. »Im Leben muss man lernen, zu geben, damit man etwas empfangen kann«, sagt Marie. Sie selbst wünscht sich mehr Engagement, auch von den Armen. Irgendwas kann man immer geben. »Und wenn es nur eine Grußkarte mit ein paar netten Worten ist.«

Um die Natur geht es in keinem der Kinderträume, am ehesten vielleicht in der Lieblingsbeschäftigung des einen Jungen: sich im Fluss mit Freunden auf Gummireifen treiben lassen. »Die Natur ist das Allerwichtigste«, sagt aber Marie. Darum stehen um den

Ecoclub herum sehr große Bäume mit rauschenden Blättern, während der restliche Stadtteil ziemlich grau und staubig ist. Früher sei es überall grüner gewesen, aber dann breiteten sich die Palmölplantagen immer weiter aus, Monokultur. Die Leute verkauften ihr Land. Die Natur spiele hier kaum noch eine Rolle, sagt Marie. Dabei sei Natur doch so unendlich wichtig. »Sie gibt jedem von uns Leben. Alles auf den Märkten hier kommt von der Natur, alles was wir essen.« Doch wenn man ums tägliche Leben und Überleben kämpfen muss, bleibt nicht mehr viel Kraft für die Natur, selbst wenn sie die Grundlage allen Lebens ist.

Ohne Menschenrechte gibt es keine Rechte für die Natur, und umgekehrt.

Afrika in Ecuador, das bedeutet neben der Musik, dem Essen und den Tänzen auch strukturelle Ungleichheit, Armut und Kriminalität. Es ist das Erbe des Kolonialismus, das Erbe des ewigen Gold- und Rohstoffrausches der Industrienationen.

Über Verantwortung vor den Dingen

Dieses Erbe zieht sich über den gesamten Planeten. Wenn man will, kann man es fast überall entdecken. Kurz nach meinen Monaten in Ecuador besuche ich Georges Senga in Rotterdam. Seine Fotografien einer Kupfer- und Lithiummine sehen Sie hier im Buch. Sie waren schon in Mailand und Brüssel ausgestellt. Georges ist Kongolese und hat einen ehemaligen Bergarbeiter zum Vater. Er ist ein alter Freund und die Verbindung zu Fiston am Anfang dieses Kapitels. Außerdem ist er für mich eine Verbindung in den Kongo. Ich habe viel mit ihm darüber gesprochen und ihn dort einmal besucht – in Lubumbashi, dem Zentrum einer Bergbauregion für Kupfer und Kobalt.

Es ist Frühsommer 2022. Georges erzählt von den wachsenden Spannungen zwischen Ruanda und dem Kongo, von denen ich überhaupt nichts mitbekommen hatte. »Diesmal könnte es wieder einen Krieg geben«, sagt er. »Ich kann das ganze Sterben dort nicht mehr ertragen.« Es sei so unendlich traurig. »Meine Leute sterben. Und die Welt interessiert es nicht.« Dabei sei sie doch mitverantwortlich für den Zustand des Kongo. Er ist wütend und trotzig und traurig. »Und natürlich geht es wieder um Rohstoffe.« Sieben Millionen Menschen sind in und nach den beiden Kriegen der 1990er Jahre ums Leben gekommen. Sieben Millionen Tote, von denen ich vor meiner Freundschaft mit Georges noch nie gehört hatte. Sie waren nicht in irgendeiner fernen Vergangenheit getötet worden, sondern in meiner Jugend. Während ich meine ersten Nächte durchfeierte oder den Zitronensäurezyklus der Fotosynthese auswendig lernte, wurden weiter im Süden Menschen massenweise massakriert, vergewaltigt und vertrieben, starben an Unterernährung und Krankheiten, die der Krieg mit sich brachte. Und ich hatte keine Ahnung. Es stand in keinem Schulbuch, es kam in keinem Gespräch und in keinem Artikel vor, der mich erreichte. Sieben Millionen Tote, sieben Millionen Menschenleben. Genauso wenig wusste ich von den fast zehn Millionen Toten unter der Gewaltherrschaft des belgischen Königs. Heute gibt es im Kongo 5,3 Millionen Inlandsflüchtlinge.

Im europäischen Bildungssystem wie in der Medienlandschaft klaffen ziemliche Lücken, wenn es um Kolonialismus, seine Folgen und die westliche Verantwortung geht. Auch ich bin in diesen Themen keine Expertin. Einige wichtige Bücher zum Thema sind: *Die Verdammten dieser Erde* von Frantz Fanon, *Kongo: Eine Geschichte* von David Van Reybrouck, *Die Hälfte der Sonne* von Chimamanda Adichie, *Die offenen Adern Lateinamerikas* von Eduardo Galeano oder *Ausgang aus der langen Nacht* von Achille Mbembe.

In Rotterdam bei Georges auf der Couch laufen auf einmal viele Ketten zusammen, die mein und unser aller Leben mit Dingen, Nahrung und Geschichten beliefern, mit Sinn und Ordnungsprinzipien. Sie kommen aus der Welt und aus der Vergangenheit. Ich bin am größten Hafen Europas, über den schon so viele Rohstoffe eingeliefert wurden, in dem Land, das 1602 mit der Vereinigten Ostindien-Kompanie die erste Aktiengesellschaft der Welt und damit die Kapitalisierung der Kolonien erfunden hat, wenn nicht den Kapitalismus höchstselbst. Über mein Handy verfolge ich die massive Protestbewegung der Indigenen in Ecuador, außerdem den Aufruhr wegen der Abtreibungsverbote in den USA. Die einen verteidigen ihr Land und die Natur, die anderen ihre Körper. Juni 2022: Beide Bewegungen stellen sich gegen Fremdbestimmung und Besitzansprüche. Zur gleichen Zeit ist der Goldzahn des kongolesischen Politikers Patrice Lumumba auf dem Weg zurück von Belgien in dessen Heimatland. Er begehrte gegen die koloniale Ausbeutung des Kongo auf und wurde dafür getötet, erschossen. Auf deutschen Weihnachtsmärkten und Speisekarten gibt es perfiderweise noch immer das Getränk Lumumba – Schokolade mit Schuss. Ein belgischer Polizist hatte den Zahn nach der Ermordung des Hoffnungsträgers 1961 als Trophäe mit nach Hause genommen.

»Ich kann das Sterben nicht mehr ertragen«, sagt Georges in Rotterdam. Beim Konflikt mit Ruanda geht es um eine rohstoffreiche Region im Osten des Landes, um Gold, Koltan und Diamanten. Ein unübersichtliches Geflecht aus Milizen und Rebellen kämpft dort um die Vormachtstellung. Der Kongo wirft dem Nachbarland Ruanda vor, mindestens eine der Gruppen zu unterstützen.

Georges wünscht sich ein Wollen, ein Verstehenwollen. »Es gibt viele Wege, die zu verstehen, mit denen man einmal eine Beziehung hatte«, sagt er, ob es freundschaftliche Beziehungen, Geschäftsbeziehungen, Liebesbeziehungen oder die vom Master zum Arbeiter, zum Sklaven, zur Sklavin seien. Es gehe darum, die Geschichte zu verstehen. Europa, Belgien müssten Verantwortung übernehmen. Verantwortung, das heiße, darüber nachzudenken, was genau im Kongo passiert. Warum genau das im Kongo passiert. Was führt dazu, dass das hier passiert? »Ich will, dass sie sich diese Art von Fragen stellen. Aber ich bin nicht derjenige, der sie ihnen beantworten wird, nur weil ich aus dem Kongo komme.« Er hat wenig Hoffnung. »Wie viele Länder Europas sagen denn laut, dass die Kolonisierung falsch und grausam war? Im Gegenteil, sie sind stolz, sie tragen die Nase hoch statt gesenkt.« Und Kolonisierung oder Kolonialität hat dieselben Ursachen wie die Klimakrise. »Kolonisierung bringt die Industrie voran, denn Kolonisierung ist Geschäftemacherei, es ist Kapitalismus. Und was ist das Hauptproblem der Klimakrise? Die Industrie!«

Es komme auf die Art der Industrie an, sagt Philip Schütte von der Deutschen Bundesanstalt für Geowissenschaften und Rohstoffe (BGR) erst bei einem Treffen und später noch einmal am Telefon. Nicht jede Industrie sei per se zerstörerisch, sie könne auch konstruktiv gestalten. Schütte ist Wirtschaftsgeologe und arbeitet seit sieben Jahren im Kongo und mit dem Kongo zusammen. In kaum einem anderen Land setzt die BGR so viele Mittel oder Personal ein wie im Kongo. Denn sowohl die Chancen als auch die Risiken seien hier hoch, sagt Schütte. Die BGR sieht in dem Land eine »strategische Relevanz«. Sie beobachtet den Rohstoffsektor und betreibt technische Entwicklungszusammenarbeit im Auftrag des Bundesministeriums für wirtschaftliche Zusammenarbeit und Entwicklung (BMZ). »Wenn wir die klimapolitischen Ziele der EU erreichen wollen, dann brauchen wir signifikant Rohstoffe wie Kupfer, Lithium und Kobalt. Und davon gibt es viele im Kongo.« Das Land ist der größte Kobaltproduzent der Welt und damit unentbehrlich für die Energiewende. Rund sechzig Prozent der weltweiten Kobaltreserven liegen im Kongo. Und selbst wenn manche E-Auto-Batterien mittlerweile mit wenig bis keinem Kobalt auskommen, so steigt die Nachfrage weiterhin an, sagt Schütte. Der Bedarf sei weiter sehr groß.

Er glaubt nicht an das geflügelte Wort vom Wandel durch Handel, also dass sich die Situation im Kongo »kurzfristig und substanziell verbessern würde«, wenn deutsche Unternehmen hierher Beziehungen aufbauen. »Aber wenn sie sich bemühen, erhalten sie zumindest genauere Informationen über ihre Lieferketten. Sie könnten Kontrollmechanismen einbauen oder sich zertifizieren lassen und so die Rohstoffe von Anfang an begleiten« – durch die gesamte Lieferkette hindurch, einmal um die Welt und vielleicht sogar in die Vergangenheit.

Über die Grausamkeit der Dinge

Der Kongo hat Jahrhunderte voller Ausbeutung und Grausamkeiten erfahren. Diese hörten mit der Unabhängigkeit von 1960 nicht auf. Das Land wurde weiter ausgebeutet, von korrupten Despoten und Konzernen. Der Westen profitiert noch immer von dieser Zeit und von den Rohstoffen aus dem Kongo. Die Kongoles:innen, die heute noch getötet werden, werden auch wegen längst vergangener Ungeheuerlichkeiten getötet, wegen ihrer Geschichte und wegen der Geschichte des Westens, wegen all der Entscheidungen, Verträge und Regeln, die über die Jahrhunderte hinweg in Berlin, Belgien und den USA über das Schicksal ihrer Vorfahren und damit ihr eigenes Schicksal bestimmten. Sie werden getötet und vergewaltigt, weil im Genozid von Ruanda 1994 noch mehr Menschen getötet und vergewaltigt wurden und sich Milizen in den benachbarten Kongo zurückzogen oder neu dort bildeten. Auch hier trägt Belgien als ehemalige Kolonialmacht eine Mitverantwortung. Die Menschen im Kongo sterben, weil die Reichtumsverteilung der Welt ist, wie sie ist, weil die Machtverteilung ist, wie sie ist, die Landverteilung, die Kaufverträge und die Korruption. All das führt dazu, dass auch heute noch regelmäßig Menschen im Kongo für Diamanten und für Gold sterben. Kupfer hingegen ist im Kongo kaum tödlich, wie wir gleich sehen werden.

Die Rohstoffe aus dem Kongo sind nämlich nicht alle gleich blutig. Es ist ein riesiges Land, ungefähr sechsmal so groß wie Deutschland mit mehr als 10 000 Kilometern Außengrenzen. Die Gewalt tobt vor allem im Osten an der Grenze zu Ruanda und Uganda. Seit fast dreißig Jahren gibt es hier bürgerkriegsähnliche Konflikte und immer wieder auch grenzübergreifende Gewalteskalationen mit den Nachbarstaaten, in denen Milizen und Rebellengruppen beteiligt sind. Der Genozid in Ruanda von 1994 wirkt sich auch hier noch immer aus, genauso die Grenzziehung mit dem Lineal von der Kongo-Konferenz 1884. Präsident Tshisekedi wirft dem Nachbarland Ruanda vor, die Rebellen zu unterstützen und es auf die Mineralien des Kongo abgesehen zu haben. Allein von März bis November 2022 mussten laut UN 200 000 Menschen vor den Gefechten zwischen Regierungstruppen und der Rebellengruppe M23 fliehen. Aus dem Osten des Kongo kommen vor allem Koltan, Gold und Diamanten. Mehr als hundert bewaffnete Gruppen kämpfen hier laut UN. Sie kämpfen um die Vormachtstellung, um Rohstoffe oder schlicht ums Überleben. Im Süden, im sogenannten Kupfergürtel, ist es weitestgehend friedlich. Von hier kommen vor allem Kupfer, Kobalt und Lithium. Bei den Rohstoffen für die Energiewende sind die Zusammenhänge subtiler als bei Gold und Diamanten. Hier sterben die Menschen höchstens bei Arbeitsunfällen oder an gesundheitlichen Problemen durch Giftstoffe. Aber auch hier profitieren die westliche Industrie und China von unzureichenden Umweltschutzstandards und Menschenrechten in den Lieferketten.

Denn wenn etwas aus der Demokratischen Republik Kongo kommt, ist die Wahrscheinlichkeit hoch, dass jemand dafür oder daran gelitten hat. Laut Weltbank gehört der Kongo zu den fünf ärmsten Ländern der Welt. Im Jahr 2021 lebten fast 64 Prozent der Kongoles:innen, also knapp sechzig Millionen Menschen, von weniger als 2,15 US-Dollar pro Tag. Gleichzeitig aber verfügt das riesige Land über außergewöhnliche Rohstoffe und Ressourcen, darunter Mineralien wie Kobalt und Kupfer, ein großes Wasserkraftpotenzial, Ackerflächen, eine immense biologische Vielfalt und im Kongobecken über den zweitgrößten Regenwald der Welt. Darunter wiederum liegen riesige Gas- und Ölvorkommen. Die Lizenzen dafür sind seit 2022 zum Verkauf freigegeben.

Der Kongo ist das Paradebeispiel für den Rohstofffluch aus Kapitel 2. Kaum ein Land wurde in der Menschheitsgeschichte mehr ausgebeutet. Den Menschen selbst ist wenig bis gar nichts geblieben. Es hat nie einen wirklich demokratischen Staat mit Gewaltenteilung und Transparenz gegeben. Das Vertrauen in Institutionen wie Polizei, Militär oder Justiz ist gering.

Wegen Korruption, prekärer Menschenrechtslage und eigentlich kaum vorhandenen Umweltschutzstandards gar keine Geschäfte mehr mit dem Kongo zu machen, sei aber fatal, sagt Philip Schütte von der BGR. Nicht nur für Deutschland, das auf die Rohstoffe angewiesen ist, sondern auch für die Kongoles:innen selbst, die auf ein Ein- und Auskommen angewiesen sind. Die BGR ist in vier Städten im Kongo aktiv, unter anderem in Lubumbashi, der Heimatstadt von Georges und Fiston. Sie liegt im Süden des Kongo in der Provinz Katanga und ist das Zentrum des Kupfergürtels. Es ist eine Bergbauregion: Kupfer, Gold und Kobalt holt man hier aus der Erde. Millionen werden hier umgesetzt, hier wird richtig großes Geld verdient. Doch die Bevölkerung ist arm. Die Minenarbeiter erhalten nur einen Hungerlohn und leben in schäbigen Hütten. Den Reibach machen internationale Konzerne und korrupte Politiker:innen, indem Bergbaukonzessionen unter Wert verkauft werden. Allein von 2010 bis 2012 soll der Kongo dadurch ungefähr 1,4 Milliarden US-Dollar verloren haben, schätzt die NGO Global Witness. Das ist doppelt so viel wie das Bildungs- und Gesundheitsbudget des Landes zusammengerechnet.

Philip Schütte meint, es gehe auch anders. Es sei schon besser geworden. Deutsche rohstoffverarbeitende Unternehmen würden zum Beispiel meist mehr Verantwortungsbewusstsein mitbringen als etwa chinesische, die schon jetzt einen großen Teil der Bergbaukonzessionen halten, und zwar durch nicht immer transparente Deals. Wir telefonieren im November 2022. Ich hatte ihn zuletzt drei Jahre zuvor im BGR-Stammhaus in Hannover gesprochen, als ich auch bei Herrn Rühlemann und seinem Manganknollen aus der Tiefsee war. Die Lage im Kongo hätte sich seitdem verkompliziert, sagt Schütte. Der Konflikt im Osten eskaliere immer mehr, die Medien interessierten sich dafür aber immer weniger. Trotzdem sollten deutsche Unternehmen den Kongo nicht aufgeben oder gar boykottieren, denn: »Die Realität im Kongo ist ja: Es werden viele Rohstoffe gefördert, und diese werden international abgenommen. Wenn sich Unternehmen aus der EU oder auch andere Akteure wie die USA nicht daran beteiligen, dann passiert weiter das, was in den letzten zwanzig Jahren schon passiert ist: Sie gehen größtenteils nach China.«

Wir erinnern uns kurz an Kapitel 4: China ist ein wichtiger Zulieferer Deutschlands, wenn es um Kupfer, Aluminium, Rohstahl, Zink und vor allem um seltene Erden geht. Es produziert einen großen Teil der rund 25 Millionen Tonnen an raffiniertem Kupfer, die weltweit pro Jahr auf den Markt kommen. Das Rohmaterial dafür kommt aber nicht nur aus China, sondern auch aus Chile oder aus dem Kongo. Zum Vergleich: Aurubis, als größte Kupferschmelze Europas, produziert gut eine Tonne im Jahr, inklusive Recycling. Wenn also China beim Kupferabbau kaum Wert auf Menschenrechte und Umweltschutzstandards legt, die Welt aber das Kupfer aus China kauft, ist nicht viel gewonnen.

Im Gegenteil: Viel ginge dabei verloren, sagt Gesine Ames, Länderexpertin für den Kongo bei Misereor. Auch sie plädiert für Geschäfte mit dem Kongo, jedoch nach strengen Kriterien. Wir telefonieren ebenfalls im November 2022. Der Westen habe jahrelang von der Globalisierung profitiert, er könne nun ruhig einmal

Verantwortung übernehmen, also zivilgesellschaftliche Projekte finanziell massiv unterstützen. Was da bisher passiere, das seien nur Peanuts im Vergleich zu den Umsatzvolumina der Unternehmen oder den Staatshaushalten der Industrienationen.

Aber wie soll ein menschen- und umweltfreundlicher Handel mit einem so korrupten Staat funktionieren? Welche Konsequenzen haben dort internationale Finanzflüsse, Großkonzerne und Handelsabkommen, die vor allem auf den schnellen Profit aus sind anstatt auf eine am Gemeinwohl orientierte Wirtschaft?

Die Wirtschaft der Republik Kongo ist stark vom Rohstoffsektor abhängig. 2019 machte er 46 Prozent der Staatseinnahmen und 99,3 Prozent der Exporte aus. Schauen wir uns einmal den Ort genauer an, zu dem Sie hier im Buch die Fotos von Georges Senga finden können: Manono. Es ist eine Bergbauregion südöstlich von Lubumbashi, ebenfalls im Kupfergürtel des Kongo gelegen. Hier wurden jahrzehntelang Zinn und Koltan abgebaut. Jetzt ist die Mine stillgelegt, aber es gibt immer noch ein paar Kleinschürfer:innen. Demnächst soll hier eine neue Mine aufgerissen werden, denn in der Erde gibt es noch riesige Vorkommen an Lithium, dem weißen Gold der Energie- und Verkehrswende.

Das Projekt sei nicht ganz unproblematisch, sagt Philip Schütte von der BGR. Zwei Unternehmen streiten hier um die Konzessionen und Beteiligungen, ein Unternehmen aus Kanada und ein großer Player aus China. Es ginge immerhin um einen oder gar um den größten Bergmatit der Welt, eine Gesteinsformation mit 400 Millionen Tonnen Erz. Der tatsächliche Lithiumgehalt dieses Erzes beträgt allerdings nur rund ein Prozent, der Rest seien Abraummaterial oder andere Rohstoffe. Doch allein die Dimension der Lagerstätte mache aus dem Erz von Manono ein »sehr signifikantes Vorkommen«, so Schütte. »Die Gretchenfrage ist: Kann man den enthaltenen Rohstoff wirtschaftlich rentabel daraus extrahieren?« Noch dazu ohne Natur und Mensch massiv zu schädigen?

Die NGO Global Witness warnt davor. Ihre Untersuchung des Projekts vom Dezember 2021 zeigt schwerwiegende Risiken in den Bereichen Regierungsführung, soziale Strukturen und Umwelt auf.[40]

Unter anderem würden Lithiumkonzessionen im Kongo generell von einer kleinen Gruppe mit engen Geschäftsbeziehungen untereinander kontrolliert, darunter ein amtierender Regierungsbeamter und Personen, die dem ehemaligen Präsidenten Kabila nahestehen sollen. Auch wüssten die Menschen vor Ort nicht, um was für ein Projekt genau es sich handle und welche Risiken damit einhergingen. Der Bericht mahnt an:

> »Die Gemeinden, die in der Nähe der Abbaustätten leben, und die Menschen in der Demokratischen Republik Kongo im Allgemeinen könnten ökologische und wirtschaftliche Nachteile erleiden, wenn Unternehmen und Investoren nicht die wichtigsten Informationen über die Geschäfte und die Menschen, die dahinterstehen, offenlegen und die Umweltrisiken nicht angehen.«

Die Situation erinnert an die Kupfermine in Intag, aber der Widerstand ist nicht so breit aufgestellt. Und das Justizsystem im Kongo ist noch korrupter. Immer wieder herrscht Straflosigkeit. Eine Fotoarbeit von Georges zu Manono heißt »Tshanga-Tshanga«, sie finden Sie auch hier im Buch. Der Titel spielt auf mehrere Bedeutungsebenen an, eine davon ist grausam. Das Wort *tshanga* ist Kisuaheli für »mischen«. Die Generation seiner Mutter benutze es außerdem für eine besondere Art von Stoff, der aus verschiedenen Stoffresten zusammengenäht ist, erzählt er. Und dann gab es noch ein perfides Projekt der Kolonialherren in der Region, hat Georges recherchiert. »Damit sollten verschiedene Ethnien miteinander gekreuzt – also gemischt – werden, um DIE Superrasse zu kreieren, eine Art Herkules« – belastbare, starke Arbeiter für die Minen von Katanga. Seine Recherchen hätten ihn schockiert, sagt er. Ein Dr. Mottoulle dachte, es sei eine gute Idee, die Spannungen zwischen verschiedenen Ethnien dadurch aufzulösen, dass er durch erzwungene Ehen die Ethnien selbst auflöste.[41] Vielleicht wollte er auch ein bisschen Gott spielen. 1937 schrieb der belgische Professor J. L. Frateur eine begleitende Studie darüber für das Institut Royal Colonial Belge mit dem Titel *Der Begriff der Rasse im Lichte der Ergebnisse der experimentellen Vererbung.* Wenn man will, kann man selbst Ungeheuerliches nach Wissenschaft klingen lassen. Laut »Studie« versuchten die Belgier durch »experimentelle Vererbung«, die ökonomisch profitabelste Ethnie für die Bergbauindustrie zu züchten. Ein Dr. Van Nitsen schrieb dazu: »Unser Ziel ist es nicht, eine Elite zu schaffen, sondern einfach eine starke, gesunde, disziplinierte Belegschaft von hingebungsvollen Arbeitern.«[42] Das Experiment scheiterte glücklicherweise. Die nicht ganz so hingebungsvollen Arbeiter rebellierten und streikten häufig. Und in Manono erobert sich die Natur schon seit ein paar Jahren nach und nach ihr eigenes Land zurück. »Die Natur sieht die Industrie als Invasion an«, sagt Georges. Die Bäume, Sträucher und Gräser versuchten, die Industrieanlagen zu überwuchern und sich einzuverleiben. Nun soll es dort wieder neue Industrieanlagen geben, die Erde würde wieder aufgerissen werden. Bäume, Sträucher und Gräser würden verschwinden.

Im täglichen Überlebenskampf im Kongo spielt die Natur keine große Rolle, auch wenn das Land neben dem Amazonas den zweitgrößten Regenwald der Erde beherbergt: das Kongobecken. Im Sommer 2022 gab die Regierung die Förderlizenzen für riesige Öl- und Gasvorkommen unter dem Regenwald zur Auktion frei. Es gab einen internationalen Aufschrei. Die *New York Times* zitierte dazu Tosi Mpanu Mpanu, den führenden Vertreter des Landes in Klimafragen und Berater des Ministers für Kohlenwasserstoffe:

»Unsere Priorität ist das Wirtschaftswachstum und nicht, den Planeten zu retten.«[43] Nach Jahrzehnten des Kolonialismus und der Ausbeutung sieht sich der Kongo bei der Weltenrettung nicht unbedingt in der Verantwortung. Werden Öl und Gas aber aus dem Kongobecken geholt, könnte das die Klima- und Biodiversitätskrise weltweit enorm anheizen, warnen Wissenschaftler:innen. Allein in der meterdicken Torfschicht des Regenwaldes sollen knapp dreißig Milliarden Tonnen Kohlendioxid gebunden sein. Das ist so viel, wie wir aktuell in drei Jahren auf dem gesamten Planeten an fossilen Energien verbrennen.

Aktuell erkunden und erschließen internationale Unternehmen in 48 afrikanischen Ländern neue fossile Energien. Nach einem Bericht von über dreißig NGOs, darunter Urgewald und Oilwatch Africa, sind momentan Aktien und Anleihen im Wert von über 109 Milliarden US-Doller in Unternehmen investiert, die den Ausbau fossiler Brennstoffe in Afrika vorantreiben.[44] Fast neunzig Prozent der neuen LNG-Kapazitäten sind für den Export bestimmt, unterstützen also nicht einmal die Stromversorgung Afrikas, sondern die des Westens und von China. In Simbabwe beispielsweise sind sechs Kohlebergbauprojekte geplant. Der Strom wird aber vor allem die Bergbauindustrie versorgen anstatt die 47 Prozent der Bevölkerung, die noch immer keine Elektrizität haben.

Dazu kommt: Der Bau fossiler Infrastruktur wie Pipelines und LNG-Terminals ist teuer. Wenn sie einmal stehen, laufen sie über Jahrzehnte und stoßen Jahr für Jahr neues CO_2 aus. So bremsen sie die Entwicklung der erneuerbaren Energien.

Es könnte auch anders gehen: Die Internationale Energieagentur (IEA) hat hochgerechnet, dass erneuerbare Energie in ganz Afrika bis 2030 möglich wäre, wenn man 25 Milliarden US-Dollar pro Jahr investieren würde. Die Summe ist vergleichbar mit den Kosten eines einzigen großen LNG-Projekts. Prioritäten, Gesetze und Abkommen aber setzen weiter auf fossile Energien. Während der letzten UN-

Klimakonferenz von Sharm El-Sheik im Herbst 2022 kursierte gar kurz ein Entwurf der Abschlusserklärung, in dem das 1,5-Grad-Ziel gar keine Rolle mehr spielte. Die Aufregung war groß, nach eineinhalb Tagen Überlänge stand in der finalen Erklärung immerhin, dass die Staaten nach und nach aus der Kohle aussteigen wollen. Ein Abschied von Öl und Gas allerdings wird nicht erwähnt. Obwohl seit Jahrzehnten wissenschaftlich bekannt ist, dass dies die Klimakrise antreibt und selbst die Internationale Energieagentur den Ausstieg aus diesen Energien schon seit 2021 für zwingend notwendig erklärt hat.

Wie kommen wir da nun heraus? Ich will Sie auch aus dem Kapitel der Grausamkeiten nicht ohne den einen oder anderen konstruktiven Ansatz verabschieden:

Zum einen hat die DR Kongo im Herbst 2022 ein Gesetz über den Schutz der Rechte der indigenen Völker des Landes erlassen. In dem riesigen Land leben zwischen 700 000 und zwei Millionen indigene Menschen. Das Gesetz hilft ihnen und auch der Natur. Zwar glauben die Indigenen im Kongo nicht an das Pachamama-Prinzip, aber auch sie leben größtenteils in enger Naturverbundenheit. Das neue Gesetz garantiert ihnen nun erleichterten Zugang zur Justiz und zu grundlegenden sozialen Diensten. Außerdem erkennt es ihr Recht auf das Land und die natürlichen Ressourcen an, die sie besitzen, bewohnen oder nutzen. So bekräftigt es beispielsweise ihr Recht auf eine freie, vorherige und informierte Zustimmung (FPIC), wenn es irgendwelche Projekte auf ihrem Land geben sollte. Das ist besonders für die geplante Erdölförderung im Kongobecken von Bedeutung. All diese Rechte stehen zunächst einmal auf dem Papier. Sie müssen eingefordert und erstritten werden, wie wir nicht nur von Cenaida Guachagmira aus dem Intag-Tal in Ecuador wissen.

Ein anderer Aspekt, der Hoffnung verspricht, ist das umwelt- und menschenfreundliche Bergbaugesetz des Kongo. Das gibt es bereits länger auf dem Papier und offenbar auch immer mehr in der

Wirklichkeit, sagen Philipp Schütte und auch andere Kenner:innen des Kongo.

Deshalb arbeitet die BGR aktuell unter anderem an einem Pilotprojekt mit dem Bergbau- und dem Umweltministerium zusammen, um deren Aufsichtskapazitäten zu stärken und Minen wieder zu renaturieren oder wirtschaftlich anderweitig zu nutzen, wenn die Rohstoffe aus der Erde geholt sind. Natürlich sei es heikel, mit einem Staat zusammenzuarbeiten, in dem Korruption weitverbreitet ist, so Schütte. Aber man komme am Staat nun einmal nicht vorbei. Er vergibt schließlich die Konzessionen und ist dafür verantwortlich, dass das sehr anspruchsvolle Bergbaugesetz des Kongo auch eingehalten wird. Der Staat hält zwanzig Prozent der Anteile an den Bergbauprojekten, ist also automatisch Miteigentümer, zudem müssen die Betreiber Steuern und Abgaben an die Regierung zahlen. Ein Teil dieses Geldes muss in die lokale Entwicklung zurückfließen. So steht es zumindest auf dem Papier. Es gibt einige Beispiele, bei denen in der Realität nichts oder kaum etwas an den Staat oder gar an die Bevölkerung geht. Reuters zitiert im Juni 2021[45] einen Wissenschaftler vom International Peace Information Service (IPIS) mit Hochrechnungen, die davon ausgehen, dass der Kongo im Kleinbergbau 2020 zwischen fünfzehn und 22 Tonnen Gold im Wert von mehr als einer halben Milliarde US-Dollar gefördert hätte, dafür aber nur 72 000 US-Dollar an Steuern erhoben hätte. »Das bedeutet, dass 99 Prozent des in der Demokratischen Republik Kongo geförderten Goldes in die Nachbarländer geschmuggelt wird«, sagt er.

Kupfer, Kobalt und Lithium sind um einiges weniger mit Korruption und Gewalt behaftet als Gold. Die Rohstoffe werden in einer anderen Region und mit anderen Strukturen und Unternehmen abgebaut. Gold ist im Kongo, in Ecuador und generell um einiges konfliktträchtiger und blutiger als Kupfer. Im Kongo beispielsweise gibt es keine Konfliktfinanzierung aus dem Kupferbergbau, aus dem Goldbergbau aber durchaus. Und auf sämtliche Umwelt- und Sozialstandards bezogen, sagt Philip Schütte von der BGR: »Es gibt keinen Rohstoff, der per se risikofrei ist.« Die Konsequenz sei jedoch nicht, keine Rohstoffe mehr zu kaufen, zu verarbeiten oder abzubauen, sondern dies eben nach strengen und gut kontrollierten Standards zu tun. »Dann kann ein Projekt unterm Strich positiv für das Land sein, denn schließlich müssen die Leute am Ende des Tages auch ihren Lebensunterhalt verdienen.« Noch immer gibt es allerdings viele Menschen im Kongo, die dafür dann ihre Würde, Freiheit und Gesundheit abgeben müssen. Siddarth Kara hat diese Grausamkeiten zuletzt für den Kobaltsektor und sein Buch *Cobalt Red* recherchiert.[46]

Doch selbst er sagt, deswegen keine Geschäfte mehr mit dem Kongo zu machen, wäre nicht die Lösung. Stattdessen sollte man sich darum kümmern, dass die Standards in den Lieferketten wirklich eingehalten werden.

Über die Schönheit der Dinge

Sarah Mukadi hat sich für die Kunst als Lösung entschieden. Sie staut den Feierabendverkehr im Zentrum des Kupfergürtels auf, in Lubumbashi. Minibusse schlängeln sich zweispurig an ihr vorbei, gezückte Smartphones machen Videos vom Spektakel im Bergbauzentrum des Kongo. Die 23-Jährige und ihre Tänzer:innen bewegen sich zu basslastiger Musik und bemalen sich großflächig mit Farbe. Im Staub am Rand steht ein kleiner Bretterkiosk mit Keksen und Getränken.

Es ist Herbst 2017, ich bin zur internationalen Kunstbiennale von Lubumbashi in die Demokratische Republik Kongo geflogen und besuche Georges. Er hat das mittlerweile recht renommierte Festival vor zehn Jahren mitgegründet. Seine Heimatstadt nennt er Lubum. Sie wurde 1910 von den Belgiern als Siedlung zum Kupferabbau gegründet, damals noch unter dem Namen Elisabethville. Doch seit 1966 ist Lubumbashi nach dem örtlichen Fluss benannt. Ob sich schon einmal jemand über dessen mögliche Rechtssubjektivität Gedanken gemacht hat, weiß ich nicht. Er fließt durch eine recht trockene Region, in der Kupfer, Kobalt, Zink, Cadmium, Germanium, Zinn, Mangan und Kohle abgebaut werden und wurden. Lubumbashi ist die zweitgrößte Stadt im Kongo und liegt in der Provinz Katanga im friedlichen Süden des Landes. Die rohstoffreiche Region gilt als der industrielle Motor des Kongo, trotzdem sind die meisten Menschen hier arm. Der Strom fällt immer wieder aus, viele träumen von Europa – auch Sarah, die am Eröffnungsabend der Biennale auf der staubigen Straße tanzt. Aber nur für Auftritte träumt sie vom Ausland, ihre Heimat sei Lubumbashi, sagt sie. Freiheit findet sie in der Kunst, die Freiheit, sich ausdrücken zu können. »Wenn ich einfach das Mikro nehmen würde, um meine Wut herauszuschreien, dass sich etwas ändert hier, mir würde niemand zuhören. Aber beim Tanzen schauen mir die Leute zu. Ich kann fast alles sagen und machen, was ich will.«

Ihr Tanz heute erzählt zu treibender Musik mit basslastigen Beats vom Leid und von der Stärke einer Gruppe afrikanischer Frauen von Lubumbashi. In der Kolonialzeit protestierten sie nackt in einer Demonstration gegen ständige Demütigungen, Vergewaltigungen und Rassentrennung. Diesen Widerstand zeigt Sarah Mukadi in ihren Bewegungen. Entgeisterte und begeisterte Gesichter blicken auf die Mutter von zwei kleinen Kindern. Ihre langen, dünn geflochtenen Zöpfe schwingen durch die Luft. Sie und ihre Tänzer:innen sind mit grauer, blauer, roter Lehmfarbe bemalt. »Die Frau in der Zeit damals war sehr stark«, erzählt sie mir ein paar Tage später in einem Ausstellungsraum. »Die Frau von damals hatte eine Vision. Sie war mutig trotz ihrer Angst. Die Frauen haben ihr Leben riskiert, um diese Demonstration zu machen.« Die Frau von heute sei anders. Alles drehe sich nur ums Aussehen, um ihre Familie, um sich selbst. Sarah kämpft auch heute noch mit ihrer Kunst und Weiblichkeit für die Freiheit. Sie hat zum Beispiel ein Stück entwickelt, das Frauen und Mädchen Mut machen soll, die gesellschaftlichen Konventionen zu durchbrechen und das Leben zu leben, das sie leben wollen.

Die Idee, ausgerechnet im staubigen Bergbauzentrum eines der desolatesten Staaten der Welt ein internationales Kunstfestival auf die Beine zu stellen, hatte der Fotograf Sammy Baloji. Es ist eine Herausforderung in einem Land ohne funktionierende Infrastruktur und Meinungsfreiheit, dafür aber mit ständigen Stromausfällen und extrem langsamem und selten funktionierendem Internet. »Hier gibt es einfach nichts, also müssen wir alles selbst machen«, sagt Sammy 2017, als ich ihn zwischen zwei Veranstaltungen im Hauptquartier der Festivalorganisation spreche. Es gebe keine richtige Druckerei in Lubumbashi, keine Rahmenbauer. »Es ist einfach ein Albtraum. Aber ich glaube, es ist wirklich wichtig, die Biennale hier zu machen. Ich glaube an Kunst. Ja, ich glaube, wir brauchen sie. Seit dem Anbeginn der Menschheit.« Wenn Sammy von Kunst spricht, klingt es, als wenn andere von Gott sprechen: von Erleuchtung, Erkenntnis und Hilfe in der Not. Und vielleicht braucht deshalb besonders der Kongo diese Kunst.

Sarah Mukadi hilft der Tanz, der grausamen Geschichte ihres Landes zu entfliehen – und sie gleichzeitig zu erzählen. Der Eröffnungstanz war ihre erste Aufführung. »Es war nicht einfach. Die Geschichte, die ich erzählen wollte, ist die Geschichte unseres Landes.« Sie habe sich gefragt, ob es den Menschen gefallen wird, ob sie ihre Botschaft vermitteln kann. »Wird es sie ins Herz treffen? Wird es ihnen wehtun oder sie irritieren?« Am Ende war sie zufrieden. »Ich musste den Menschen gar nicht viel erklären, ich denke, sie haben fast alles verstanden.« Es ginge darum, Grenzen zu überwinden. Vor der Unabhängigkeit war die einheimische, die

Schwarze Bevölkerung in Lagern untergebracht. »Unsere Stadt war die Stadt unserer Kolonisatoren«, erzählt Sarah. »Sie wollten keine Mischung der Farben, also bauten sie Krankenhäuser, Gefängnisse und Kirchen in den Camps, damit die Schwarzen, wenn sie krank wurden, bei sich in den Camps behandelt werden konnten. Aber wenn ihnen danach war, kamen die Kolonisatoren in die Lager der Schwarzen, um ›Spaß‹ mit den Frauen zu haben.« Das Wort Vergewaltigung nimmt sie nicht in den Mund. Zu schrecklich sind die Assoziationen in dem Land mit einer der höchsten Raten weltweit. Eines Tages entschieden die kolonisierten Frauen, einen Protestmarsch zu organisieren, bei dem sie nackt gehen wollten. Vorher sei kaum jemand in die Städte der Weißen gekommen: »Also haben sie es ohne Kleidung versucht, und es hat geklappt.«

Seit einigen Jahren gehört Sarah zur Künstlergruppe Picha. Der Fotograf und Biennale-Initiator Sammy Baloji hat sie zusammen mit Freunden gegründet; Georges war auch dabei. Sie wollten einen alternativen Ort im Chaos des Kongo schaffen, um zu diskutieren und Mut zu machen. Picha, der Name, heißt auf Suaheli Bild.

Im Museum von Lubumbashi laufen die letzten Vorbereitungen. In vier Stunden soll hier die erste Ausstellung eröffnet werden. Von außen nagt das Wetter am Beton des grauen Klotzes – drinnen zehrt die fehlende Zeit an den Nerven. Sammy Balojis Smartphone klingelt unentwegt. Sechs Wochen soll das internationale Festival diesmal dauern. Noch werkeln Dutzende Helfer:innen überall in der Stadt, verkabeln Beamer und Boxen, chauffieren die dreißig internationalen Künstler:innen über chaotische Straßen oder bauen aus Plastikflaschen eine Palmenlandschaft auf einer Verkehrsinsel. »Es geht nicht nur darum, Kunst zu zeigen, weil sie schön ist«, sagt Sammy. »Dabei ist schon auch Kritik am System, an dem System, das wir hier haben.«

Doch nun ist im Museum, dem Herzen des Festivals, der Strom für die Musikprobe ausgefallen, die Speicherkarten für die Videoinstallation sind viel zu klein, die Bilder eines Fotografen wiederum zu groß für die vorgesehene Wand. Eine europäische Künstlerin ist krank, das Gerücht: Malaria geht um. Im vergangenen Sommer noch hat Sammy auf der Documenta in Athen ausgestellt. Jetzt sitzt er auf einem Plastikstuhl im schwülheißen Kongo und reibt sich die Stirn. Fragt man ihn, warum er das hier alles macht, sieht er einen entgeistert an. »Warum denn nicht? Ja, warum nicht? Weil ich Künstler bin. Das ist die einzige Art, wie ich existieren kann. Ich sehe mich nicht, wie ich Essen verteile« – sein Handy klingelt – »oder sonst was mache.« Mit dieser Kunst sind er, der mittlerweile hauptsächlich in Brüssel lebt, und seine Kolleg:innen der Gruppe Picha ziemlich erfolgreich. Im kongolesischen Dreiklang aus Krieg, Armut und Korruption wagen sie es, Visionen zu haben und vorsichtig zu kritisieren. International bekannte Künstler:innen bringen ihre Werke nach Lubumbashi, die Kongoles:innen wiederum werden zu Ausstellungen nach New York, Brüssel, Moskau und Johannesburg eingeladen. Auch Sammy beschäftigt sich in seinen Arbeiten hauptsächlich mit den Auswirkungen der Kolonialgeschichte auf den Kongo von heute.

In seinem bekanntesten Werk hat Sammy auf aktuelle Fotos von den Kupfer- und Goldminen in der Nähe von Lubumbashi alte Fotografien von Arbeitssklaven aus der Kolonialzeit gelegt. »In dieser neuen Gemeinschaft, in dieser kapitalistischen Gemeinschaft, geht es nur darum, Geld aufzutreiben, indem man Rohstoffe abbaut.« Aber wenn man hier durch die Straßen laufe, könne man sehen, wie alle nur versuchen, Essen aufzutreiben. »Und Essen gibt es für Geld. So kannst du diese Stadt lesen. Wie viel Platz wird der Kultur eingeräumt? Keiner. Alles kostet.« Die Regierung kümmere sich um nichts. »Wir sind also auf eine gewisse Art noch immer in dem Kongo, den Leopold II. geformt hat. Es geht darum, wer die Macht hat und wer keine Macht hat. Darum, wer die Regeln bestimmt und wer diesen Regeln zu gehorchen hat.«

Kurze Pause in einem Straßenrestaurant. Ein paar Mitstreiter:innen der Biennale gönnen sich ein Bier auf Plastikstühlen. Neben ihnen steht ein Vier-Quadratmeter-Grill, direkt an der Straße. Das rohe Fleisch hängt in der Hitze. Dazu gibt es Fufu-Klöße aus Maniokmehl – und afrikanischen Spinat. Selbst Rosemary Tshabinene erlaubt sich eine Pause. Sie ist seit der Gründung von Picha dabei. Fast zehn Jahre sind das jetzt. Ohne sie würde hier gar nichts funktionieren, beteuern Künstler:innen wie Helfer:innen. In einem ausgeklügelten System aus Excel-Tabellen und Notizzetteln verwaltet Rosemary die Ankunftszeiten der Gäste, die Fördermittel aus dem Ausland, die Zollbestimmungen, Hotelbuchungen, Kabel und USB-Sticks der Gruppe Picha. Sie hat Mathematik und Statistik studiert. Jeder denke, Kunst sei nur dafür da, um schön zu sein, nur für die Leute, die Geld haben. »Aber sie müssen verstehen, Kunst ist auch eine Art miteinander zu reden, eine Botschaft zu verbreiten, Leute zum Nachdenken anzuregen«, sagt sie. Das Biennale-Motto in diesem Jahr ist »Eblouissement«, also Glanz, Erleuchten, aber auch Blenden. »Eblouissement kann unsere Orientierung im Leben verändern. Manche Leute denken, du kannst Kunst nur sehen, wenn du Geld hast, wenn du dir keine Gedanken über das Essen am nächsten Tag machen musst, aber für mich ist es auch eine Art, die Probleme, die man so hat im Leben, mit anderen Augen zu betrachten.«

Manchmal wünscht sie sich, die Künstler:innen und die Biennale wären noch mutiger in ihren Botschaften. Es gebe nicht viele mutige Künstler:innen, sagt sie. »Wir versuchen, sie dazu zu ermuntern. Aber es ist für uns sehr gefährlich.« Auch mit der politischen Opposition zusammenzuarbeiten, sei gefährlich. »Jeder fürchtet um sein Leben, aber gleichzeitig versuchen wir, zu kritisieren, nur nicht direkt.« Wie zum Beispiel in der Ausstellung von Zemba Luzamba. Sie zeigt Gemälde, auf denen Schwarze Männer andere Schwarze Männer an Marionettenfäden halten oder einen

Schwarzen Mann im Superman-T-Shirt, der sich eine Krone aufsetzt. Man kann es als Kritik an den afrikanischen Machthabern ansehen oder aber als amüsante Plänkelei. Zemba Luzamba lebt sicherheitshalber trotzdem lieber in Südafrika. Seine Bilder machen Rosemary Mut, vielleicht ändere sich ja doch noch etwas in diesem kaputten Land, sagt sie. Kunst und Kultur könnten das nicht alleine lösen. »Aber sie können Leute zusammenbringen. Denn viele Kriege beginnen mit Unterschieden und Differenzen.« Sie meint Momente wie den Abend nach der Filmvorführung: Livingston, ein stadtbekannter Musiker und Rastafari, sitzt mit der polnischen Performance-Künstlerin Anna Zaradny im Foyer. Sie singen von der Freiheit. Livingston mit Bob Marley, Anna mit Montserrat Caballé.

Über die Verbundenheit der Dinge

Für den Mitbegründer der postkolonialen Wissenschaften war Naturschutz nicht sonderlich wichtig. Edward Said hielt Umweltbewusstsein gar für einen »Luxus von verwöhnten Baumumarmern, die keine richtige Aufgabe im Leben haben«[47]. Denn Edward Said hatte andere Probleme. Er war Palästinenser, und er dachte viel über Kolonialismus und dessen Folgen nach. Sein Werk *Orientalismus* von 1978 gilt als einer der wichtigsten Gründungstexte der aktuellen Kolonialismuskritik und -aufarbeitung.

Darin beschreibt er das Phänomen des *Othering*, der Andersmachung. Es geht um die Sicht des Westens auf andere Kulturen, insbesondere auf den Islam. Wer nicht zum westlichen Dunstkreis gehört, wird abgewertet als etwas vollkommen anderes, Abgetrenntes und weniger Wertvolles – erst im Kopf und danach in den Handlungen, die aus so einer Sichtweise resultieren können: Kolonialismus, Unterdrückung, Angriffskriege, Besatzung. Said beschreibt das Phänomen des *Othering* als eine »Missachtung, Substanzialisierung und Entmenschlichung einer anderen Kultur, eines anderen Volkes oder einer geografischen Region«[48]. Das kann bewusst und unbewusst passieren. Ist eine Gruppe aber erst einmal als anders abgestempelt, abgewertet und mit negativen Assoziationen eingesponnen, dann fehlt nicht mehr viel, und man kann sie auch als Nichtmenschen behandeln, wie Tiere zum Beispiel oder noch schlechter. Die Menschen der jeweiligen Gruppe haben nicht mehr dieselben Rechte wie diejenigen, die sie als anders abgewertet, die das *Othering* betrieben haben. Man kann ihnen das Land wegnehmen, das Haus, die Wälder und die Felder. Man kann sie verletzen und betrügen, ihnen den Tod wünschen und den Krieg erklären. Sie sind ja nicht wie man selbst, vielleicht sind sie nicht einmal Menschen oder Subjekte. Und damit haben sie weniger Rechte.

Womit wir wieder bei der Natur als Rechtsperson sind. Denn wenn selbst die Natur als Subjekt angesehen wird, als Wesen mit eigenen Rechten, dann kann man Menschen eigentlich nicht mehr entrechten. Das ist zumindest der Gedanke derer, die in diesem juristischen Instrument eine Möglichkeit zur Dekolonisierung der Rechtssysteme sehen. Denn fast überall auf der Welt sind die Verfassungen und Gesetze der Nationalstaaten aus kolonialen Strukturen erwachsen. Es gibt nur wenige Länder, die nie kolonisiert wurden oder kolonisiert haben. Überhaupt ist der Nationalstaat eine Idee, die zur Zeit des Kolonialismus aufkam und der Welt bei ihrer Eroberung aufgedrückt wurde.

Dieser globale Feldzug der Unterwerfung war nur durch den Mechanismus des *Othering* möglich, durch die Abwertung der anderen, die man so ohne schlechtes Gewissen ermorden, versklaven, bestehlen und betrügen konnte. Diesen Mechanismus gibt es nicht nur im Westen, auch andere Völker haben einander unterdrückt, unterworfen und angegriffen. Aber die Dimensionen waren ganz andere als das Leid, das der westliche Kolonialismus über die Welt gebracht und in die heutige Weltordnung hineingetragen hat. Das Prinzip der pauschalen und essenziellen Abwertung stört die Verbundenheit der Dinge, es bringt sie aus dem Gleichgewicht. Die kanadische Journalistin und Bestsellerautorin Naomi Klein führte schon 2016 aus, dass die Eskalation der Klimakrise nur so weit fortschreiten konnte, weil die Industriestaaten über Jahrzehnte hinweg genau dieses *Othering* betrieben haben und noch immer betreiben. Seit rund dreißig Jahren ist wissenschaftlich erwiesen, dass wir die CO_2-Emissionen senken müssen, wenn wir eine Klimakatastrophe verhindern wollen. Die Weigerung des Westens, dies zu tun, sei nur mit dessen Rücksichtslosigkeit zu erklären, so Klein in ihrem Vortrag und Essay »Sollen sie doch ertrinken. Die Gewalt des Othering in einer wärmer werdenden Welt«[49]. Diese Rücksichtslosigkeit wiederum sei nur möglich durch die Mechanismen der Abwertung, die Said beschrieben hat. Sie erlauben den Mächtigen, das Leben der weniger Mächtigen zu missachten und aufs Spiel zu setzen.

Aufschlussreich ist dabei auch, sich politische Führungsfiguren anzuschauen, die offensiv *Othering* betreiben, also Menschengruppen in Hierarchien und Wertigkeiten zueinander setzen. Sich selbst setzen sie dabei natürlich an die Spitze. Das sind oder waren meist auch Klimakrisenleugner: Trump in den USA, Bolsonaro in Brasilien, Modi in Indien, Merz im Hochsauerlandkreis. Sie haben ein Weltverständnis aus Herrschaftsdenken und Vormachtstellung, das nicht nur Menschen, sondern auch die Natur leiden lässt und alles aus dem Gleichgewicht bringt.

Edward Said starb übrigens 2003, im Jahr des Angriffskriegs der USA und Großbritanniens auf den Irak – ein Paradebeispiel vom Zusammenwirken des *Othering*-Mechanismus und der Klimakrise. Angeblich ging es um Massenvernichtungswaffen und Verbindungen zum Terrornetzwerk al-Qaida. Die dafür angeführten Beweise stellten sich hinterher allerdings als erlogen heraus. Kriegsgrund war unter anderem das viele Erdöl im Irak.

Jetzt, zwanzig Jahre später, wird bei einem neuen Angriffskrieg noch einmal mehr deutlich, wie sehr die verschiedenen Krisen einander überlagern und sich gegenseitig bedingen und welche Rolle die Abwertung der anderen dabei spielt. Die russische Erzählung eines gerechten Kriegs funktioniert unter anderem mit dem Narrativ der »Entnazifizierung« der Ukraine, also einem Krieg gegen das Böse. Dieser Krieg zeigt uns einmal mehr, wie Menschenrechte, Rohstoffe und der Schutz der Natur miteinander verwoben sind. Durch die europäische und insbesondere deutsche Abhängigkeit von russischem Gas bleibt kaum Handlungsspielraum. Sie finanzierte den Krieg sogar lange mit.

Wenn die Industrienationen in Zukunft also nur die Rohstoffe austauschen und sich statt von Öl- und Gasimporten nun von Kupfer, Lithium und seltenen Erden aus anderen, insbesondere autokratischen oder korrupten Ländern abhängig machen, wird sich nicht viel ändern – weder an Menschenrechtsverletzungen noch an Naturzerstörung.

Diese grassierende Zerstörungswut werde gerne mit der »menschlichen Natur« erklärt, sagt Naomi Klein außerdem, als ob alle Menschen und Völker gleich wären und, wenn sie könnten, eine Schneise der Vernichtung hinter sich herziehen würden. Das sei ein psychologischer Trick: »Auf diese Weise braucht man sich nicht mehr mit den Systemen zu beschäftigen, die bestimmte Menschen geschaffen und denen sich andere heftig widersetzt haben. Ich meine Systeme wie den Kapitalismus, den Kolonialismus, das Patriarchat.«

Innerhalb dieser Systeme sind Menschenrechte und die Rechte für die Natur unabdingbar miteinander verbunden. Das ist auch der Grund, warum Edward Said keinen Sinn im Umweltschutz sah. Er hatte als Palästinenser tatsächlich andere Probleme, existenzielle Probleme in der Gegenwart, nicht erst in ein paar Jahren oder gar Jahrzehnten. Said wurde 1935 in Jerusalem geboren, das damals noch zum britischen Mandatsgebiet Palästina gehörte. Seine Familie war wohlhabend und neben Jerusalem auch in Ägypten und den

USA zu Hause. Bei der Staatsgründung Israels und der Vertreibung von fast 800 000 Palästinenser:innen war Said zwölf Jahre alt und befand sich in Ägypten. Später wanderte er in die USA aus, wo er an den Universitäten von Princeton, Harvard und Columbia studierte oder als Literaturprofessor lehrte. Er veröffentlichte mehr als zwanzig Bücher, die in dreißig Sprachen übersetzt wurden, und erhielt mindestens genauso viele Auszeichnungen. Palästina trug er immer mit sich. Doch Palästina ist bis heute kein offiziell anerkannter Staat, sondern steht seit 1967 unter israelischer Besatzung. Es leidet unter tödlichen Militärrazzien, völkerrechtswidrigem Siedlungsbau, Landraub, mangelnder Regierungsführung seitens der Palästinensischen Autonomiebehörde und so vielem mehr.

Genau deshalb war Natur für Edward Said erst einmal zweitrangig, sagt die Jüdin Naomi Klein. Denn als Palästinenser:in verspürt man eine andere Notwendigkeit, als Wälder und Bienen zu retten. Vor allem vor Ort: »Im Hier und Jetzt gibt es stets drängendere Gefahren, mit denen man fertig werden muss: die militärische Besatzung, Luftangriffe, systematische Diskriminierung. Das Embargo.«

Ich war selbst mehrfach und für längere Aufenthalte im besetzten Westjordanland, privat und beruflich. So viele traumatisierte Menschen, so wenig Freiheit. Im Herbst/Winter 2022 war ich wieder dort. Fast jede Nacht stürmte die israelische Besatzungsarmee durch die Straßen und Häuser eines der vielen Flüchtlingscamps, fast jeden Morgen war mindestens ein Mensch erschossen. Amnesty International, Human Rights Watch und auch israelische NGOs mahnen regelmäßig verheerende Menschenrechtsverletzungen und Straflosigkeit an, werden aber kaum gehört, manchmal gar diffamiert.

Natürlich denkt man da nicht zuerst an Naturschutz, wenn man morgens aufwacht. Doch selbst in Nablus, Ramallah oder Jenin habe ich Menschen getroffen, die auf ihren Dächern Gemüse anbauen, ihre Olivenbäume mit Liebe und organischem Dünger versorgen oder eine Recyclingwerkstatt betreiben. Genauso habe ich aber auch sehr viel Müll in der Landschaft, dicke Autos auf den Straßen und Plastik überall gesehen. Wenn man das Land vermüllen lässt, für das man sterben würde, muss man ziemlich hoffnungslos und müde sein. Aber wenn nichts funktioniert, funktioniert eben auch keine Müllabfuhr, und wenn nichts sicher ist, nicht einmal das eigene Leben, das eigene Haus und die eigene Freiheit, dann ist einfach alles egal, auch der aus dem Autofenster geworfene Abfall oder die verwesenden Tierkadaver am Hang einer Hühnerfabrik.

Edward Said und die Palästinenser:innen hätten aber noch andere Gründe, warum sie den Umweltschutz nicht ernst nehmen, meint Naomi Klein, warum sie ihn teilweise sogar als Bedrohung wahrnehmen. Der israelische Staat hänge dem zionistischen Projekt nämlich seit langem ein grünes Mäntelchen um. Insbesondere Bäume gehörten zu den stärksten Waffen bei Landraub und Besatzung. Hunderttausende Olivenbäume wurden herausgerissen, um neuen Siedlungen und Straßen Platz zu machen oder um von den Checkpoints aus besser das Land überblicken zu können. Einige Haine und manches palästinensische Dorf hingegen wurden durch Pinien- und Eukalyptusbäume ersetzt. Wichtiger Akteur ist hier der jüdische Nationalfonds mit seinem Slogan »Begrünt die Wüste«. Seit 1901 hat er mehr als 260 Millionen Bäume gepflanzt. Er ist der größte private Landbesitzer im Staate Israel. Aktuell werden Palästinenser:innen zum Beispiel immer wieder für den David-National-Park und für Siedlungen im Ostjerusalemer Stadtteil Silwan aus ihren Häusern vertrieben.

Naomi Klein ist Jüdin und in Kanada in einer jüdischen Gemeinschaft aufgewachsen. Sie erinnert sich, wie bei jedem besonderen Ereignis – Geburt, Hochzeit, Tod – voller Stolz ein Baum im Namen der gewürdigten Person auf israelischem Land erstanden wurde. Erst als Erwachsene begriff sie, dass das alles gar nicht so harmlos war, wie es schien. Heute nennt sie es »ein extremes Beispiel für das, was manche als grünen Kolonialismus bezeichnen.« Denn auch im Kongo, in den beiden Amerikas und an anderen Orten dieser Welt werden Menschen im Namen des Naturschutzes von ihrem Land vertrieben. Für den boomenden Handel mit CO_2-Emissionen zum Beispiel werden Wälder abgesperrt oder für Wasserkraftwerke geflutet. Gegenden werden zu Nationalparks erklärt, und die indigene Bevölkerung darf sie nicht mehr für Feuerholz oder zur Jagd nutzen. Ob der Begriff des Kolonialismus hier immer passend ist, sei dahingestellt. Es geht wohl eher um eine allgemeine koloniale Herrschaftsmentalität. Eine juristische Definition von Kolonialismus gibt es ohnehin nicht, anders als zum Beispiel für den Begriff der »Apartheid«, der ein im Völkerrecht genau und konkret definiertes Verbrechen gegen die Menschlichkeit ist.

Manchmal verhindern gewisse Begriffe eher eine Diskussion, als dass sie uns weiterbringen. Sie lenken vom eigentlichen Thema ab, nämlich von der Frage: Wie können wir uns und die Welt noch retten, bevor die Klima- und Biodiversitätskatastrophe weiter eskaliert? Naomi Klein sagt: »Wir sollten Menschen, die unter Krieg, Armut und systematischem Rassismus leiden, nicht auffordern, ihre Sorgen zurückzustellen und erst einmal die Erde zu retten.«

Alle diese Krisen hängen miteinander zusammen. Unsere Lieferketten hängen mit ihnen zusammen, und Waren sind teilweise über Menschenrechtsverletzungen und zerstörte Umwelt zu uns gelangt. Wenn wir diese Verbindungen verstehen, kann eine Abmilderung von Rassismus gleichzeitig eine Abmilderung der Klimakatastrophe bedeuten, und umgekehrt. Das neue Lieferkettensorgfaltspflichtengesetz Deutschlands gilt für Kobalt aus dem Kongo genauso wie für Kupfer aus Ecuador oder für Avocados aus völkerrechtswidrigen Siedlungen. Wenn Menschenrechte nicht eingehalten werden, kann es keine Klimagerechtigkeit geben. Und umgekehrt: Wenn wir keine Klimagerechtigkeit schaffen können, werden Menschenrechte massiv verletzt werden.

Der Kampf ums Land ist dabei elementar – ob in Palästina, im Amazonas oder auf den untergehenden Pazifikinseln, in den kalifornischen Wäldern, die Jahr um Jahr von immer mächtigeren Feuern heimgesucht werden, oder im nordrhein-westfälischen Dorf Lützerath, das sogar 2023 noch dem Kohlebergbau weichen musste. Menschen können unglaubliche Energie freisetzen, wenn sie ihr Land und Leben bedroht sehen. Die Frage ist: Wie kann aus dieser Bereitschaft, Opfer zu bringen, etwas Konstruktives entstehen, und wie kann Destruktives verhindert werden? Was bringt Menschen dazu, nicht erbittert gegeneinander um die verbleibenden Ressourcen zu kämpfen, sondern sich Lösungen für alle einfallen zu lassen?

Denn an Herausforderungen wird es uns nicht mangeln. Immer mehr Menschen werden beispielsweise vor Hitze, Dürre und Überschwemmungen aus ihrer Heimat flüchten müssen. Die Weltbank geht von 200 Millionen Klimaflüchtlingen bis 2050 aus. Sie stehen nicht unter völkerrechtlichem Schutz. Den erhält man bisher nur, wenn man vor Krieg, Konflikten und Verfolgung fliehen muss. Allein hier zählt die UN aktuell weltweit fast 110 Millionen Menschen.

So unterschiedlich die Leid- und Stresserfahrungen auf der Welt sind, so scheint sich generell eine große Müdigkeit ausgebreitet zu haben. So viele Menschen stehen kurz vor dem Ausbrennen, nicht nur die Erde. Unsere Systeme funktionieren nicht mehr gut. Sie keuchen und quietschen wie der Bus, der einen ins Intag-Tal bringt. Sie haben vielen Menschen Wohlstand gebracht, aber auch vieles ruiniert, vor allem die Natur. Dabei ist ja gerade die Natur ein Heilmittel gegen das Ausbrennen. Zahlreiche Studien zeigen mittlerweile die positive Wirkung von Wäldern, Tieren und besonderen Kräutern auf unsere mentale und körperliche Gesundheit. Vielleicht können wir das ausprobieren, bevor wir sie ganz zerstören? Was meinen Sie? So ein Nachmittag auf einer Waldlichtung oder in den Bergen? Ohne Produktivitätszwang? Eine ganze Woche vielleicht? Ein ganzes Jahr? Und erholt können wir vielleicht bessere Systeme erschaffen oder unsere alten verbessern.

Die Weltbank: Ein möglicher Motor zur Transformation der Systeme?

Ein mächtiges System, dem immer wieder neokolonialistisches Gebaren im Namen von Umweltschutz und anderem vorgeworfen wird, ist die Weltbank. Sie ist durch ihre Kredite mit fast allen Lieferketten verbunden, die aus dem globalen Süden kommen. Denn sie finanziert Infrastruktur- und Agrarprojekte sowie Strukturreformen. Dabei wirkt sie immer wieder auf Gesetzgebungsverfahren ein.

Die Weltbank ist keine gewöhnliche Bank. Sie ist eine Sonderorganisation der Vereinten Nationen und angetreten, um die Armut auf dem Planeten zu bekämpfen. Unglaubliche Summen werden durch sie verteilt und angezogen. Denn investiert die Weltbank in ein Projekt, kommt das einem Siegel gleich, und andere Entwicklungsbanken oder sonstige Geldgeber steigen mit meist noch größeren Summen ein. Im Geschäftsjahr 2022 hat die Weltbank beispielsweise globale Kreditzusagen von 104,4 Milliarden US-Dollar getätigt. Außerdem ist sie rein theoretisch unser aller Bank, da sie Teil der UN ist. Die Länder entscheiden über ihre Ausrichtung und die Finanzierung der Projekte. Deutschland kommt dabei eine entscheidende Rolle zu: Es ist der viertgrößte Geldgeber und stellt einen der 25 Exekutivdirektor:innen, die über Kredite und Standards bestimmen. Andere Länder teilen sich einen Exekutivdirektor:innensitz, denn die 25 Stühle müssen für 189 Mitgliedsländer reichen. Sie können sich vorstellen, wer weniger Stimmgewicht mit einbringt? Genau, der globale Süden, die ehemaligen Kolonien. Die europäischen Länder hingegen kommen gemeinsam auf mehr als ein Viertel der Stimmrechte.

Durch eine besondere Recherche wurde ich zu einem kleinen Weltbank-Nerd. Ein Jahr lang hatte ich die Ehre und das Vergnügen, im Team mit dem ICIJ zusammenzuarbeiten, dem internationalen Konsortium für investigativen Journalismus in Washington, das Sie vielleicht durch die Panama-Papers kennen. Ich war in Deutschland für den WDR dabei. Wir recherchierten zu Vertreibungen durch weltbankfinanzierte Projekte wie Bergwerke, Staudämme oder riesige Agrarflächen und veröffentlichten unsere Recherchen 2015. Rund 3,4 Millionen Menschen waren innerhalb von zehn Jahren durch solche Projekte umgesiedelt worden oder hatten ihre Lebensgrundlage verloren.[50] Oft wurde dabei Gewalt angewendet, manche Menschen wurden sogar getötet.

Ich flog nach Honduras zu einem Konflikt um Palmölplantagen und einem schaurigen Beispiel von Weltbankfinanzierung. 133 Bauern waren hier über mehrere Jahre hinweg ermordet worden, weil ein Großkonzern seine Plantagen ausweitete und die lokale Bevölkerung sich konstant dagegen wehrte. Dinant, einer der größten Palmöl- und Lebensmittelproduzenten Zentralamerikas, stritt alle Vorwürfe ab. Keiner der Morde war aufgeklärt worden. In Honduras herrschten damals wie heute weitestgehende Straflosigkeit und eine hohe Korruptionsrate.

Der Palmölkonzern Dinant aber wurde in seinen Geschäften vom IFC, dem privatwirtschaftlichen Arm der Weltbankgruppe, unterstützt. Dieser stellte dem Unternehmen 2009 fünfzehn Millionen US-Dollar zur Verfügung und gab drei Jahre später weitere siebzig Millionen Dollar an eine honduranische Bank, die zu den größten Geldgebern des Konzerns gehörte. Die lokale Bank fungierte als sogenannter Finanzintermediär, eine Zwischenstation, in der Geld umverteilt wird. Solche Zwischenhändler können Banken, Hedgefonds und Private-Equity-Firmen sein, die Geldflüsse sind oft schwer nachzuverfolgen, Sozial- und Umweltschutzstandards noch schwerer zu überprüfen. Im Fall von Dinant ignorierte der IFC leicht zugängliche Beweise, die vor Geschäften mit Dinant hätten warnen müssen, wie der interne Ombudsmann später feststellte.

Anderes schwer nachzuverfolgendes Geld sind Kredite, die an Strukturreformen geknüpft sind, sogenannte Development Policy Loans. Insgesamt wertete unser internationales ICIJ-Team rund 6600 Dokumente zu knapp tausend Weltbankprojekten aus. Zehn besonders konfliktträchtige Vorhaben schauten wir uns vor Ort an. Es ging fast ausschließlich um Menschenrechte, weniger um Umweltschutzstandards, aber wie wir schon gesehen haben: Die Mechanismen sind die gleichen und oft miteinander verwoben. Palmölplantagen beispielsweise zerstören massiv die Artenvielfalt, oder bei einem anderen unserer untersuchten Projekte ging es um verlorene Lebensgrundlagen durch ein gigantisches Kohlekraftwerk in Indien.

Seit dieser Recherche interessiere ich mich für Entwicklungsbanken im Allgemeinen und die Weltbank im Besonderen. Sie haben sehr viel Einfluss auf die Verbindungen der Dinge. Ein langjähriger und wirkungsvoller Kritiker dieser Giganten des globalen Geldes hat seinen Sitz in einem kleinen Dorf im nordrhein-westfälischen Münsterland: der Verein Urgewald in Sassenberg. Ihm geht es nicht nur um Entwicklungsbanken, sondern um sämtliche größeren Finanzströme. Er hat an einigen der Studien mitgewirkt, die ich oben zitiert habe. Sein Motto lautet: *Follow the money.* Das habe schon viel bewirkt, sagen die Mitglieder heute nach dreißig Jahren Vereinsgeschichte und mittlerweile gut dreißig festen Rechercheur:innen, Kampagnenleiter:innen, Medienmenschen und einer Zweigstelle in Berlin. Die deutsche Regierung sei innerhalb der Weltbank durchaus darum bemüht, dass deren Umwelt- und Sozialstandards auch wirklich eingehalten werden, sagt Ute Koczy, Kampagnenleiterin für Finanzinstitutionen. Sie könnte aber bei den Verhandlungen ein bisschen mutiger auftreten.

Jürgen Zattler sagt, na ja! So einfach sei das nicht.

Er ist Volkswirtschaftler und war von 2017 bis 2020 der Exekutivbankdirektor der Weltbank für Deutschland, das heißt einer der 25 Exekutivbankdirektor:innen. Wir telefonieren im Herbst 2022. »In einer Institution wie der Weltbank müssen wir ständig Kompromisse finden, und manchmal werden wir da überstimmt.« Man müsse diplomatisch bleiben, sonst hätte man am Ende gar nichts gewonnen.

Während seiner Amtszeit war ich an einer kleineren ICIJ-Recherche zu Investitionen der Weltbank in fossile Energien beteiligt. Wir hatten einen Datensatz von Urgewald aus Sassenberg erhalten und zusätzlich selbst recherchiert. Demzufolge hatte die Weltbank trotz anderer Ankündigungen mehr Geld in fossile Energien investiert als in erneuerbare. 21 Milliarden zu sieben Milliarden US-Dollar. Es ging unter anderem um eine Ölraffinerie in Nigeria, ein Kohleprojekt in Mosambik und um die Erschließung eines gigantischen Ölfelds vor der Küste von Guyana in Südamerika. Das war 2019, also vier Jahre nach dem Pariser Klimaschutzabkommen mit dem 1,5-Grad-Ziel. Die Weltbank wies die Vorwürfe zurück, sie hätte schließlich ganze 20,5 Milliarden US-Dollar für »Klimaschutz« ausgegeben.

Jürgen Zattler kam beim Beispielfall des riesigen Ölfelds vor Guyana ins Spiel. Damals zog er die vorletzte Waffe der Diplomatie: eine Enthaltung. Das komme in der Weltbank einem »Nein« sehr nahe, sagt er. Denn es gibt hier kein Vetorecht. Viel wichtiger sei es, vor der Abstimmung im Exekutivdirektorium hinter den Kulissen zu diskutieren, Verbündete für die eigene Position zu finden und gegebenenfalls mit einer Gegenstimme zu drohen, damit es zu Verbesserungen in den Projekten kommt, über die das Direktorium entscheidet. »Weil: Wenn man dagegen stimmt, hat man im Grunde genommen nicht so viel erreicht, außer dass man sagen kann, man hat eine reine Weste«, so Jürgen Zattler, der heute als Generaldirektor für multilaterale und europäische Politik, nachhaltige Entwicklungsziele und Klima/Umwelt im Ministerium für wirtschaftliche Zusammenarbeit und Entwicklung (BMZ) arbeitet. »Aber wenn man vorher sagt: ›Wir stimmen dagegen, wenn ihr nicht A, B, C, D umsetzt‹, und dann bessern sie nach, hat man in der Substanz mehr erreicht.« Das müsse man sich immer genau überlegen. Bei Guyana sei klar gewesen, dass das kein unterstützenswertes Projekt sei. Es ging um einen Kredit über 55 Millionen US-Dollar an die Regierung des kleinen und recht armen Landes im Norden Südamerikas. In Guyana, das mit seiner überbordenden Biodiversität und Artenvielfalt eigentlich eine *Carbon Sink* ist, also mehr CO_2 aus der Atmosphäre nimmt, als es produziert, waren gigantische Mengen Öl und Gas gefunden worden. Exxon Mobil hatte vor der Küste im Boden der Tiefsee Felder aus dreizehn Milliarden Barrel Öl und 960 Milliarden Kubikmeter Gas entdeckt – das entspricht über zwei Gigatonnen CO_2. Die Weltbank hatte angekündigt, nach 2019 die vorgelagerten Bereiche des Öl- und Gasgeschäfts *(upstream oil and gas)* nicht mehr zu finanzieren. Guyana aber unterstützte sie dennoch dabei, die riesigen Mengen an Öl in Geld für die Staatskasse zu verwandeln. Anfang 2020 genehmigte die Weltbank einen Kredit über zwanzig Millionen US-Dollar für die Ausbildung von Beamt:innen in der Öl- und Gasindustrie Guyanas und weitere 35 Millionen US-Dollar für die Modernisierung des Banken- und Versicherungssektors des Landes, um den Zufluss von Milliarden von US-Dollar aus den neuen Ölfeldern zu organisieren. Die Weltbank schrieb auf Anfrage: »Was den Erdöl- und Erdgassektor betrifft, so leistet die Weltbank im Rahmen des Guyana Petroleum Resources Governance and Management Project ausschließlich technische Hilfe (TA). Die Weltbank finanziert nicht die Förderung, Produktion oder Entwicklung von Erdöl und Erdgas in Guyana.«

Wenn also täglich eine Million Barrel Öl aus der Tiefsee von Guyana gefördert wird, welchen Einfluss mag das wohl auf die Klimakrise haben? Und auf das eigentliche Ziel der Weltbank, die

Armutsbekämpfung? Die Weltbank selbst warnt schließlich davor, dass zusätzliche hundert Millionen Menschen bis 2030 durch die Auswirkungen der Klimakrise in die Armut getrieben werden können, wenn nicht sofort etwas dagegen unternommen werde.

Aber kurzfristige Zahlen der Wirtschaft scheinen interessanter zu sein, denn für 2022 prognostizierte die Weltbank der guyanischen Wirtschaft eine Wachstumsrate von phänomenalen 48 Prozent, die steilste Rate der Welt. Abgesehen von den vielen Warnungen vor dem Klimakollaps, warnen andere Stimmen davor, dass das viele Geld aus dem Öl die populistische und teilweise rassistische Politik Guyanas weiter anheizen könne und sich das Land in die lange Liste der Petrostaaten einreihen werde, deren Bevölkerung trotz eines enormen Ressourcenreichtums arm geblieben ist. Der Rohstofffluch, Sie erinnern sich. Dennoch ist eine 48-prozentige Wachstumsrate aktuell anscheinend trotzdem das beste Argument.

Doch wie arm oder reich können wir ohne funktionierende Ökosysteme sein? Muss man diese Frage wirklich stellen? Melinda Janki ist Umweltanwältin in Guyanas Hauptstadt Georgetown. Sie kümmert sich um vier gerettete Straßenhunde und kämpfte von Anfang an gegen das Erdölprojekt. Sie hat es gleichzeitig mit ihrer Regierung, mit Exxon Mobil und mit der Weltbank aufgenommen und sagt: »Guyana ist kein armes Land! Es ist sehr reich. Es hat sauberes Wasser, saubere Luft, eine sehr reiche biologische Vielfalt und eine reiche Fischerei. Also alles, was ein gutes Leben auf dieser Erde ausmacht.«

Für Jürgen Zattler besteht die Grundlage des guten Lebens auf der Welt aus den vielen Schritten, Projekten und Akteur:innen auf ihr, die daran arbeiten, das Klima doch noch auf einem »lebensfähigen Niveau« zu halten. Er sagt, das Thema Klima- und Naturschutz werde innerhalb der Weltbank durchaus immer ernster genommen. In seiner Amtszeit habe er versucht, sich dafür stark zu machen, und auch jetzt bemühe er sich auf seinem neuen Posten darum. »Es ist alles sehr zäh. Es geht voran, aber es ist halt wirklich ein harter Kampf. Und in der Bank, da muss man sich dick anziehen, da muss man total konsistent und konsequent sein.« Er und sein Team hatten alle zwei Wochen sogenannte *Green Bag Lunches* organisiert, Gäste geladen und zum Beispiel über CO_2-arme Energiegewinnung in Indonesien diskutiert. Sie hatten auch Vertreter:innen der Bank geladen, doch häufig wollte niemand kommen. Andere aber hatten großes Interesse, und so gab es immer mehr Zulauf für diese Veranstaltungen. Das habe eine Dynamik und auch regelrechte Forderungen an die Bank erzeugt, und das sei einigen Führungspersönlichkeiten dort gar nicht recht gewesen. »Aber als es dann an Fahrt gewann und in die Öffentlichkeit ging, da haben sie nicht mehr so recht gewusst, wie sie damit umgehen sollen.« Sie mussten irgendwie reagieren und hätten tatsächlich Punkte aus den Veranstaltungen diskutiert und in ihren Entscheidungen aufgegriffen. Druck von innen könne die Institution durchaus zum Wandel bewegen, sagt Zattler. Auf der anderen Seite mangele es an einer klaren Vorgabe in der Bank, die Klimaagenda aktiv und engagiert voranzutreiben. Generell sei die Bank sehr heterogen, es fänden sich sämtliche wirtschaftliche und ökologische Positionen, aber keine strikte Unternehmenslinie wie beispielsweise beim Internationalen Währungsfonds.

Deshalb werde das Pariser Klimaabkommen noch immer nicht ausreichend in allen Entscheidungen der Bank berücksichtigt. »Wir fordern schon seit längerem, dass die Weltbank sich sozusagen Paris alignen soll.« Sieben Jahre nach Paris ist die wichtigste Entwicklungsbank der Welt noch immer nicht in einer Linie mit dem UN-Klimavertrag von 2015?

Der Volkswirt und ehemalige Exekutivbankdirektor sieht in der Weltbank trotzdem großes Potenzial, die Klima- und Umweltkrise vor ihrer totalen Eskalation zumindest mit einzudämmen.

Aktuell gäbe es drei vielversprechende Instrumente, sagt er. Das eine sei, mit besonders ambitionierten Ländern intensiver zusammenzuarbeiten und Leuchtturmprogramme zu entwickeln. Zum Beispiel Südafrika: Hier soll die Yasuní-Idee aus dem ecuadorianischen Amazonas allumfassend umgesetzt werden. Es geht nicht nur um ein bestimmtes Gebiet, sondern um das ganze Land. Außerdem geht es um Kohle statt um Öl. Der Deal hier: Südafrika bekommt 8,5 Milliarden US-Dollar, baut keine Kohlekraftwerke mehr und steigt langsam ganz aus der Kohle aus. Noch seien viele Fragen offen, wie genau das funktionieren solle. Aber ein *Memorandum of Understanding* hätten sie schon einmal. Ein anderer Ansatz sei, mit den Ländern einen groß angelegten Plan auszuarbeiten, wie sie aus den fossilen Energien aussteigen können. »Wenn wir in Deutschland die Energiewende einleiten, dann schauen wir nicht darauf, dass wir ein Projekt hier und da finanzieren. Wir müssen die regulatorischen Rahmen verändern. Wir mussten Emissionsstandards einführen, wir müssen schädliche Subventionen abbauen.« Gesetze also. Das sei sehr schwer durchzusetzen, nicht nur in Deutschland, sondern auch innerhalb der Weltbank. Die dritte Zutat des Zattler'schen Klimarezepts ist ein globaler Schutzschirm. »Dass wir Ländern, die brutal vom Klimawandel betroffen sind, anbieten, dass wir sie vor Verlusten und Schäden schützen.« Pakistan beispielsweise hätte man mit so einem funktionierenden Schirm schneller und besser helfen können. 1700 Menschen starben hier im Sommer 2022 durch einen ungewöhnlich starken Monsunregen, ein Drittel des Landes stand unter Wasser. Zur pakistanischen Wirklichkeit gehört aber auch, dass die Weltbank hier die Erschließung des Thar-Kohlefelds indirekt mitfördert. Im größten Kohlefeld Asiens geht es um insgesamt über 175 Milliarden Tonnen Braunkohle. Nach Urgewald-Recherchen gab es bis 2009 nur ein kleines 150-Megawatt-Kohlekraftwerk in Pakistan. Im Mai 2009 begann die Weltbank dann das »Thar Coal and Power Technical Assistance«-Projekt.

Politische und juristische Rahmenbedingungen (Gesetze) sollten für eine »groß angelegte Kohleverstromung« geschaffen werden, möglichst viele und schwergewichtige Investoren sollten einsteigen. Die Weltbank unterstützte außerdem zwei pakistanische Banken, die an der Finanzierung der Kohleprojekte beteiligt waren, und sagte 1,1 Milliarden US-Dollar Budgethilfe für den Energiesektor zu – ohne Kohle auszuschließen. Im Blumenstrauß der indirekten Kohleförderung gab es außerdem eine neue Tarifpolitik, angeregt von der Weltbank. Sie machte neue Investitionen in dem Bereich zu den gewinnbringendsten der Welt. So wurden aus der 150-Megawatt-Anlage mittlerweile Kohlekraftwerke mit einer Leistung von fast 5000 Megawatt. Bis Ende 2023 sollen weitere 3330 Megawatt produziert werden.

Nun haben diese Kohlekraftwerke in Pakistan nicht direkt die große Flut dort verursacht, und natürlich brauchen die Pakistani Strom, aber ich denke, Sie wissen, worauf ich hinauswill. Außerdem hätte man all diese Investitionen auch an einem anderen Ziel ausrichten und so erneuerbare Energie ohne Menschenrechtsverletzungen oder Naturzerstörung fördern können. Und auch in Guyana hätte die Weltbank in eine Wirtschaft investieren können, die den ökologischen Reichtum an Land ins Zentrum stellt anstatt die fossilen Energien in der Tiefsee.

»Tja«, sagt Herr Zattler. »Es geht alles nicht schnell genug, das ist schon klar.« Das sei ja das Problem. »Ich meine, wir können ja jetzt nicht eine Art Weltdiktatur einsetzen, die das Ganze umsetzt. Dann würde es uns erst recht auf die Füße fallen.« Man müsse mit allen Akteuren zusammenarbeiten, und das sei eben nicht so leicht.» »Intern oder extern?«, will ich wissen. »Schon auch intern«, sagt er. »Man könnte sagen, man mobilisiert jetzt einfach total viel Geld in den Industrieländern, um es den Partnern im globalen Süden zu erleichtern.« Das könnte man vielleicht machen. »Aber wo kriegen Sie das Geld her? Das ist auch bei uns intern in Deutschland eine Frage von Demokratie.« Es gäbe nicht genügend Rückhalt, um in den Parlamenten große Summen für Klimaschutz im globalen Süden zu mobilisieren. »Wir können den Wähler und die Wählerin nicht übergehen.« Doch die Klimakrise sei nun mal ein globales Phänomen. Es reiche nicht, nur in Deutschland an den Stellschrauben zu drehen. »Klimawandel wird uns alle total teuer zu stehen kommen. Es ist besser, früh etwas zu machen.« Das sei das Argument, das am ehesten überzeuge, sagt Zattler. Also wieder das Geld und außerdem: Gesetze. Schließlich ginge es um ein Strukturproblem und nicht nur um individuelles Konsumverhalten.

Weltweit und unabhängig von der Weltbank flössen so viele Millionen an Subventionen in klima- und umweltschädliche Projekte und Unternehmen wie in fossile Energien oder riesige Agrarflächen. Deshalb könne man schlecht sagen: »Also Leute, jetzt reißt euch mal mit eurem Konsum zusammen.« Man müsse die Geldströme umleiten. Außerdem gebe es auch großartige naturbasierte Möglichkeiten – Mangrovenwälder zum Beispiel. »Die könnten sehr viel CO_2 absorbieren!« Er sei ein hoffnungsloser Optimist. All die vielen Ideen, Instrumente und Menschen, die müssten doch zusammen bewirken können, dass »der Laden nicht ganz abschmiert«.

Nur einmal angenommen, die Weltbank würde ihre Investitionen an den Rechten der Natur ausrichten, so könnte sie einen erheblichen Teil dazu beitragen, dass die zerstörerischen Systeme von Patriarchat und Kapitalismus transformiert oder vielleicht gar aufgelöst werden und sowohl Menschenleben als auch ökologisches Leben eher geschützt als ausgebeutet werden. Kann vielleicht ausgerechnet die Weltbank als Verkörperung der alten Systeme ein neues System mit ankurbeln?

7. Grundgesetzänderung: Über die Würde der deutschen Eiche

Der Sinn von Revolution ist die Verwirklichung eines der größten Potentiale, nämlich die unvergleichliche Erfahrung, frei zu sein für einen Neuanfang, woraus der Stolz erwächst, die Welt für einen *Novus Ordo Saeclorum* [eine neue Ordnung der Zeiten] geöffnet zu haben.

HANNAH ARENDT: *DIE FREIHEIT, FREI ZU SEIN*

Anfang der 1990er Jahre wusste die Welt schon von der drohenden Klimakrise, tat aber kaum etwas dagegen. Andere Sorgen trieben die Menschen in Deutschland damals um: das Waldsterben zum Beispiel, Tschernobyl, der Mauerfall, schlechte Musik und seltsame Klamotten. Ich war in der Grundschule in einem Dorf im Spessart und kann mich an keine politischen Gedanken erinnern. Der Norden Bayerns war friedlich, die Sommer waren endlos. Die Tage verbrachte ich draußen, im Wald und in den Feldern. Eine meiner besten Freundinnen aus dem Nachbardorf war bereits weiter. Mit neun Jahren ging sie von Haus zu Haus und sammelte Unterschriften gegen das Ozonloch und gegen Massentierhaltung. Davon hatte sie in einem Kindermagazin gelesen, dagegen wollte sie etwas tun. Wir kannten uns damals noch nicht. Sie und eine andere Freundin hängten damals sogar ein Plakat im Waldschwimmbad auf. Es war die größtmögliche Öffentlichkeit, die sie sich vorstellen konnten – brav abgesprochen mit dem Bademeister. Doch das Dorf schlug die Tür zur Weltverbesserung und zur Selbstermächtigung zu: »Unterschriften gegen das Ozonloch, ihr Trottel, was soll das bringen?« »Wollt ihr lieber wieder im Urwald leben?« »Ist das nicht die mit dem bescheuerten Plakat?« Meine Freundin ging erst einmal nicht mehr ins Schwimmbad, und politischen Aktionen ist sie bis heute ferngeblieben. Die Unterschriften gelangten auch nie bis zu Bundeskanzler Kohl. Die Mädels hatten seine Adresse nicht, und es gab keine Erwachsenen, die sie bei ihrer Aktion irgendwie unterstützt hätten.

Was mit den Unterschriften passierte, weiß meine Freundin nicht mehr; das Ozonloch jedenfalls ist heute als Problem fast verschwunden. Es soll sich bis 2066 sogar wieder völlig schließen, sagen neuste Forschungsergebnisse. Die Welt hat in letzter Sekunde noch einmal die Kurve gekriegt. Gesetze wurden erlassen, FCKW wurde verboten. Ausschlaggebend war das Montreal-Protokoll von 1987. Es regelt den Umgang mit ozonschädlichen Substanzen und ist der einzige UN-Vertrag, den bisher alle 198 UN-Mitgliedsstaaten unterschrieben haben. Wären die zerstörerischen Substanzen nicht verboten worden, so Berechnungen der NASA, hätte sich das Ozonloch auf der ganzen Erde ausgebreitet. Die UV-Strahlung der Sonne hätte die Erde ungefiltert getroffen und die DNA von Menschen, Tieren und Pflanzen geschädigt. Bis 2065 wäre die UV-Strahlung um 500 Prozent angestiegen. Doch die Welt hat sich auf einen Vertrag geeinigt, auf Gesetze, und sie hat sich tatsächlich daran gehalten.

Einer der Pioniere der Ozonforschung bei der NASA, Richard Stolarski, hätte nicht gedacht, dass der UN-Vertrag so gut funktionieren würde, erzählt er auf der Website des Earth Observatory der NASA. Es könnte ein Fahrplan für die aktuelle Krise sein: »Das Montrealer Protokoll ist ein bemerkenswertes internationales Abkommen, das von denen studiert werden sollte, die sich mit der Klimakrise beschäftigen und mit dem Versuch, hier eine internationale Vereinbarung zu erreichen.«

Das würde auch der deutschen Eiche guttun. Noch ziert sie viele Wirtshausschilder und Gedichtbände, ein Nationalsymbol, seit die Germanen sie einem ihrer wichtigsten Götter zuschrieben, dem Donnergott Thor. Doch die Waldzustandsberichte der Bundesregierung sind in den vergangenen Jahren stets voller Alarmsignale und immer roter werdender Grafiken: »Belaubung extrem schlecht«, steht daneben, Schadstufen sind extrem angestiegen. Lediglich 21 Prozent der untersuchten Bäume waren zuletzt ohne Kronenschaden. Am schlechtesten steht die Fichte da, aber auch der Eiche geht es nicht gut. 41 Prozent weisen eine deutliche Kronenverlichtung auf, haben also ungewöhnlich wenige Blätter. Die Fruchtbildung ist deutlich zurückgegangen. Grund sind die trocken-heißen Sommer und die milden Winter. Die einen laugen aus, die anderen bringen Schädlinge. Es brennt immer häufiger.

Außerdem gehört Deutschland weltweit schon jetzt zu den Regionen mit dem höchsten Wasserverlust. In zwanzig Jahren hat Deutschland die Menge des Bodensees an Grundwasser verloren. Das hat das Global Institute for Water Security an der Universität im kanadischen Saskatoon berechnet, das im Auftrag der NASA und des Deutschen Zentrums für Luft- und Raumfahrt Satellitendaten auswertet. Höhere Temperaturen lassen immer mehr Wasser verdunsten, gleichzeitig fließt immer mehr Wasser bei Starkregen einfach ab, ohne ins Grundwasser zu sickern.

Das schadet allem Leben in Deutschland, aber besonders dem Ökosystem Wald.

Dabei wurde im und am deutschen Wald das Prinzip der westlichen Nachhaltigkeit überhaupt erst erfunden. Und zwar von Hans Carl von Carlowitz, 1645 geboren. Damals tobte der 30-jährige Krieg, eine Demokratie war 200 Jahre weit entfernt. Carlowitz war Ingenieur und Waldforscher und seiner Zeit weit voraus. Er bereiste Europa und verwaltete die Silberbergwerke von Sachsen. Er beobachtete außerdem die damalige Energiekrise, den Mangel an Holz, und kam zu dem Schluss, dass Ignoranz und Gier die Forstwirtschaft »ruinieren« und zu »irreparablen Schäden« führen würden. Das schreibt Carlowitz 1714 in seinem Lebenswerk *Sylvicultura oeconomica oder Naturmässige Anweisung zur Wilden Baum-Zucht.*[51] Um zu überleben, müsse der Mensch zwar in die Natur eingreifen, aber nur auf eine unterstützende Art und Weise, in Zusammenarbeit mit der Natur. An was erinnert Sie das? An Pachamama? Mich schon, vor allem mit dem nächsten Gedanken: Beim wirtschaftlichen Fortschritt müsse unbedingt vermieden werden, verschwenderisch und ausbeuterisch mit den Rohstoffen der Natur umzugehen. 1714 schrieb Carlowitz das. Leider hörte kaum jemand auf ihn.

Der deutsche Wald ist trotz aller Zerstörung noch immer ein gigantischer CO_2-Speicher. In ihm sind rund 1,26 Milliarden Tonnen Kohlenstoff gebunden. In der ersten Erdschicht sind nochmals 850 Millionen Tonnen gespeichert. Bezieht man die Erde bis zu einer Tiefe von neunzig Zentimetern ein, steckt im Boden sogar mehr CO_2 als in den Bäumen. 2017 gab es eine sogenannte Kohlenstoffinventur der deutschen Wälder. Ihr Ergebnis: Sie sind eine CO_2-Senke, nehmen also mehr CO_2 aus der Atmosphäre heraus, als sie freisetzen. Damals waren es jährlich rund 62 Millionen Tonnen Kohlendioxid, die sie aus der Atmosphäre aufnahmen. Das entspricht sieben Prozent der gesamten deutschen Treibhausgasemissionen und dürfte sich bis heute mit dem weniger werdenden Laub und den vielen Bränden aber verringert haben.

Rechnet man das auf den Individualverbrauch um, konnten im Jahr 2017 knapp sechs Millionen Menschen auf Kosten des deutschen Waldes leben. Ein Mensch in Deutschland verbraucht nämlich im Schnitt 10,8 Tonnen CO_2 pro Jahr. Aber wir haben ja schon in Kapitel 2 gesehen, dass die Individualisierung des Problems nicht zu seiner Lösung führen wird. Wir leben und konsumieren in Systemen. Auch in Deutschland ist die Industrie einer der größten CO_2-Verursacher. Nach Recherchen der *Süddeutschen Zeitung* von 2022 sind allein dreißig Unternehmen für mehr als ein Drittel der Emissionen in Deutschland verantwortlich, darunter ThyssenKrupp, Vattenfall, RWE und Volkswagen.[52] Natürlich produzieren diese Firmen auch für den Individualverbrauch, also für Sie und mich, aber sie produzieren nach den Regeln und Gesetzen der Bundesrepublik. Das heißt, mit Konsumentscheidungen kann man einen Unterschied machen, aber der größere Hebel wäre doch die Gesetzgebung. Man kann die vorhandenen Gesetze ökologischer interpretieren oder gleich neue Gesetze schaffen. Man könnte sogar das Grundgesetz ändern. In Sachen Ozonloch haben neue Gesetze schließlich viel gebracht, vielleicht sogar die Welt gerettet. Schauen wir uns in diesem Kapitel also die Gesetzmäßigkeiten und -möglichkeiten an, die Deutschland als eine der großen

Industrienationen der Erde mit Einfluss auf dem internationalen Parkett und historisch großer CO_2-Verantwortung hat.

Aktuell kann Naturschutz in Deutschland vor Gericht nur von direkt Betroffenen eingeklagt werden. Wenn mein persönliches Trinkwasser verseucht ist, kann ich klagen. Wenn ein Unternehmen aber einer anderen Region das Wasser abgräbt oder die Bundesregierung den Kohleausstieg erst für 2038 veranschlagt, kann ich nichts tun und muss auf die Staatsanwaltschaft oder Umweltverbände hoffen – oder auf trickreiche Anwält:innen wie Roda Verheyen, die wir später noch treffen werden. Die dürfen Klage erheben, aber hier gibt es ein großes Vollzugsdefizit. Die Behörden kommen nicht hinterher, Umweltrecht durchzusetzen und Vergehen zu verfolgen. Das hat das Umweltbundesamt in einer Analyse von 2019 festgestellt. Zudem gibt es im deutschen Strafrecht keine Unternehmensstrafbarkeit, das heißt, nur einzeln handelnde Personen innerhalb eines Unternehmens können strafrechtlich zur Verantwortung gezogen werden, nicht das Unternehmen als solches. Das erschwert die Beweisführung und Verurteilung deutlich, sagen Jurist:innen.

Wir haben in Deutschland eine Vielzahl von Regularien, die die Natur schützen: das Bundesnaturschutzgesetz, das Emissionsschutzgesetz, das Tierschutzgesetz oder Verordnungen für Gewässerverunreinigungen. Aber Natur ist – abgesehen von manch einem Tierschutzgesetz – immer nur schützenswert, wenn sie dem Menschen dient, nicht ausschließlich deshalb, weil sie lebt oder ein Recht auf Existenz hätte.

Am elementarsten ist Natur in Deutschland aktuell durch Artikel 20a im Grundgesetz geschützt:

> »Der Staat schützt auch in Verantwortung für die künftigen Generationen die natürlichen Lebensgrundlagen und die Tiere im Rahmen der verfas-

> sungsmäßigen Ordnung durch die Gesetzgebung und nach Maßgabe von Gesetz und Recht durch die vollziehende Gewalt und die Rechtsprechung.«[53]

Hierauf fußt zum Beispiel das wegweisende Klimaurteil des Bundesverfassungsgerichts vom März 2021, infolgedessen die Bundesregierung ihr unzureichendes Klimaschutzgesetz nachbessern musste. Zitat aus dem Urteil: »Art. 20a GG verpflichtet den Staat zum Klimaschutz. Dies zielt auch auf die Herstellung von Klimaneutralität.«[54] Es fehlten ausreichende Vorgaben für die Emissionsminderung ab 2031, die nachfolgenden Generationen würden so in ihren Freiheitsrechten verletzt, entschieden die Richter:innen. Eingereicht hatten die Verfassungsbeschwerde mehrere junge Menschen, unter anderem eine 22-Jährige von der Nordseeinsel Pellworm, die fürchtete, dass die Deiche dem steigenden Meeresspiegel irgendwann nicht mehr standhalten würden. Unterstützt wurden sie von Umweltverbänden und der Anwältin Roda Verheyen. Und tatsächlich: Die Freiheit der nächsten Generationen wog für die Richter:innen schwerer als die individuelle Freiheit des unbedachten Konsums von heute oder auch als die Freiheit der wenig nachhaltig regulierten Industrie.

Doch andere Richter:innen können anders entscheiden. Denn was genau damit gemeint ist, dass der Staat auch in Verantwortung für die künftigen Generationen die natürlichen Lebensgrundlagen schützt, ist nicht eindeutig klar. Es könnten – in die Pachamama-Richtung gedacht – vielleicht sogar die Lebensgrundlagen aller Lebewesen gemeint sein, auch die der Ameisen und der Amöben oder die von Menschen auf anderen Kontinenten. Man könnte – in die entgegengesetzte Richtung gedacht – aber auch einfach nur Wasser und Brot herauslesen aus diesen Lebensgrundlagen, dazu Luft aus der Klimaanlage. Denn was heißt schon Lebensgrundlage? Urteile werden von den Menschen ihrer Zeit gefällt, selbst wenn das Gesetz schwarz auf weiß zeitlose Eindeutigkeit suggeriert: Ein Interpretationsspielraum bleibt.

Ein Wärter eines Konzentrationslagers unter den Nationalsozialisten wurde beispielsweise erstmals im Jahr 2011 wegen Beihilfe zum Massenmord verurteilt. Demjanjuk hieß der ehemalige Wärter und war damals 91 Jahre alt. Nichts hatte sich an der Gesetzgebung seit den ersten NS-Prozessen verändert, aber hier hatte nun zum ersten Mal eine Staatsanwaltschaft eine entsprechende Anklage erhoben und ein Richter das entsprechende Urteil gefällt. Seitdem sind weitere betagte Männer und Frauen für ihre Hilfstätigkeiten in der Vernichtungsmaschinerie des Dritten Reichs angeklagt und verurteilt worden.

»Geschichte geschieht nicht einfach, sondern Geschichte ist immer die Folge von konkreten Entscheidungen, die Menschen individuell treffen müssen«, sagte mir der Historiker Jens-Christian Wagner im Interview für den NDR zum Fall einer ehemaligen Sekretärin im Konzentrationslager Stutthof. 65 000 Menschen wurden dort im Dritten Reich vergast, erschossen oder erschlagen. 2021/22 kam es schließlich zum Prozess gegen die Sekretärin. Jens-Christian Wagner beobachtete den Fall als Leiter der Gedenkstätte Buchenwald: »Auch eine Sekretärin musste Entscheidungen treffen, nämlich ob sie mitmacht oder ob sie nicht mitmacht. Wir alle – auch in Verwaltungshandlungen – sind gewissermaßen kleine Rädchen im System, und das muss uns bewusst werden.«

Um das bei diesem schmerzerfüllten Thema völlig klarzustellen: Ich will nicht den Holocaust mit der Klimakatastrophe und dem massenhaften Aussterben der Arten gleichsetzen. Aber ich will zeigen: Recht ist menschengemacht und wandelbar, es hängt ab von den jeweiligen Weltbildern seiner Zeit. Und wir alle tragen Verantwortung für unsere Handlungen, auch über den Zeitpunkt dieser Handlungen hinaus.

Wie entscheiden also die deutschen Gerichte in Zukunft über die Freiheit, über die Natur und über unser aller Lebensgrundlagen? Was hat die Natur als Rechtssubjekt damit zu tun? Und wie entscheiden wir selbst über unsere täglichen Entscheidungen als Rädchen im Getriebe?

Bayerischer Boogie-Woogie: Hans Leo Bader, Alberto Acosta und der Investmentbanker

Falls die Natur in Deutschland je zur Rechtsperson erklärt werden sollte, hat sie das auch dem Boogie-Woogie zu verdanken. Ein Strang dieser Geschichtsschreibung beginnt nämlich Anfang der 1990er Jahre auf den Tanzböden Bayerns. Während meine Freundin Unterschriften sammelt und ich durch die Wiesen und Wälder streife, hüpfen Hans Leo Bader und Harald Brandl bis zur deutschen Meisterschaft im Formationstanz und werden zu Lebensfreunden. Heute ist der eine Bauunternehmer und der andere Investmentbanker, zusammen sind sie der Kern des Volksbegehrens »Rechte der Natur« in Bayern. Leo, der Bauunternehmer, hatte die Idee, und Harald, der Investmentbanker, war sofort von ihrer logischen Pragmatik überzeugt: »Dass es heute überhaupt noch eine nicht nachhaltige Wirtschaft gibt, ist völlig irrational und eigentlich überhaupt nicht wirtschaftlich«, sagt er auf der Rückfahrt von Nürnberg nach München im Sprinterbus. Die beiden haben bei einer Fahrrad-Klimademo Unterschriften für ihr Volksbegehren gesammelt. Harald, Jahrgang 1966, stilsicher mit Hut und in schwarzweiß gemustertem Kurzarmhemd über farbigen Tattoos. Leo, Jahrgang 1968 und in leuchtend rotem Poloshirt. Harald ist mitgeradelt, Leo hat an einem Stand mit Flyern und Plakaten die Leute animiert. Sie sollten Assoziationen zur Natur auf eine Tafel schreiben. »Dicke Wadln vom Radln« steht auf ihr am Ende des Tages, außerdem: Rettung, Erholung, Lebensgrundlage. Und sogar Pachamama hat jemand daraufgeschrieben: »die große Göttin« in Klammern darunter. Vierzig Unterschriften hat ihnen die Aktion eingebracht und sie einen ganzen Sonntag gekostet. Aber so rechnen die beiden nicht. »Wir haben Zeit miteinander und für die Natur verbracht, nette Leute kennengelernt«, sagt Leo, als am Autofenster die Hopfenfelder vorbeiziehen. »Und jetzt geht es in den Biergarten.« Noch sei Hopfen und Malz schließlich nicht verloren. Er grinst.

Im August 2022 steht die Aktion noch am Anfang, 51 Menschen sammeln Unterschriften für das Volksbegehren. Rund 15 000 sind bisher zusammengekommen. 25 000 braucht es für einen Antrag auf Zulassung des Volksbegehrens, und danach müssten innerhalb von zwei Wochen zehn Prozent der wahlberechtigten Menschen in Bayern dafür stimmen. Dann kommt es zum Volksentscheid, bei dem es eine einfache Mehrheit und 2,5 Millionen Jastimmen bräuchte.

Es ist ein dickes, trockenes Brett, das es zu bohren gilt. Aber die Gesetzgebung sei nun mal der stärkste Hebel, um die Gesellschaft vor der Selbstzerstörung zu bewahren, da sind sich die Freunde auf der Autobahn einig. Deswegen haben sie den langen mühsamen Weg eingeschlagen, der nötig ist, um ihre Landesverfassung zu ändern. Draußen auf dem Sprinter klebt eine große grünblaue Erde, umkreist vom Schriftzug »Im Namen der Natur«. Doch die bayerische Verfassung ist nicht alles, das eigentliche Ziel ist das Grundgesetz. Das kann allerdings nur mit einer Zweidrittelmehrheit in Bundestag und Bundesrat geändert werden. Die bayerische Landesverfassung ist die kleinere Hürde. Oder vielleicht auch gleich alle sechzehn Landesverfassungen? Die können meist direkt durch ihre eigenen Bürger:innen geändert werden. »Und wenn genug Landesverfassungen die Natur zur Rechtsperson erklärt haben, muss auch die Bundespolitik nachziehen«, so die Strategie. Es gibt weitere Initiativen in Thüringen, in Baden-Württemberg, in Berlin. Und auch auf Bundesebene hat sich ein Netzwerk aus Jurist:innen, Unternehmer:innen und Wissenschaftler:innen zusammengeschlossen, die sich für eine Änderung der deutschen Gesetzgebung im Namen der Natur engagieren: das »Netzwerk Rechte der Natur«.

In Bayern aber ist man bisher am weitesten. Hier hatte 2019 schon das Volksbegehren »Rettet die Bienen!« 1,7 Millionen Menschen zu einem Kreuz für die Natur bewegt. Sie hatten der Politik damit den Auftrag erteilt, Gesetze und Rahmenbedingungen zu schaffen, die die Artenvielfalt schützen und der Zerstörung Einhalt gebieten. Im besten Falle sollten sie die Natur wieder zum Sprießen bringen. Seitdem wurden Pestizide in Naturschutzgebieten verboten und Gewässerrandstreifen unter Schutz gestellt. Es gibt einen Streuobstpakt, der zu einer Million frisch gepflanzter Bäume führen soll, und die Vorgabe, dass dreißig Prozent der landwirtschaftlichen Flächen ökologisch bewirtschaftet werden. Drei Jahre später waren das gerade einmal dreizehn Prozent.

Leo Bader hatte sich damals schon engagiert, aber dann gedacht: »Warum gehen wir nicht gleich an die Wurzel, statt weiter Flickwerk zu betreiben?« Und so will er nun an die grundsätzliche Werteebene heran und erreichen, dass Artikel 101 der bayerischen Verfassung in Zukunft der Natur so etwas wie Würde verleiht. Wer das Volksbegehren unterschreibt, unterschreibt folgenden Satz:

»Jedermann hat die Freiheit, innerhalb der Schranken, der Gesetze und der guten Sitten alles zu tun, was den Rechten der anderen und den Rechten der natürlichen Mitwelt nicht schadet.«

Vier Wörter würden die bayerische Verfassung revolutionieren: »Und. Der. Natürlichen. Mitwelt«. Der Rest steht schon heute in Artikel 101. Die vier Wortvorschläge stammen von einem erfahrenen Umweltjuristen. Sie würden en passant die Natur zum Rechtssubjekt erklären. Denn Hans Leo Bader holt sich gerne Expert:innen ins Boot. Das erste Mal las er 2017 von dem Konzept der Natur als Rechtsperson in Ecuador. Er war fasziniert, las weiter, fand mehr, stieß auf ein Buch des Umweltjuristen Klaus Bosselmann aus den Neunzigern und schrieb ihn an. Der international renommierte Professor antwortete sofort. Auch auf Alberto Acosta stieß er, den Präsidenten der verfassunggebenden Versammlung von Ecuador, der sein Land an die Poleposition in Sachen Rechte der Natur katapultiert hatte. Auch ihn schrieb er an, auch er antwortete sofort. Bader hatte ihn via Twitter gefragt, ob er nicht Schirmherr der bayerischen Initiative werden möchte. Keine drei Stunden später kam die Antwort, formlos auf Deutsch: »Sie können mit meiner Unterstützung rechnen. Solidarische Grüße aus der indigenen Gemeinschaft Shuar in Saramentsa in Amazonien.« Das war im Juli 2021. Ein knappes Jahr später ist Alberto Acosta in München, um einen Vortrag zu halten. Die beiden gehen ein Bier trinken, Acosta unterschreibt symbolisch auf der Liste zum Volksbegehren. Er unterstützt auch das deutschlandweite Netzwerk Rechte der Natur, das eine Grundgesetzreform anstrebt und zu der auch Leo Bader von der Bürgerinitiative in Bayern gehört. Innerhalb eines Jahres haben sie gemeinsam in Videokonferenzen einen Vorschlag für eine Grundgesetzänderung erarbeitet. Gleich mehrere Artikel sollen die Ökologie stärken. Artikel 20a, der bisher entscheidende Umweltartikel, soll beispielsweise um folgenden Satz ergänzt werden:

> »Jedes Lebewesen hat seine naturgegebene Würde und das Recht – im Rahmen natürlicher Kreisläufe, Nahrungsketten und Biotope –, seiner Natur nach zu leben.«[55]

Ein anderer Artikel soll diesen Zusatz erhalten:

> »Die Grundrechte gelten auch für die Natur, soweit sie ihrem Wesen nach auf diese anwendbar sind. Die Natur ist rechtsfähig. Sie ist durch die Gesetzgebung, durch die vollziehende Gewalt und die Rechtsprechung maßgeblich zu achten und zu schützen.«

Zurzeit erkennt das Grundgesetz nur die Würde des Menschen an. Mit den Ergänzungen würde die Natur zum Rechtssubjekt werden. Sie stünde unter stärkerem Schutz, ihre Rechte wären leichter einklagbar. Wie sich das konkret auswirken würde, müssten weitere Urteile und Gesetze festschreiben. Unterstützt wird der Vorschlag von immer mehr Menschen und Organisationen, unter anderem vom Naturschutzbund Deutschland (NABU) mit mehr als 875 000 Mitgliedern und Fördernden.

Leo Bader war bei fast jeder Videokonferenz zu den juristischen Vorschlägen dabei, aber so eine Grundgesetzänderung ist langwierig. Er konzentriert sich jetzt lieber erst einmal auf Bayern und die Loisach. Zusammen mit Harald und anderen Mitstreiter:innen ist er an die Quelle des Flüsschens hinter die Grenze und die Zugspitze bis nach Österreich gefahren. Es plätschert und gurgelt. Durch die Bäume bricht das Licht in Staubstrahlen. Ein paar Libellen fliegen herum. Hinter den Wipfeln blitzen steinige Berggipfel durch. Eine kleine Gruppe der bayerischen Initiative für die Rechte der Natur möchte den Fluss zur Rechtsperson erklären lassen. Heute findet die Auftaktveranstaltung der Initiative statt. Auch der Umweltjurist Klaus Bosselmann ist gekommen, als eine Art Vater der Flüsse mit eigenen Rechten. Er lebt seit rund dreißig Jahren auf Neuseeland und hat dort dem Whanganui gemeinsam mit anderen dazu verholfen, der weltweit erste Fluss mit Rechtspersönlichkeit zu werden. 2017 war das. Ursprünglich stammt Bosselmann von einem Hof in der Lüneburger Heide und bezeichnet sich selbst gerne als indigenen Germanen. In seiner Jugend habe man auf dem Hof noch zu einer alten Eiche gesprochen und von ihr Rat erbeten, erinnert er sich. Jetzt steht er 71-jährig im wild geblümten Hemd mit grauer Igelfrisur und weißen Turnschuhen im Grün im Menschenkreis neben der Loisach. Das Wasser gurgelt, seine Gedanken fließen. Der Professor hält eine Spontanvorlesung, die ihn von den Maori Neuseelands und vom Whanganui-Fluss über die Lüneburger Heide zur Antiatomkraftbewegung, der deutschen Romantik und zurück zu Verantwortung und Ökologie bringt.

Ökologie, das sei die Wissenschaft von der Verknüpfung aller Lebensformen, die den Menschen nicht in eine Sonderstellung erheben würde. »Es gibt keine Extrawurst für Menschen.« Ökologie werde oft falsch verstanden, als ein Spezialgebiet für Biolog:innen, bei dem man sich keine Gedanken darüber machen müsse, was diese Ökologie mit der Organisation von Gesellschaften und Wirtschaftsordnungen zu tun habe. Doch das Gegenteil sei der fatale Fall.

Bosselmann hat an vielen internationalen Verträgen, Erklärungen und Abkommen mitgewirkt, unter anderem am Gesetzestext, der 2017 den ersten Fluss der Welt zur Rechtsperson erklärte und den Professor jetzt 71-jährig an die Loisach brachte – als Flusspate sozusagen. Der Whanganui in Neuseeland hat es schließlich vorgemacht, 290 Kilometer glitzernd frische Rechtspersönlichkeit, die sich von den Bergen bis zum Meer ziehen. Von ihm wollen Bader und die anderen für ihre eigenen Initiativen lernen. In Indien wurde kurz darauf dem Ganges und einem seiner Nebenflüsse die Rechtspersönlichkeit zugesprochen. 2021 erhielt ein Fluss in Quebec/Kanada eigene Rechte, und in Bangladesch gelten gleich alle Flüsse als juristische Personen.

Bosselmann selbst lernte unter anderem von Christopher D. Stone. Der US-amerikanische Professor für internationales Umweltrecht hatte schon 1972 den wegweisenden Essay »Should trees have standing?« geschrieben.[56] Eine Art Gründungsdokument der Eigenrechte der Natur im Westen. Darin plädiert Stone für eine juristische Gleichstellung von Mensch und Natur.

In Bayern soll jetzt also die Loisach Naturrechtsgeschichte schreiben. Hier ist nun aber ausgerechnet Bosselmann derjenige, der die Aufregung dämpft. Den Wert der Initiative sehe er vor allem in ihrer Symbolkraft, sagt er den euphorischen Bayer:innen am Quellwasser. Ein einzelner Fluss sei schön und gut, ein wichtiges Puzzleteil im großen Ganzen. Vor allem gehe es aber darum, das westliche Naturverständnis zu ändern, den westlichen Dualismus aufzulösen, das Gegensatzpaar von Natur und Kultur. Diese Idee vom Menschen als Herrn und Eigentümer über die Natur. »Das gehört alles auf den Müllhaufen der Geschichte.« Eifriges Nicken in der Runde der Versammelten.

»Entweder lernen wir es, mit der Natur zu leben, oder wir können es vergessen.« Er meint das Leben überhaupt. Und dann sei das vielleicht ja auch gut so. »Mutter Erde hat uns lange genug ertragen. Wenn ich demnächst mal sterbe, wie das eben so ist, bin ich wieder Teil der Natur. Da brauche ich keine Religion für. Ich bin aus der Natur gekommen und will da wieder zurück. Es ist ein großes Privileg, leben zu dürfen.«

Reihum lassen alle ihre Gedanken zur Loisach und zur Natur fließen. Leo erzählt von dem ersten Artikel, der ihn auf eine lange Reise schickte, eine Dame berichtet von ihrer Faszination für Wasser, ein Herr über seine Erfahrungen bei den Irokesen Nordamerikas. Harald räuspert sich, heute im Langarmshirt, wieder mit Hut. Er komme ja aus einer ganz anderen Welt, sagt er. »Ich komme aus einem kapitalistischen Umfeld. Ich bin Banker.« Es klingt wie ein Geständnis. »Und in der Aufgabe bin ich ein Stratege und mache mir Gedanken, wie unsere Kunden ihr Geld anlegen, vor allem langfristig anlegen. Ein wichtiger Teil meines Aufgabengebiets ist es, mir Gedanken über die Zukunft zu machen. Wie entwickelt sich die Zukunft? Wo können wir sinnvoll unsere Gelder hineininvestieren?« Ihm sei es wichtig, sich erst einmal über die Grundlagen Gedanken zu machen. Denn darauf baue schließlich alles auf, sämtliche Komplexität der Welt. »Für mich ist es unglaublich spannend, zu beobachten, wie das eigentlich ignoriert wird in der gesamten Industrie.« Spannend seien auch die Gespräche mit den Kund:innen. Denn diese »bösen« Kapitalist:innen, das seien am

Ende immer auch Menschen, die Geld für sich oder ihre Kinder anlegen wollen. »Die Rendite tritt mehr und mehr in den Hintergrund. Der Purpose, wie es heute heißt, der Zweck wird immer wichtiger.« Und dabei sei er der Brückenbauer, der nach Zweck und Sinn der Geldanlage suche. Trotzdem gehe es aber sehr oft um Greenwashing, wenn mit grüner Geldanlage geworben wird. Man müsse seine Argumente parat haben, ein bisschen recherchieren. »Die ganze Elektromobilität zum Beispiel ein bisschen in den Kontext stellen.« 48 Millionen Autos in Deutschland zu elektrifizieren, was bedeute das eigentlich? Nicht unbedingt das, was die Kund:innen wollen, nämlich die Natur zu entlasten. »Hat es also überhaupt Sinn, in diese Technologie zu investieren? Denn die Welt wird sich nicht so schnell ändern, wie wir uns das vielleicht gerne wünschen.«

Ähnliches stelle er bei den fossilen Energien fest. Dazu müsse er seiner Kundschaft aber gar nicht mehr so viel erzählen. Denn die reagierte schon von allein auf den Zustand der Welt. »Obwohl hier eigentlich momentan Supergewinne sprudeln, Gewinne verdreifacht, Umsätze verdoppelt werden, investieren die Leute nicht in die Ölindustrie. Also nicht in diesem Maße wie früher. Die Werte sind, wenn man es aus meiner technischen Welt betrachtet, spottbillig. Ja, man müsste eigentlich sofort investieren. Die Leute tun es aber nicht. Die denken mittlerweile schon zwei, drei Schritte vorwärts. Da tut sich etwas.«

Dazu ein kurzer Zahlenexkurs in die Welt der Banken (siehe auch Kapitel 2). In der Tat hat sich das Vermögen von Publikumsfonds und ETFs, also Exchange Traded Funds, die sich als »nachhaltig« bezeichnen, zwischen 2019 und 2021 fast verdoppelt, ergibt eine Untersuchung der NGO Finanzwende.[57] Sie hat 314 internationale Fonds mit einem Volumen von etwa hundert Milliarden Euro näher untersucht. Das Ergebnis ist ein vernichtendes Zeugnis für den Boom grüner Geldanlagen. Vermeintlich nachhaltiges Geld werde kaum anders angelegt als in konventionellen Fonds. Über siebzig Prozent der als nachhaltig klassifizierten Investitionen im Energiesektor fließen in fossile Energien, darunter fast hundert Millionen Euro in Kohle. Andere investieren in Exxon Mobil, BP oder Chevron. Auch ein Schwerpunkt auf klar zukunftsträchtige Investments sei nicht erkennbar, heißt es in der Erhebung. Die NGO Finanzwende fordert deshalb mehr Transparenz, einheitliche Zertifizierungen und generell eine ökologische Ausrichtung des Finanzsektors.

Harald, der Investmentbanker an der Loisach, stellt für seine Bank in der Schweiz deshalb nun selbst Fonds zusammen, nach seinen eigenen Nachhaltigkeitskriterien. Er hatte die Idee mit der Tafel, auf die die Leute ihre Assoziationen zur Natur schreiben sollen. »Du kannst dein Publikum nicht mit so einem Textbrett erschlagen«, meinte er zu Leos Flyern. Leo, der sich selbst gerne als verkopft bezeichnet, war sofort überzeugt. Knapp zehnmal war die Tafel nun im Einsatz. Und manchmal konnte man kaum noch einen weißen Flecken ausmachen, so viele Assoziationen hatten die Leute. Der am häufigsten verwendete Begriff? Freiheit.

»Sorry, Klaus!« – Wie Deutschland mehrfach fast eine ökologische Verfassung bekam

Wenn Klaus Bosselmann ehemalige Studierende bei internationalen Klimaverhandlungen trifft, kann der sonst sehr Sanftmütige durchaus ungemütlich werden. Besonders wenn die Studierenden die USA vertreten anstatt die eigene Meinung. In Paris 2015 waren gleich drei ehemalige Studierende von ihm in Regierungsdelegationen. Er fand die Veranstaltung unerträglich.

Als Mitglied der IUCN-Weltkommission für Umweltrecht war er angereist, um zu verhindern, dass das UN-Klimaabkommen aufgeweicht würde, nur damit die USA einstiegen. Die hatten das Kyoto-Protokoll von 2005 als einziger Industriestaat trotz jahrelanger

Verhandlungen nicht unterschrieben. 2015 in Paris sollten sie und andere Länder das Nachfolgeabkommen unterzeichnen. Das taten sie, aber das Papier wurde schließlich doch aufgeweicht. Sie erinnern sich? Eine Delegation aus Sarayaku war auch dort, die ganz andere Vorschläge im Gepäck hatte, aber kaum gehört wurde. Auch Klaus Bosselmann hat sie nicht gesehen.

In der Kaffeepause begegnete er einer ehemaligen Studentin. Sie kam aus den USA und hatte vor vielen Jahren bei ihm in Berlin einen Kurs zu Umweltrecht besucht. »Oh, Klaus, phantastic you are here!« Er reagierte verhalten. »Ja, hättest du nicht ein bisschen mehr einbringen können? Ich meine, du weißt doch, worum es geht?!«

»Sorry, Klaus, das kann ich leider nicht. Ich würde sofort meinen Job verlieren.«

»Dann bist du im falschen Job! Beziehungsweise: Wo ist denn dein Mut, das auszusprechen, was du denkst? Du kannst doch nicht mehr in den Spiegel gucken, wenn du bei solchen Dingen klein beigibst.«

Das Gespräch wurde dann doch noch gut. Heute ist die ehemalige Studentin Professorin statt USA-Abgesandte. Klaus Bosselmann sitzt auf einer Parkbank am Rande der Münchner Theresienwiese und erinnert sich. »Der einzige Grund dafür, dass heute mehr in der Klimapolitik läuft als damals, ist die globale ›Fridays for Future‹-Bewegung und nicht das Pariser Abkommen.« Es ist der Tag nach dem Loisach-Ausflug, sein zweiter Tag in Deutschland seit drei Jahren, seit Corona. Deutschland hat Ende der achtziger Jahre für Bosselmann keinen Sinn mehr gemacht: zu viele Enttäuschungen in Sachen Natur und Gerechtigkeit.

Er wurde lieber Gründungsdirektor des neuseeländischen Zentrums für Umweltrecht an der Universität von Auckland mit dem Spezialgebiet internationales und europäisches Umweltrecht, Global Governance und vergleichendes Verfassungsrecht. Damit war er Berater für die Vereinten Nationen, die OECD, die Europäische

Union und die Regierungen von Deutschland und Neuseeland. Er hat dreißig Bücher geschrieben beziehungsweise herausgegeben und zahlreiche Auszeichnungen für seine Pionierarbeit im Umweltrecht und in der Rechtsprechung über die Erde erhalten. Er möchte aber bitte nicht Professor genannt werden, Klaus ist okay.

Er erinnert sich an die Achtziger und die frühen Neunziger. Drei Möglichkeiten gab es damals, die deutsche Verfassung in eine ökologische zu verwandeln. Er selbst gründete mit Freund:innen und Kolleg:innen einen Verein für Umweltrecht. Das bescheidene Ziel: die Veränderung der Rechtsordnung. Die Jungjurist:innen erhielten damals sogar Räumlichkeiten und finanzielle Mittel vom Land Bremen. Es hat trotzdem nichts genutzt.

Die erste Möglichkeit für eine Verfassung, die der Natur einen höheren Stellenwert einräumt, hatte der Bundesrat eröffnet. Er beauftragte eine Kommission aus Abgeordneten damit, das Grundgesetz auf seine Ökologietauglichkeit hin zu überprüfen. »Ob es denn noch zeitgemäß sei angesichts der ökologischen Krise«, war die Frage, so Bosselmann. Er sei damals, Anfang der Achtziger, selbst überrascht gewesen, dass der Bundesrat diese Resolution ausgesprochen hatte. »Dann dachten wir, das ist jetzt eine Sache von ein paar Jahren und wir haben ein neues Grundgesetz. Tja, haha!« Davon schreibt Bosselmann 2008 auch in seinem Buch *The principle of sustainability*. Die Diskussion darum spaltete sich in zwei Lager. Die einen wollten, dass der Staat die Umwelt um ihrer selbst willen schützt (Rechtssubjektivität!), die anderen wollten die Umwelt lediglich als natürliche Lebensgrundlage für den Menschen anerkennen. 1983 legte die Sachverständigenkommission »Staatszielbestimmungen/Gesetzgebungsaufträge« ihren Bericht vor. Sie kam zu dem Ergebnis, dass die Natur nicht dieselben Rechte haben könne wie der Mensch, dass sie aber durchaus mehr Rechte verdiene, als sie damals hatte. Wie genau der Stellenwert der Natur im Verhältnis zum Menschen festzuschreiben sei, diese Frage sei so groß und von solch elementarer Bedeutung, die wolle die Kommission nicht beantworten, sondern zurückgeben in die Gesellschaft. Es müsse einen breiteren Diskurs darüber geben. Den gab es nicht wirklich.

Bosselmann schrieb später gemeinsam mit anderen Umweltrechtler:innen einen ökologischen Verfassungsentwurf für Deutschland und eine Erd-Charta für die Welt. Die nachhaltige Verfassungsoption für die Bundesrepublik wurde 1991 in der Frankfurter Paulskirche vorgestellt, wo knapp 150 Jahre zuvor schon die allererste demokratische Verfassung Deutschlands verabschiedet worden war. Doch weder die heiligen Hallen noch die großen Namen wie Jürgen Habermas, Otto Schily oder Marianne Birthler verhalfen dem Entwurf zum Fliegen. Er ist in der historischen Versenkung verschwunden, nur ein paar Spezialist:innen kennen ihn heute noch. Deutschland ist darin definiert als »ein republikanischer, demokratischer, sozialer und ökologischer Bundesstaat«. Seine ökologische Ausrichtung sei zentral. So wäre die Haushalts- und Ausgabenpolitik von Bund und Ländern dem Schutz der natürlichen Lebensbedingungen nachgeordnet gewesen. Der Umweltminister oder die Umweltministerin hätte ein Vetorecht zu ökologisch bedeutsamen Vorhaben erhalten, und ein Ökologischer Rat hätte Bundestag und Bundesrat zur Seite gestanden. Schöne neue Welt von 1991. Man stelle sich vor, was daraus in den letzten dreißig Jahren hätte werden können, und stellt gleichzeitig fest: So utopisch ist das alles gar nicht mit den Rechten der Natur in Deutschland. Eigentlich wurde alles schon einmal diskutiert, nur noch nicht mit der existenziellen Dringlichkeit der aktuellen ökologischen Krise und in der breiten Öffentlichkeit. Im Jahr 2022 hat Jens Kersten, Professor für öffentliches Recht und Verwaltungswissenschaften an der Ludwig-Maximilians-Universität in München, einen neuen Entwurf vorgelegt: Sein Buch *Das ökologische Grundgesetz* formuliert gleich ein ganzes neues Staatswesen. Die Natur als Rechtssubjekt wäre hier nur der Anfang von etwas umfassend Neuem, einem Staat nämlich, der die Natur in allem mitdenkt. Bundeskanzler oder Bundeskanzlerin würden nach Kerstens Vision einmal im Jahr ökologische Regierungserklärungen abgeben, der Bundestag würde einen Ausschuss für Natur bilden, Naturbeauftragte wählen. Der Bundesrat würde eine ökologische Kammer erhalten, und es gebe neue ökologische Gesetzgebungsverfahren sowie ökologische Verkehrs-, Telekommunikations- und Geldpolitik, und die vielleicht bedeutsamste Änderung lautet: Eigentum wäre »ökologiepflichtig«. Das heißt, Eigentumsrechte würden dort aufhören, wo sie die Ökologie unwiederbringlich zerstören. Vielleicht ist die Zeit nun reifer, oder die Menschen sind frustrierter mit der aktuellen Politik, und solche Ideen finden fruchtbareren Nährboden als zu den Hochzeiten des Kapitalismus.

Als die beiden Deutschlands nach dem Mauerfall zusammengeführt wurden, gab es zwei weitere Möglichkeiten für die Rechte der Natur in der Verfassung. Damals wurde die ehemalige DDR nach Artikel 23 des Grundgesetzes in die Rechtsordnung der BRD eingegliedert. Es hätte auch eine andere Option mit einer anderen Verfassung gegeben: Artikel 146, nach dem das Grundgesetz seine Gültigkeit verliert »an dem Tage, an dem eine Verfassung in Kraft tritt, die von dem deutschen Volke in freier Entscheidung beschlossen worden ist.« Es ist derselbe Artikel, auf den die Reichsbürger ihre krude und lebensbedrohliche, rechtsextreme Theorie und Ideologie aufbauen. Die Wiedervereinigung hingegen wurde auf Artikel 23 aufgebaut, der die Eingliederung von neuen Bundesländern in die BRD regelt. Es gab also einen Artikelstreit nach dem Mauerfall, am Ende gewann der Artikel mit dem geringsten Aufwand und der höchsten Rendite: der Eingliederungsartikel, unter dem heute nicht nur die Ökologie, sondern auch noch viele Menschen leiden, nicht nur in Ostdeutschland.

Und selbst mit dieser Eingliederungsabzweigung hätte es eine weitere Option gegeben, mit der das Grundgesetz ein ökologischeres hätte werden können. Sie sehen, Welt und Geschichte sind voller Lösungsmöglichkeiten! Eine der Ergänzungen zum Grundgesetz der neuen Einheit war nämlich Artikel 20a, der heute noch wichtigste Umweltschutzartikel. CDU und CSU plädierten für eine anthropozentrische Ausrichtung des neuen Artikels, schreibt Katja Gelinsky, Rechtsreferentin der Konrad-Adenauer-Stiftung der CDU[58], also dafür, den Menschen ins Zentrum und über die Natur zu stellen. Die Umwelt könne nicht aus eigenem Recht unter Schutz gestellt werden, da sie dem Menschen nicht gleichrangig sei. Die SPD dagegen wollte die Natur auch um ihrer selbst willen schützen, da »gegenläufige Interessen von Wirtschaft oder Verkehr sonst bei Abwägungsentscheidungen Übergewicht bekommen« würden. Am Ende einigte sich die gemeinsame Verfassungskommission auf den Satz mit dem Schutz der Lebensgrundlagen auch für die künftigen Generationen, ohne näher zu bestimmen, was das nun für die Rechtssubjektivität der Natur bedeutet.

Bosselmann war damals schon in Neuseeland, die Entwicklungen in Deutschland ließen ihn schließlich dort bleiben. »Anfangs dachte ich noch: Jetzt geht's los! Deutschland wiedervereinigt, Kapitalismus, Kommunismus, alles obsolet.« Er war begeistert, reiste als Mitglied der deutschen Delegation zu einer der ersten UN-Umweltkonferenzen, 1992 nach Rio de Janeiro, wo er an den Verhandlungen zur UN-Klimarahmenkonvention beteiligt war. Euphorie hing in der Luft, erinnert er sich. »Alles ist möglich. Jetzt widmen wir uns endlich den zentralen Fragen der Erde, müssen uns nicht mehr mit diesen blöden ideologischen Kriegen beschäftigen.« Doch dann kam die Ernüchterung. »Die Erkenntnis, dass der Kapitalismus gesiegt hatte, global. Und zwar brutal. Mit Neoliberalismus und solchen Figuren wie Thatcher, Reagan, Blair und hier bei uns: Gerhard Schröder!«

Zentraler Knackpunkt für die Weltzerstörung seien Besitzansprüche, vor allem auf Land, sagt Bosselmann mit Blick auf die

Theresienwiese. »Eigentum ist ein westliches Konstrukt, das ganze westliche Rechtssystem ist vor allem eine Variation von Eigentumsrechten.« Im Maori-Denken auf Neuseeland gebe es keinen Besitz an Land, sondern nur eine Beziehung zum Land.

Er sei schon oft als Träumer oder Trottel bezeichnet worden, sagt Bosselmann, in letzter Zeit aber immer weniger. Die Welt verstehe immer mehr. In wenigen Wochen ist er wieder bei den Vereinten Nationen eingeladen, für insgesamt sechs Termine. Es geht um die Effektivität der internationalen Rechtsinstrumente. Eigentlich ist das Vorsorgeprinzip seit der Konferenz in Rio 1992 in der Klimarahmenkonvention verankert. Schon wieder eine Lösungsmöglichkeit! Zumindest auf dem Papier. Da heißt es nämlich: »Die Vertragsparteien sollen Vorsorgemaßnahmen treffen, um den Ursachen der Klimaänderungen vorzubeugen.« Das ist praktisch ein verbindliches Recht, aber nur theoretisch einklagbar. Denn nach den Statuten des Weltgerichtshofs können ausschließlich Staaten Klage erheben, keine Verbände oder Einzelpersonen, und auch das können sie für eine umfassende Anklage nur nach ausdrücklicher Zustimmung des Staates tun, den sie verklagen wollen. Wie soll so je ein Prozess zustande kommen?

Der Chef der Vereinten Nationen, Antonio Guterres, scheint selbst an der Untätigkeit seiner Megainstitution zu verzweifeln. In der Hitze des Sommers 2022 zwischen Waldbränden und Sturmfluten beim Petersberger Klimadialog in Berlin mimte er wieder einmal den dystopischen Mahner: »Wir haben die Wahl«, rief er den Vertreter:innen von vierzig Ländern zu: »Kollektives Handeln oder kollektiver Selbstmord.« Jahr für Jahr werden seine Warnungen und Appelle düsterer, Jahr um Jahr verbraucht die Welt mehr fossile Energien und plant sogar neue Kohlekraftwerke und Ölbohrungen.

Bosselmann setzt auf die nächste Generation und einen Bewusstseinswandel. »Die Welt ist eben nicht einfach eine Ansammlung von Dingen, die funktionieren oder nicht funktionieren. Sie ist ein lebendiges Ganzes, und wir sind ein Teil davon.« Die Rechte der Natur sind sein Weg, in diesem großen Ganzen zu wirken, »ganz unpoetisch«, wie er sagt. Das Wort »spirituell« nimmt er nicht ein Mal in den Mund. Ihm geht es um Recht und Ökologie. »Das macht Geschichte, da bin ich überzeugt. Und es ist schön, Teil dieser Bewegung zu sein.«

Einen Falafel-Teller auf das Grundgesetz. Mittagessen mit der Klimaanwältin Roda Verheyen

Im Oktober 2022 verkündet der Energiekonzern RWE, dass er acht Jahre früher als gesetzlich vorgeschrieben aus der Kohle aussteigen möchte, nämlich bis spätestens 2030. Damit blieben 280 Millionen Tonnen Kohle in der Erde, heißt es in einem Statement.

Roda Verheyen hat dafür nur ein müdes Schulterzucken übrig. Die Anwältin hat 2021 das wegweisende Klimaurteil vor dem Bundesverfassungsgericht entscheidend miterstritten. Danach musste die Regierung das Klimaschutzgesetz nachbessern. Aktuell führt Roda Verheyen unter anderem Klimaklagen gegen Volkswagen und RWE. Wir treffen uns in einem Straßenimbiss im schicken Hamburger Stadtteil Pöseldorf. Die Sonne scheint, die Straßen sind voller SUVs, auf unseren Tellern viel Grün und darauf ein Kreis aus Falafel-Bällchen. Roda Verheyen kommt regelmäßig hierher und scherzt mit den Männern hinter der Selbstbedienungstheke. Ja, okay, ausnahmsweise tragen sie uns die Teller gleich raus.

In der Woche zuvor war der Fall um das Kupfer im Intag in Berufung gegangen. Via Zoom hatte ich Cenaida und die anderen am ersten Verhandlungstag beobachtet. Cenaida durfte diesmal nicht sprechen, hatte sich aber in der Nacht zuvor ein Kleid aus Bettlaken zusammengeschneidert, auf das sie ihre Botschaft malte: »Intag – heiliges Land, unser Schatz«. Dazu trug sie einen majestätischen Umhang mit noch mehr Schriftzügen und beklebt mit bunten Maiskörnern, außerdem hohe Schuhe und die feinen roten Perlenketten der Andenindigenen.

Einige Tage später, in der Sonne Hamburgs, frage ich Roda Verheyen, ob es nicht bemerkenswert sei, dass RWE nun freiwillig schon weiter geht, als das Klimagesetz es vorschreibt. Noch 2017 galt RWE schließlich als der größte einzelne CO_2-Verursacher in ganz Europa. Und auch 2020 stammten fast achtzig Prozent des RWE-Stroms noch aus nicht erneuerbaren Quellen, aus Stein- und Braunkohle oder fossilem Gas. Da sei die Ankündigung, acht Jahre früher als vorgeschrieben aus der Kohle auszusteigen, doch vielversprechend, oder nicht?

»Na ja«, sagt Roda Verheyen. Das habe das Bundesverfassungsgericht schließlich auch gefordert: »Transformation ist eine gesamtgesellschaftliche Aufgabe«, steht im Urteil. Der Staat allein kann die CO_2-Reduktion nicht leisten. In diesem Fall kommen viele Dinge dazu: Reputation, Unternehmensentwicklung, Planungssicherheit für die Kosten. Ein Kohleausstieg bis 2030 steht außerdem im Koalitionsvertrag, allerdings nur »idealerweise«. Ukraine-Krieg und Energiekrise haben die Prioritäten verschoben. Trotzdem könne man mit Kohle bald ohnehin nicht mehr so viel Geld verdienen, meint Verheyen. Subventionen und Kundschaft würden schon jetzt und erst recht bis 2030 abwandern.[59] »Ja, also, ich breche da jetzt nicht in Begeisterungsstürme aus.« Das sei schön, habe aber sehr lange gedauert. »Das hätten sie auch schon vor fünf Jahren sagen können, dann hätten wir uns viel gespart und auch ein besseres Gesetz.«

Sie meint das nachgebesserte Klimaschutzgesetz Deutschlands. Die erste Version hatte das Bundesverfassungsgericht gar für verfassungswidrig erklärt, nachdem Roda Verheyen und andere Klage eingereicht hatten. Die Richter:innen hatten angemahnt, dass die Klimaschutzmaßnahmen nur bis 2030 festgeschrieben waren. Das würde die Gefahren der Klimakrise aber auf die Zeiträume danach und damit auf die jüngeren Generationen verschieben. Denn nur mit immer dringenderen und einschneidenderen Maßnahmen wäre es möglich, das 1,5-Grad-Ziel überhaupt zu erreichen. Damit sah das Gericht die Freiheitsrechte der zum Teil sehr jungen Kläger:innen verletzt, denn: »Von diesen künftigen Emissionsminderungspflichten ist praktisch jegliche Freiheit potenziell betroffen, weil noch nahezu alle Bereiche menschlichen Lebens mit der Emission von Treibhausgasen verbunden und damit nach 2030 von drastischen Einschränkungen bedroht sind.«[60]

Das Urteil wurde von Umweltschützer:innen international als Zeitenwende gefeiert, doch was die Regierung daraus gemacht hat, hätte durchaus noch klima- und umweltfreundlicher werden können, sagt die Anwältin über dem Falafel-Teller. Teil des Verfassungsgerichtsauftrags war beispielsweise auch, »transparente Maßgaben für die weitere Ausgestaltung der Treibhausgasreduktion« zu formulieren. Aber es fehle immer noch an quantitativen Begrenzungen. »Wir haben superkomplexe technische Regelungen und superkomplexe Verfahrensregeln, aber irgendwelche sinnvollen quantitativen Grenzen, also ein wissenschaftsbasiertes Treibhausgasbudget, gibt es nicht.« Solche Grenzen will sie aber. Gesetze, die sagen: »Und hier ist jetzt mal gut.« Konkrete Vorgaben, welche Mengen an Giftstoffen in Luft, Wasser oder Boden sein dürfen. »Sonst wäre ich auch nicht in irgendeinen Vorstand gegangen. Ich habe genug zu tun.« Seit kurzem ist sie nämlich in der Winter-Stiftung, gegründet vom Hamburger Unternehmer Georg Winter, die sich dafür einsetzt, Umweltschutz via Gesetz zu stärken. Der Jurist entwickelte schon in den 1970er Jahren eine umweltorientierte Unternehmensführung und brachte mit einem Netzwerk aus verschiedenen Wissenschaftler:innen die 20-bändige Schriftenreihe *Rechte der Natur/Biokratie* heraus. Roda Verheyen plädiert im Gegensatz zu manchen in der Winter-Stiftung allerdings nicht für die Natur als Rechtssubjekt.

Ihr ginge es viel mehr darum, die Gesetze, die es schon gibt, tatsächlich anzuwenden und zu schärfen. Welche Menge an welchen Giftstoffen darf in die Natur gelangen? Wie viele Emissionen? Wie viel Fläche darf zugebaut und versiegelt werden? »Das können wir ohne Verfassungsänderung erreichen.« Das heißt für sie aber nicht, dass die Rechte der Natur überflüssig seien. »Im Gegenteil, ich finde diese politische Debatte sehr wichtig. Aber ich würde jetzt nicht mein Leben darauf verwenden, zu versuchen, eine Verfassungsänderung zu erhalten.« Das schaffe ohne Not Probleme. »Die Energie brauchen wir für anderes. Aber wir brauchen auch die Debatte, und die sagt ja einfach nur: Wir müssen eine Balance herstellen zwischen menschlichen Nutzungen und Naturräumen.« Denn ganz offenbar gäbe es nun mal Grenzen der menschlichen Nutzung. »Wir als Umweltanwälte führen diese Debatte schon seit hundert Jahren.« Es sei eine Frage des materiellen Rechts, also des Rechts der Normen und Gesetze, innerhalb derer sich Rechtssubjekte bewegen dürfen. »Alles könnte man jetzt schon tun!«, sagt Roda Verheyen. »Das Grundgesetz verbietet das nicht. Man könnte zum Beispiel ein Gesetz schreiben, in dem steht: ›Es wird nichts mehr neu versiegelt.‹ Punkt.« Eine Verfassungsänderung sei vor allem ein Symbol. »Wir brauchen das nicht unbedingt. Das steht doch schon alles in Artikel 20a.«

Ich: »In Spanien wurde gerade die Salzwasserlagune Mar Menor als erstes Ökosystem Europas zur Rechtsperson erklärt. Das hilft dem Naturschutz dort doch sehr.«

Verheyen: »Ja, vielleicht, aber das Mar Menor hätte gar nicht erst so aussehen dürfen, wie es jetzt aussieht! Da geht es um Vollzugsdefizite. Das Recht, das es schon gibt, wurde nicht angewandt und durchgesetzt. Das ist ein grundsätzliches Problem im Umweltrecht. Egal wo man hingeht: Ecuador, Indien oder Deutschland. Das Mar Menor dürfte nie so aussehen, wie es aussieht, hätten die spanischen Behörden schon vorher eine ordentliche Bewirtschaftungsplanung gemacht und Düngernutzung eingeschränkt. Und Entschuldigung! Unsere Elbe dürfte nicht so aussehen, wie sie aussieht. Unsere Grundwasserkörper dürften nicht so aussehen, wie sie aussehen. Also: Es gibt ein Vollzugsproblem. Und man kann sich natürlich fragen: Ist es vielleicht besser, man macht gleich eine radikale Forderung, eben so etwas wie die Rechtssubjektivität der Natur, oder bleibt man beim bestehenden Recht?«

Roda Verheyen nutzt das bestehende Recht. Momentan führt sie unter anderem die Klage eines nordrhein-westfälischen Bauern gegen VW und eines peruanischen Bauern gegen RWE. Der Herr aus Detmold will mit seiner Klage den größten deutschen Autobauer dazu zwingen, bis spätestens 2030 keine Fahrzeuge mit Verbrennungsmotoren mehr zu verkaufen. Es geht also um eine Art Antrag auf ein Verkaufsverbot zugunsten des Weltklimas. Das ist ein großes Thema für ein kleines Landgericht. Eingereicht hat die Klage Bio-Bauer Uli Allhoff-Cramers. Er ist 62 Jahre alt und sehr besorgt. Die Klimakrise schreite »entsetzlich schnell« voran und gefährde die Existenz vieler landwirtschaftlicher Betriebe. Der VW-Konzern müsse endlich Verantwortung übernehmen und rascher als bisher umsteuern. Seine Klage wird von Greenpeace unterstützt. In der ersten Instanz wurde sie nun abgelehnt. Allhoff-Cramer will in Berufung gehen.

Ein peruanischer Kleinbauer und Bergführer auf der anderen Seite des Pazifiks will Ähnliches beim Energiekonzern RWE erreichen und außerdem für seine Heimatgemeinde einen Schutzwall gegen die Folgen der Klimakrise einfordern. Saul Luciano Lliuya ist 42 Jahre alt und ebenfalls besorgt. Er lebt in der Nähe eines Gletschers, der immer weiter abschmilzt und dessen Wasser sein Dorf und Haus bedroht. Er sieht RWE als größten CO_2-Emittenten Europas mit in der Verantwortung. Die Klage vor dem Landgericht Essen hat er mit der Unterstützung von Germanwatch erhoben. Hier hat der Energiekonzern seinen Sitz. Das Gericht dort lehnte die Klage ab. Das Oberlandesgericht Hamm hingegen nahm sie in der Berufung an und schickte sogar Richter:innen und einen Gutachter vor Ort, um sich die Situation mit eigenen Augen anzusehen.

RWE und VW wehren sich. Die Klagen seien mit dem deutschen Zivilrecht nicht vereinbar. Ein einzelner CO_2-Produzent könne nicht für den globalen Klimawandel und auch nicht für mögliche Schäden an einem Haus haftbar gemacht werden, heißt es beispielsweise vom Energiekonzern zur Klage aus Peru. Ihre Betriebsanlagen seien »stets im Einklang mit behördlichen Genehmigungen gelaufen«[61].

Wenn diese behördlichen Genehmigungen sich aber an Gesetzen orientieren, die die Wucht der Klima- und Biodiversitätskrise nicht berücksichtigen und damit auch dem Lebensgrundlagenartikel des Grundgesetzes, also Artikel 20a, nicht gerecht werden, dann steckt der Wandel vielleicht wirklich nicht im Zivilrecht, sondern in der Zivilgesellschaft. Und wie in Ecuador sind beide Bereiche auch in Deutschland und überall miteinander verschränkt, sie beeinflussen sich gegenseitig.

Dass diese beiden Klagen überhaupt angenommen wurden, zeige einen Wandel im Bewusstsein der deutschen Justiz, so Verheyen. Und es zeige auch, wie sehr es am Ende doch an einzelnen Personen hänge, die in den Gerichtssesseln säßen. »Deswegen ist auch die Debatte gut, weil sie bei Behörden, bei Gemeinden, bei Gesetzgebern und bei Gerichten natürlich zu einer gewissen Rezeption des Problems führt.« Aber deswegen müsse man nicht unbedingt gleich subjektive Rechte an die Natur vergeben, den Menschen gegen die Natur abwägen. Naturschutz, Klimaschutz, das seien ohnehin schon Menschenrechte. »Das ganze Rechtssystem ist ja menschengemacht.« Logisch. »Und um die Zulassung von SUVs zu verbieten, dafür braucht es noch nicht einmal ein Parlamentsgesetz. Dafür würde wahrscheinlich eine delegierte Rechtsverordnung der Kommission auf Ebene der EU reichen.«

Ich: »Sagen Sie noch mal, bitte. Eine was?«

Verheyen: »Eine delegierte Rechtsverordnung, so etwas Ähnliches wie hier eine Verordnung der Bundesregierung. Damit würden in ganz Europa Tonnen von Material gespart. Jeder Mensch, der denken kann, dem muss ja klar sein, dass wir nicht alle einfach nur die Verbrenner- durch E-Autos ersetzen können. Ein Zehntel der Autos in Deutschland müsste genug sein. Ja, aber das möchten die Leute lieber nicht so genau wissen.«

Ich: »Welches Gesetz würden Sie denn erlassen, wenn Sie einfach so könnten?«

Verheyen: »Es geht mir mehr um eine Idee, nicht um ein Gesetz oder eine Sache. Es ist die Idee, die im Umweltrecht eigentlich immer schon da war, nämlich dass es eine Grenze gibt. Es gibt eine Grenze des Belastbaren. Sei es jetzt der menschliche Körper oder das Ökosystem oder was auch immer: Es gibt immer Grenzen, und diese Grenzen muss man eben achten. Das stand schon 1972 in *Grenzen des Wachstums* (so der Titel eines Berichts des Club of Rome). Das ist mein Geburtsjahr, und der Bericht hat Recht: Wachstum hat Grenzen, aber das haben wir vergessen. Wenn man technisch irgendwie alles effizienter macht – Antriebe, bestes Beispiel –, aber gleichzeitig alles überkompensiert, also wieder mehr produziert, dann funktioniert das nicht. Egal wo: Konsum, Mobilität, Bauen. Deswegen mag ich dieses System der planetaren Grenzen auch so gerne. Darüber schreibe ich zum Beispiel in meinem Buch:[62] Warum wird eigentlich dieses wissenschaftlich doch völlig schlüssige Konzept der planetaren Grenzen nicht rezipiert? Warum wird es nicht angenommen und angewandt?

Es ist doch eigentlich total logisch. Daher kommt ja das Umweltrecht: Es gibt irgendwo eine Grenze, deshalb kann man die Umwelt nicht endlos verschmutzen, abholzen oder versiegeln. Zum Beispiel das Ruhrgebiet, dieses Versprechen: ›Der Himmel wird wieder blau sein!‹ Das war genau die Idee. Da war einfach zu viel Schwefeldioxid in der Luft. Das musste reduziert werden. Und wenn man das Problem erkannt hat, müsste es tatsächlich in jeder Art von Gesetzgebung beachtet und durchgesetzt werden, egal wo. Dann dürfte man zum Beispiel nicht einfach vom heutigen Energiebedarf pro Person auf den Energiebedarf in einer Zukunft mit noch mehr Menschen schließen. Oder wie kann man vom heutigen Wohnraum auf den Bedarf von Wohnraum in der Zukunft schließen, ohne das Korrektiv der Grenze miteinzubeziehen? So steigen die Quadratmeterbedarfe natürlich immer weiter. Jedes Mal, wenn ich mich damit befasse – besonders bei der Flächenversiegelung –, das macht mich wahnsinnig. Das ist doch unlogisch. Dieser Gedanke, dass wir einfach immer weiter bauen und versiegeln dürfen! Seit ich Studentin bin, finde ich das absurd.«

Ich: »Bei der Versiegelung ist das ja auch ganz logisch nachzuvollziehen. Irgendwann ist keine Fläche mehr da, die man abholzen, planieren und betonieren kann. Aber wie will man das zum Beispiel bei der Mobilität machen? Da heißt es, wir werden immer wieder neue Technologien finden, die weniger Energie oder Ressourcen verbrauchen. Zuletzt erst: Schaut her, wir können jetzt Batterien ohne den Problemrohstoff Kobalt herstellen!«

Verheyen: »Wir werden eben nicht immer etwas Neues finden. Wir haben ja auch keine endlose Energieversorgung. Es können einfach nicht 1,5 Personen im Schnitt in einem Auto sitzen, egal wie klein es ist und egal mit welchem Antrieb. Wie kommen wir Menschen darauf, dass es keine Grenzen geben könnte? Das Grundgesetz würde eine Gesetzgebung, die sich daran orientiert, gar nicht verbieten. Das Grundgesetz stellt nicht das Eigentum oder die Entwicklung von Arbeitsplätzen oder irgendwas über irgendwas anderes. Im Grunde ist das Grundgesetz total egalitär. Es schützt zukünftige Generationen, es schützt die natürlichen Lebensgrundlagen. Es schützt meine Gesundheit, die von meinen Kindern, es schützt mein Eigentum. Also im Grunde sind diese ganzen Fragen im Rahmen der verfassungsmäßigen Ordnung lösbar. Aber das erfordert natürlich trotzdem riesengroße Verständnisverschiebungen in der Rechtsphilosophie und der gesellschaftlichen Debatte.«

Ich: »Wir hätten jetzt eigentlich die Chance, grundsätzliches neu zu diskutieren und zu organisieren: nach Corona, vor dem Klimakollaps und mitten in der Energiekrise. Außerdem noch ein Krieg in einem benachbarten Land.«

Verheyen: »Ja, aber so einfach ist das nicht. Man will angeblich soziale Verwerfungen verhindern. Man kann nicht einfach die Steuern erhöhen, auch nicht die Vermögenssteuer. Wenn aber Christian Lindner nicht Christian Lindner wäre, sondern Marcel Fratzscher …«

Ich: »Kenne ich nicht, wer ist Marcel Fratzscher?«

Verheyen: »Na, dieser wirklich liberale und schlaue Wirtschaftswissenschaftler, der Präsident des Deutschen Instituts für Wirtschaftsforschung. Er hat mehrere Bücher geschrieben und gerade wieder eins. Da denke ich immer: Ja, genau so könnte man wirklich die soziale Krise bewältigen: Erbschaftssteuer abschaffen, allen jungen Leuten ein gewisses Vermögen zugestehen, ein Grunderbe von 60 000 Euro, eine echte Vermögenssteuer einführen, Abschöpfungssteuern, und dann wäre alles einfacher. Die Kluft zwischen Arm und Reich würde kleiner, und dann könnten wir solche Krisen wie jetzt viel leichter bewältigen. Unsere Gesellschaft wäre wirtschaftlich wieder viel homogener. Man könnte das alles machen ohne Grundgesetzänderung. Und gleichzeitig Klimaschutz umsetzen, ohne dass so viele daran wirtschaftlich zusammenbrechen. Das wäre was!«

Ich: »Ja, das wäre was. Dafür bräuchte es aber einen ziemlich krassen Bewusstseinswandel in der Gesellschaft. Wann und wie hat das denn bei Ihnen angefangen mit dem Umweltschutz?«

Verheyen: »Seit ich dreizehn bin, ist das so. Da ging es erst mal generell um politische, demokratische Bildung. Ich war damals in der Schul-Antifa aktiv, und später hat es sich gewandelt. Das hängt mit

Menschen zusammen, die man kennenlernt, mit Themen, die einen irgendwie fesseln. Und meine erste Kampagne, das war: ›Milchflaschen statt Tetra Paks!‹ Umweltschutz hat mich nie mehr wirklich losgelassen. Gelöst habe ich das Problem nicht, aber immerhin habe ich mal beim Bundesverfassungsgericht gewonnen.«

Vielleicht war dieses Urteil des Bundesverfassungsgerichts zum Klimagesetz für Deutschland erst der Anfang. In den Niederlanden beispielsweise entschied wenige Tage später im Mai 2021 ein Gericht, dass der britisch-niederländische Erdölkonzern Shell seine Treibhausgasemissionen bis 2030 um netto 45 Prozent gegenüber dem Stand von 2019 reduzieren muss. Dabei geht es nicht nur um die eigenen Emissionen von Shell selbst, sondern auch um die Emissionen der Kunden, also von Fluggesellschaften, Tankstellen und den Menschen, die ihre Häuser und Wohnungen mit Öl und Gas heizen. Shell hat gegen das Urteil Berufung eingelegt, Zeitplan ungewiss. Geklagt hatte die niederländische Umweltorganisation Milieudefensie (Verteidigung der Umwelt).

In Brasilien wiederum hat das Oberste Gericht im Juli 2022 geurteilt, dass das Pariser Weltklimaabkommen von nun an ein Menschenrechtsabkommen ist. Das klingt nach Verfassungslyrik, hat aber weitreichende Konsequenzen, da in Brasilien Menschenrechtsabkommen einen höheren rechtlichen Status haben als normale Gesetze oder Staatsverträge. Außerdem ist Brasilien bisher der weltweit größte Regenwaldzerstörer. Dem könnte nun juristisch Einhalt geboten werden.

In Europa wartet man währenddessen auf die Entscheidung des Europäischen Menschengerichtshofs in mehreren Klimaklagen. Es klagen zum Beispiel sechs portugiesische Jugendliche wegen mangelnden Klimaschutzes gegen 33 Länder – gegen alle EU-Staaten sowie gegen Großbritannien, Norwegen, Russland, die Schweiz, die Türkei und die Ukraine. Der Straßburger Gerichtshof hat die Klage als schnell zu verhandeln eingestuft. Deshalb wird sie voraussichtlich im September 2023 in der Großen Kammer mit allen 17 Richter:innen besprochen. Im März 2023 gab es außerdem eine mündliche Verhandlung zur Klimaklage der Schweizer KlimaSeniorinnen. Der Verein besteht aus rund 2000 älteren Frauen, die ihr Land juristisch zu mehr Klimaschutz verpflichten wollen. Ältere Menschen würden schließlich besonders unter den Folgen der Klimakrise leiden. Außerdem sei die Schweiz, gemessen an ihrer Einwohner:innenzahl, für einen enormen Teil der CO_2-Emissionen verantwortlich. Hier geht es also um die Grundsatzfrage, ob einzelne Staaten für die Folgen der Klimakrise verantwortlich gemacht werden können. Ein Urteil wird frühestens Ende 2023 erwartet.

Westliche Weltanschauung: Humboldt & Co über die Einheit allen Lebens

Der erste westliche Wissenschaftler, der vor einem Menschen gemachten Klimawandel warnte, war Alexander von Humboldt. Er war am Anfang seiner fünfjährigen Lateinamerikaexpedition am Valenciasee im heutigen Venezuela unterwegs. 1799 war das, also lange vor den heutigen Ölkonzernen oder Klimaleugner:innen. Die Leute vor Ort erzählten ihm, dass der Wasserspiegel stark fiel. Große Landflächen, die vor zwanzig Jahren noch unter Wasser standen, waren nun Ackerflächen. Humboldt führte ein paar Untersuchungen und Befragungen durch und kam zu dem Ergebnis, dass der Wasserspiegel gesunken war, weil die Wälder in der Gegend großflächig für Ackerland abgeholzt worden waren. Die Moose, Sträucher, Wurzelsysteme und Bäume hätten den Boden früher gegen Sonnenstrahlen geschützt und bei Starkregen Erosionen verhindert. Ohne die Wälder aber habe die Trockenheit in der Region zugenommen und auch die Verdunstung des Seewassers vorangetrieben.

Derselbe Mechanismus war ihm schon zuvor in Deutschland aufgefallen, wo um Bayreuth herum die Wälder für Bau- und

Feuerholz gerodet worden waren. »Holz war das Erdöl des 17. und 18. Jahrhunderts«, schreibt Andrea Wulf über diese Zeit in ihrer Humboldt-Biografie und zitiert dessen frühe Erkenntnis zum Klimawandel:

> »Zerstört man die Wälder, wie es die europäischen Ansiedler allerorten in Amerika mit unvorsichtiger Hast thun, so versiegen die Quellen oder nehmen doch stark ab. Die Flußbetten liegen einen Teil des Jahres über trocken und werden zu reißenden Strömen, so oft im Gebirge starker Regen fällt.«[63]

Alexander von Humboldt erkannte also bereits vor über 200 Jahren die Zerstörungskraft des Menschen und die besondere Relevanz, die Wälder für Klima und Umwelt haben. Sie erhöhen die Speicherfähigkeit von Wasser im Boden, bieten Lebensraum für unzählige Arten und kühlen außerdem die Atmosphäre. Damals wollte dieses Wissen kaum jemand hören, heute ist es fast überlebensnotwendig geworden. Das Verständnis dieser Zusammenhänge ist ein wesentlicher Bestandteil der Arbeit des Intergovernmental Panel on Climate Change (IPCC). Dazugekommen ist das Wissen um die CO_2-Speicherfähigkeit der Wälder und um die Schutzfunktion, die indigene Gemeinschaften für ihre Landschaften ausüben.

Humboldt reiste fünf Jahre durch Lateinamerika, zwei davon verbrachte er im heutigen Ecuador. Dort entwickelte er seine zentrale Theorie über die Zusammenhänge der Natur: »Alles ist Wechselwirkung.« Nichts steht für sich allein. Ein Berg brachte ihm diese Erkenntnis.

1802 bestieg Humboldt den Chimborazo. Damals glaubte man, der erloschene Vulkan sei mit seinen knapp 6500 Metern die höchste Erhebung der Welt. Humboldts Träger hatten so große Angst vor ihm, dass sie schon an der Schneegrenze das Weite suchten. Noch nie war jemand so hoch gestiegen. Der Universalgelehrte war auf der Suche nach dem, was die Welt im Innersten zusammenhält. Er hatte nicht nur biologische oder geografische Fragen im Gepäck, sondern auch philosophische, poetische und politische. Vor seinem Aufbruch über die Meere und Kontinente nämlich hatte Humboldt endlose Stunden mit Johann Wolfgang von Goethe in Jena verbracht, dem Zentrum des deutschen Idealismus und der Romantik. Sie hatten gemeinsam diskutiert und experimentiert. Beide bewegten sich frei über die Grenzen zwischen Natur- und Geisteswissenschaften hinweg. Goethe war nicht nur Schriftsteller, sondern auch Botaniker und Geologe, gar Bergbauminister im Herzogtum Sachsen-Weimar-Eisenach. Humboldt wiederum liebte das Philosophieren und wurde Goethe zur Inspirationsquelle für sein Jahrhundertwerk *Faust*, über einen Forscher und Lehrer, der seine Seele an den Teufel verkauft, um Glück und Erkenntnis zu finden.

Im Gegenzug hatte der poetische Goethe den Naturwissenschaftler Humboldt dazu gebracht, seine starren Kategorisierungen zu lockern und gefühlvoller auf die Welt zu blicken. Für Goethe war die Natur gar »die große Mutter«, ohne dass er je etwas von Pachamama gehört hatte, zumindest ist das nicht überliefert. Ein solches Weltbild stand auch damals in Kontrast zur vorherrschenden Meinung, die vom französischen Philosophen Descartes geprägt war, nämlich dass die Natur wie eine Maschine funktioniere und die einzelnen Teile wie bei einer Mechanik einfach ausgetauscht werden könnten. Goethe hingegen war in seinen Überlegungen und Experimenten vielmehr zu dem Schluss gekommen, dass die Teile eines Organismus nur in Beziehung zueinander arbeiten und erst durch das große Ganze lebendig würden. Die Gespräche und Experimente wirkten auf Humboldt, und so schrieb er schon 1790 vor seiner Expedition in die Regenwälder Lateinamerikas, es gebe eine ursprüngliche, archetypische Urform, die der Pflanzenwelt zugrunde liege, alle Pflanzen seien lediglich Variationen dieser einen

Urform. Damit sei die Grundlage von Vielfalt eigentlich Einheit. Und, klingelt Ihnen da jetzt Helena Gualinga aus Sarayaku im Ohr? »Hinter unserer Einheit steckt Vielfalt.« So formulierte sie das Grundprinzip von den vielfältigen Stimmen, die in einer einheitlichen Gruppe zusammenstehen und den Wald schützen.

Die Zeit in Jena habe »mächtig« auf ihn gewirkt, sagt Humboldt später. Goethe habe ihn gar mit »neuen Organen«[64] ausgestattet, um die Natur besser sehen und verstehen zu können. Mit neuen Augen und Ohren kann Humboldt schließlich das in seiner Zeit vorherrschende, eher mechanische Naturverständnis hinter sich lassen und macht sich auf, die Pflanzen und Tiere auf der anderen Seite der Welt zu erforschen. Ausgestattet mit einem besonderen Passierschein des spanischen Königs für dessen Kolonien, landete er an der Küste des heutigen Venezuela an und reiste durch die Gebiete des heutigen Ecuador, Peru und Mexiko. Schließlich gelangte er in die Vereinigten Staaten und mahnte immer wieder die Abschaffung von Sklaverei und Kolonialismus an. Fünf Jahre dauerte seine Lateinamerikaexpedition, über die er bis ins hohe Alter schrieb und von der er schwärmte.

Eines der bedeutendsten Werke, die Humboldt von der Forschungsreise mitbrachte, ist das *Naturgemälde der Tropenländer*, 1807 als Kupferstich veröffentlicht. Es ist eine beschriftete Zeichnung des Chimborazo und seiner Vegetationszonen, von dem Berg, der Humboldt die Erkenntnis brachte. Da steht zum Beispiel: »In der großen Verkettung der Ursachen und Wirkungen darf kein Stoff, keine Tätigkeit isoliert betrachtet werden.«[65]

In den Anden also entwickelte Humboldt seinen Naturbegriff als eine ganzheitliche Anschauung der natürlichen Welt. Das Naturgemälde ersetzte für ihn die in den Naturwissenschaften sonst übliche penible Taxonomie und streng hierarchische Klassifizierung von Tabellen und Kategorisierungen. Als erster westlicher Wissenschaftler übertrug er seine Forschungsergebnisse in Bilder. Es ging ihm um die »allverbreitete Fülle des Lebens«[66]. Er suchte weniger nach neuen einzelnen Fakten als vielmehr nach den Verbindungen zwischen ihnen, schreibt Andrea Wulf in ihrer Biografie über ihn. Das individuelle Phänomen sei nur von Bedeutung »in seinem Verhältnis zum Ganzen«[67], zitiert sie Humboldt.

Der Naturwissenschaftler war überzeugt davon, seinen Forschungsgegenstand erleben und fühlen zu müssen, um ihn zu durchdringen. Für ihn war die Natur »das Reich der Freiheit«[68], und diese Freiheit äußerte sich in einem Gleichgewicht, das aus Vielfalt heraus entsteht.

Der Zeitgeist aber war ein anderer, als Humboldt von seiner ersten großen Expedition zurückkehrte. Die rationale, vermeintlich objektive Brille der Aufklärung bestimmte jede Welterzählung. Humboldts Ansichten waren ungewöhnlich. Dass die Natur gefühlt werden müsse, passte nicht, noch weniger, dass sie sich selbst Gehör verschaffe. Doch davon war Humboldt überzeugt: »Überall lässt die Natur den Menschen eine Stimme hören, die in vertrauten Lauten zu ihm spricht«[69], schrieb er in seine Reisebücher. Die Natur mit einer eigenen Stimme? Das erinnert gar an die Natur als Rechtssubjekt. Doch die frisch aufgeklärten Leute wollten es kaum hören. Rationalität und vermeintliche Objektivität galten als höchster Maßstab der Dinge.

Trotzdem waren Humboldts Ideen und Naturerzählungen anschlussfähig. Fast 300 Pflanzen und mehr als hundert Tiere sind nach ihm benannt, dazu diverse Straßen, Parks und Plätze. Aus Nevada wäre beinahe der Staat Humboldt geworden. Zu seinem hundertsten Geburtstag 1869 wurde er von Menschen in so unterschiedlichen Ländern wie Australien, Mexiko, USA, Russland oder Ägypten gefeiert. Seine Ideen, Texte und Zeichnungen von der Natur waren ansteckend.

Und nicht nur Humboldt sah die Welt als eine sinnlich erfahrbare Verbundenheit der Dinge an, auch andere westliche Denker kamen in Variationen zu einem ähnlichen Ergebnis: Goethe, Horkheimer, Adorno oder Hans Carl von Carlowitz hatten wir schon. Hinzufügen könnte man noch Arthur Schopenhauer, der die Einheit allen Lebens zum Kern seiner Philosophie machte und damit den Anspruch des Menschen, Herrscher über die übrige Natur zu sein, konterkarierte. Über nichts und niemand könne der Mensch demnach herrschen. Denn Hierarchie mache in einer Einheit allen Lebens überhaupt keinen Sinn oder funktioniert – wie in der Wirklichkeit – nur mit Gewalt.

Wie passen diese viel beachteten Denker und unsere Weltordnung zusammen? Warum konnte der egozentrische Dominanz-, Konkurrenz- und Eroberungsgedanke trotzdem so lange und so umfassend überleben? Oder die Verherrlichung einer vermeintlich objektiven, eindeutigen Vernunft? Wenn es so viele Variationen eines ganzheitlichen Weltbildes gab, warum sind unsere Rechtssysteme vor allem eine »Variation von Eigentumsrechten«, wie der Jurist Bosselmann sagt?

Klar, das Patriarchat, der Kapitalismus. Die Liste der prägenden Denker ist außerdem ausschließlich männlich. Schließlich wird uns Frauen noch nicht so lange zugehört. Schopenhauer galt sogar als Frauenverächter. Trotzdem: Warum konnte sich das ganzheitliche Weltbild nicht stärker in unsere Weltordnung einschreiben? Ist die Aussicht auf Profit und Macht wirklich so verlockend, dass man vergessen kann, dass wir alle Teil desselben Unternehmens, derselben Stadt, desselben Landes, desselben Planeten sind? Wie kann man vergessen, dass der Klimakollaps schon längst im Gange ist? Dass Unterdrückung am Ende immer in Armut und Gewalt ausartet, gar auf einen selbst zurückfällt? Eine befriedigende Antwort auf diese Frage habe ich noch nicht wirklich gefunden. Eine kluge Freundin sagt: Dopamin. Es ist einfach nicht »sexy«, in Gemeinschaft zu denken anstatt in Bugattis. Ja? War es zu Zeiten der Sklaverei für Sklavenhalter:innen auch nicht

»sexy«, in Menschenrechten anstatt in Baumwollprofit zu denken? Wahrscheinlich. Immerhin hat die Welt die offen ausgeübte Sklaverei irgendwann abgeschafft. Eine Veränderung der Dopaminzufuhr ist also möglich.

Schließen wir mit einem Bonmot Humboldts, dem Naturliebhaber und Sklavereiverächter. Vielleicht steckt darin ein Teil der Antwort: »Die gefährlichste aller Weltanschauungen ist die Weltanschauung derer, die die Welt nicht angeschaut haben.«

Diesen Satz verstehe ich so, dass es gar nicht unbedingt ums Reisen und die große weite Welt geht, sondern darum, die Welt, die man vor sich hat, wirklich anzuschauen – neugierig und ohne Vorurteile und zu verstehen, dass wir Teil dieser Welt sind. Wir alle sind Teil »der Natur«, wir sind aus ihr entstanden. Wir alle sind Teil »der Wirtschaft«, wir alle konsumieren Dinge und geben irgendetwas dafür. Wir alle sind Teil »der Politik« und »der Gesellschaft«, wir wirken selbst auf unsere Regeln und Gesetze ein. Wir sind sogar alle Teil »der Medien«, denn nur die Geschichten, die finanziert, gesehen, gelesen und geteilt werden, werden überhaupt erst produziert. Selbst »die Weltbank« existiert und agiert nicht völlig losgelöst von uns. Sie wird von den Ländern der UN betrieben, und die überwältigende Mehrheit der Menschen auf diesem Planeten lebt in diesen Ländern. Natürlich haben wir alle sehr unterschiedliche Privilegien, Möglichkeiten und Schwierigkeiten, in diesen Systemen mitzuwirken. Aber wir alle haben Einflussmöglichkeiten. Und damit Verantwortung.

Stand der Dinge im Kupferwald

Am Ende hängt die Würde der deutschen Eiche auch am Kupferfaden aus dem ecuadorianischen Nebelregenwald. Können wir die Energiewende so organisieren, dass unser Bedarf an Rohstoffen nicht den Druck auf Regionen wie das Intag-Tal erhöht und dort zu massiver Umweltzerstörung führt? Kann Autodeutschland mit weniger Kupfer auskommen als prognostiziert? Können unsere Unternehmen ihre Lieferketten wirklich transparent und nachhaltig gestalten? Können Deutschlands Entscheidungen und Reden in Weltbank, UN, EU und andernorts dazu führen, dass sehr viel mehr Natur geschützt als zerstört wird? Können deutsche Gerichte der Natur mehr Rechte einräumen? Oder werden am Ende die Menschen und Gerichte in den Ländern, aus denen die Rohstoffe kommen, für Gerechtigkeit und Umweltschutz sorgen? Wenn alle in ihren jeweiligen Bereichen daran arbeiten, könnten vielleicht tatsächlich die Wälder gewinnen, ohne dass irgendjemand verlieren muss.

Der letzte Stand aus dem Intag-Tal bei Abschluss des Buches Anfang April 2023 ist sehr vielversprechend:

Das Gericht von Imbabura hat in zweiter Instanz nach einem knappen Jahr ständiger Richter:innenwechsel und verschobener Termine den Fall für die Natur und für die Gemeinden von Intag entschieden. Am 29. März 2023 erklärte es in einer schriftlichen Mitteilung:

> »Hiermit wird festgestellt, dass das ecuadorianische Ministerium für Umwelt, Wasser und ökologischen Wandel die Rechte der Natur auf Schutz sowie die Rechte der Gemeinden auf eine vorherige Konsultation im Einflussbereich des Bergbauprojekts Llurimagua in der Region Intag, Provinz Imbabura, verletzt hat, indem es die ökologische Genehmigung des Projekts am 16. Dezember 2014 auf der Grundlage einer Umweltverträglichkeitsstudie erteilt hat, die die Rechte der genannten Gemeinden auf Konsultation in Umweltfragen verletzt sowie das Recht der Natur auf Schutz.«[70]

Damit ist das Urteil der ersten Instanz aufgehoben. Damit müssen alle Bergbauaktivitäten im Rahmen des Llurimagua-Projekts mit sofortiger Wirkung beendet werden. Falls Enami und Codelco tatsächlich weiter das Kupfer aus der Erde holen wollen, müssen sie die Bedingungen der ecuadorianischen Gesetzgebung erfüllen. Das heißt, sie müssten eine professionelle, nicht anfechtbare Umweltverträglichkeitsstudie und die Konsultation der betroffenen Bevölkerung abwarten. Das kann Jahre dauern, und es ist äußerst unwahrscheinlich, dass die Entscheidung der Biolog:innen und Anwohner:innen für eine Mine ausfallen wird.

Codelco und Enami könnten nun vor das Verfassungsgericht ziehen und das Urteil anfechten. Aber die Wahrscheinlichkeit, dass die Richter:innen hier anders entscheiden, ist äußerst gering (siehe Kapitel 2). Wahrscheinlicher ist, dass Codelco versucht, Ecuador auf Grundlage eines Investitionsschutzabkommens auf eine hohe Entschädigung zu verklagen, weil das Land die Investitionen des Unternehmens nicht nach dessen Wünschen geschützt hat. Codelco hat seit 2014 mehr als siebzig Millionen US-Dollar in das Projekt investiert, kannte allerdings auch die ecuadorianische Gesetzeslage. Doch selbst wenn es zu einem Verfahren vor einem internationalen Schiedsgericht und gar zu einem Urteil gegen Ecuador kommen würde, müsste sich die Regierung des Landes in Zukunft an ihre eigenen Gesetze und Urteile halten. Es sei denn, die Korruption hat bis dahin die Justiz aufgeweicht. Mehr als Drittel des Intag-Tals sind konzessioniert. Andere Bergbaukonzerne halten Schürfrechte an anderen Orten. Vielleicht versuchen diese nun einen Vorstoß. Aber auch das ist in naher Zukunft mit diesem Gerichtsurteil erst einmal unwahrscheinlich.

Cenaida erfährt von der Nachricht an dem Ort, an dem für sie der Widerstand begann: in Cerro Pelado, in dem Zimmer, in dem die Familie noch heute Säckchen für die Kaffeekooperative von Intag häkelt. Ihr Vater hat die Nachricht gerade erhalten. Cenaida kommt von einem Tagesausflug mit ihrer Mutter, ihrer älteren Tochter und einem Freund zurück ins WLAN. Ich begleite sie. Don Mariano hat das lange Urteil noch nicht ganz zu Ende gelesen, er wiederholt immer wieder ungläubig ein Wort: »Ganamos, ganamos.« Wir haben gewonnen. Eigentlich dachten sie, sie müssten bis vors Verfassungsgericht ziehen, um ein Urteil für die Natur zu erhalten. Aber jetzt steht es da in seinem Handy: Intag hat gegen den größten Kupferkonzern der Welt gewonnen.

Eine WhatsApp-Nachricht beendet knapp dreißig Jahre Widerstand? Einfach so? Dreißig Jahre Anspannung, Entwürdigung, Angst, kleine Siege und große Strategieplanungen sowie die Streitereien zwischen den Genoss:innen? Niemand mag es so recht glauben, und auch Tage später ist die Freude eher eine innere. »Wir haben schließlich schon so oft erlebt, dass diese Siege nicht unbedingt Frieden bedeuten«, sagt Cenaida. »Dann kommt das nächste Bergbauunternehmen, der nächste Gerichtsfall, der nächste politische Skandal.« Außerdem steige die Gewalt im Land, und der Preis für einen Auftragskiller sei mittlerweile erschreckend gering. Aber am Abend der Urteilsverkündung sitzt sie am Feuer vor dem Haus ihrer Familie, hält ihre jüngste Tochter auf dem Arm und singt ein Lied der Band Tucanes aus Junín:

> »In Zaruma haben sie es geschafft, im Amazonas auch und jetzt glauben sie, sie könnten es auch im Westen schaffen. Aber da liegen sie falsch, das können sie nicht machen. Denn das Tal steht zusammen, und wir werden es verteidigen. Wir fordern von den Bergbauunternehmen, dass sie abhauen. Sie sollen unsere Luft in Frieden lassen, unsere Flüsse und unsere Hügel. Und wenn sie doch wiederkommen, dann werden wir ihnen eben wieder die Hölle heißmachen.«

Epilog: Quintessenz aus der Seifenfabrik von El Rosal

Die Revolution der Konzerne wird zusammenbrechen, wenn wir uns weigern, zu kaufen, was sie verkaufen – ihre Ideen, ihre Version der Geschichte, ihre Kriege, ihre Waffen, ihre Vorstellung von Unvermeidbarkeit. Denk daran: Wir sind viele, und sie sind wenige. Sie brauchen uns mehr, als wir sie brauchen. Eine andere Welt ist nicht nur möglich, sie ist auf dem Weg. An einem ruhigen Tag kann ich sie atmen hören.

ARUNDHATI ROY: *WAR TALK*

Am Tag, an dem Deutschland die Welt eigentlich schon ausgeschöpft hat, wache ich in El Rosal auf – ein paar kleine Höfe im Herzen Intags, ein paar Kilometer unterhalb von Junín, dem Zentrum des Kupferminenkonflikts. Robinson, Cenaidas Bruder, hat mich in der Nacht zuvor mit seinem Moped hierhergebracht. Es war dunkel, ich weiß nicht wirklich, wo ich bin. Dicht vor meinem Fenster sind grüne Büsche, rote Blüten und blaue amselgroße Vögel. Auf dem Weg zur Toilette öffnet sich ein Panorama über grüne Hügel, weite Berge und ein paar Nebelfetzen. Es ist der 4. Mai 2022. Von nun an lebt Deutschland nach Berechnungen des Global Footprint Networks auf Kosten anderer Länder und der nächsten Generationen. Im Jahr zuvor war der deutsche Weltüberlastungstag noch der 5. Mai. Die Daten werden von Forscher:innen errechnet und ergeben den Tag, an dem die jeweiligen Länder sämtliche Ressourcen und Puffer aufgebraucht haben, die die Erde auf einem natürlichen Wege ersetzen könnte. Die Gründe für die Erdüberlastung sind die immer gleichen: ein viel zu hoher genereller Energieverbrauch, der hohe CO_2-Ausstoß und die Massentierhaltung. Dazu kommt die Verschmutzung von Böden, Luft und Grundwasser. Der Welterschöpfungstag von Ecuador liegt in diesem Jahr auf dem 6. Dezember. Das sind sieben Monate Unterschied zu Deutschland. Wenn die Ecuadorianer:innen und der Rest der Welt so leben würden wie die Deutschen, bräuchten wir drei Planeten. Die haben wir nicht, ist klar. Nicht so klar ist, was daraus folgt. Und ob überhaupt etwas daraus folgt; diese Zahlen sind schon länger bekannt, geändert hat sich nicht viel.

Die Familie, in deren Haus ich übernachtet und mit der ich gestern spät zu Abend gegessen habe, kennt den Welterschöpfungstag nicht, dafür aber Bielefeld. Lili, die Tochter, hat ein Austauschjahr bei einer Gynäkologin und einem Pastor dort verbracht, die Mutter hat sie für gut drei Wochen besucht, und der Rest der Familie hat viele Geschichten gehört. Zum Beispiel die von den superleckeren Säften in Deutschland. »Es gibt dort nicht so viele Sorten, eigentlich nur Apfel und Orange, aber die sind unglaublich gut. Ohne Zucker!« Und der Wein erst! Die ersten Nächte musste die Tochter die Mutter zu Bett bringen, weil diese die Wirkung ein bisschen unterschätzt hatte. Sie kringeln sich am Abendbrottisch vor Lachen.

Auch eine Veranstaltung zum Intag haben sie in Bielefeld organisiert. Die Leute seien begeistert gewesen und hätten gerne Kaffee oder irgendwas aus dem Tal gekauft. Tochter und Mutter hatten aber nur ein bisschen Kaffee und Seife privat zu vergeben. »Die Exportregelungen von Ecuador in die EU sind superkompliziert! Und teuer.«

Vor gut zehn Jahren hat Germania Haro, die Mutter, mit ein paar Frauen aus El Rosal ein kleines Unternehmen gegründet. Am Anfang war es eher eine Unternehmung. Denn als der Kupferkonflikt immer aggressiver wurde, suchten sie eine Alternative zum Bergbau. Sie experimentierten ein bisschen herum und stellten schließlich Seife aus Aloe vera, aus Papaya und aus dem Saft des Sangre de Drago her, einem Baum, der für seine Heilkräfte bekannt ist. Man schneidet mit der Machete in seine Rinde, und aus dem Baum läuft eine Flüssigkeit, die aussieht wie menschliches Blut und auch so riecht. »Wir verwenden nur sehr wenig und würden den Saft nie einfach so pur verkaufen. Damit die Bäume genügend Zeit zur Regeneration haben«, wehrt Germania meine Geschäftsidee ab. Ich hatte mir an der Küste ein Fläschchen Saft vom Sangre de Drago gekauft und war begeistert. Es wirkt tatsächlich: gegen Blasenentzündung und Kopfschmerzen zum Beispiel, wenn man ein paar Tropfen einnimmt, oder gegen Wunden und Hautprobleme, wenn man es aufträgt. Aber Germania will den Saft nicht in Profit verwandeln. Sie will die Natur vor meiner Geschäftsidee bewahren und zeigt mir lieber die kleine Seifenkooperative. Zehn Frauen gehören ihr an. Fünf lernen, fünf arbeiten für Geld: fünfzehn US-Dollar am Tag, je nach Auftragslage. In guten Monaten sind das 250 US-Dollar, in sehr schlechten Monaten ist es fast nichts. Das monatliche Durchschnittseinkommen Ecuadors liegt bei rund 400 Euro, das Deutschlands bei 3500 Euro. Die Frauen verkaufen an Läden und Unternehmen in Quito, Cotacachi, Cuenca und in die USA. Vor der Covid-19-Pandemie haben sie 2600 Einheiten an die USA verkauft, jetzt sind es nur noch etwa 300. Die Rezepte für die Seifen, Shampoos und Cremes haben sie selbst entwickelt und einmal sogar einen hochkarätigen Chemiker ausgestochen, der die Blasen nicht aus den Seifen bekam, sie aber schon. »Es war die Kochdauer, nicht die Zutaten!«, triumphiert Germania noch heute strahlend. Keine der Frauen ist Chemikerin, sie waren lediglich sechs Jahre in der lokalen Dorfschule. »Oft kommt es auf die Lust und den Willen an«, sagt Germania. Es sei nicht unbedingt notwendig, einen Abschluss zu haben oder eine Universität zu besuchen, um Chemie zu lernen. In ihrem Unternehmen ginge es um die Rechte der Frauen und um die Rechte der Natur. »Wir haben über die Jahre gelernt, dass wir Frauen auch Wissen, Rechte und Pflichten haben.« Die Pflicht, die Natur zu schützen zum Beispiel, sich um eine gesunde Umwelt und um Gesundheit überhaupt zu kümmern. »Das Wertvollste ist ein gesundes Leben. Denn egal wie viel Geld man hat, Leben kann man sich nicht kaufen.« Vielleicht sollten sie auch Kalender mit Weisheiten aus dem Intag herstellen, überlege ich. Aber diese Geschäftsidee behalte ich jetzt besser für mich.

Seit mehr als zehn Jahren kämpfen die Frauen von El Rosal und andere Organisationen im Intag nun schon mit gesundem Kleingewerbe gegen die zerstörerische Mine. Sie verkaufen Biokaffee, Biodünger, Biokakao, Honig und Marmelade, selbst gehäkelte Taschen, Hüte und Decken. Ökotourismus und Kolibri-Ohrringe aus Glasperlen. Sie kochen mit Biogas aus dem Schweinestall und erledigen ihr Geschäft auf Trockentoiletten. Intag sei ein Vorreiter.

»Wir brauchen keine Mine. Wir wissen selbst, wie man arbeitet. Von der Erde kommt das Leben.«

In der Seifenfabrik köchelt das geheim gehaltene Rezept mit dem Gel der Aloe-vera-Pflanze in einem großen Bottich über dem Feuer. Germania rührt mit einem Holzstab darin. Im Nebenraum liegt die erste Runde grüner Seifen sauber zum Trocknen aufgereiht in Silikonschälchen auf einer Arbeitsfläche. Zwei Frauen und ein Junge sitzen an einem Tisch und packen die Seifen ein. Vor ihnen türmt sich ein kleiner Berg. Es ist die erste größere Lieferung in die USA seit der Covid-19-Pandemie. »Nach Deutschland oder in die EU überhaupt würden wir auch gerne liefern, aber die Regularien sind wirklich zu kompliziert und zu teuer«, sagt Germania. Wenn sie ihre Produkte aus dem Intag international verkaufen könnten, würde das so viel mehr bringen als jede Entwicklungshilfe. Eine ältere Frau ist wenig begeistert, als sie hört, dass ich Journalistin bin. »Jaja, hier waren schon viele Journalisten! Und was hat es gebracht?! Nichts! Die Mine soll immer noch aufgerissen werden.« Da kann ich ihr kaum widersprechen, werfe aber die Rechte der Natur und den aktuellen Gerichtsfall in die Waagschale. »Pffffff!«, macht sie. Dreißig Jahre voller Hiobsbotschaften und ständig enttäuschter Hoffnungen lassen nicht mehr viel Luft für Visionen.

Aber vielleicht braucht es die auch gar nicht unbedingt. Vielleicht ist es das, was Helena Gualinga in Sarayaku meinte, als sie sagte, sie nerve die ständige Frage nach der Hoffnung. Ob sie denn noch Hoffnung hätte, dass wir es noch schaffen. Oder woher sie die Hoffnung nehme, weiterzumachen.

Es geht bei der Rettung unserer Lebensgrundlagen nicht um Hoffnung. Es geht darum, Teil der Lösung zu sein und nicht Teil des Problems, egal wie es am Ende ausgeht. Und um Problem und Lösung auseinanderhalten zu können, ist eine entscheidende Erkenntnis die, dass wir Natur sind, dass Natur lebt und Respekt verdient. Die Natur als Subjekt anzuerkennen, ist ein hilfreiches Vehikel zu dieser Erkenntnis und gleichzeitig ihre logische Konsequenz. Ob wir sie allerdings wirklich als juristisches Instrument oder einfach als Idee brauchen, um neue Systeme zu erschaffen, sei dahingestellt. Wozu überhaupt eigene Rechte der Natur, wenn wir ohnehin alle Natur sind?

Wir sind Natur. Das waren wir schon immer, das ist eigentlich nicht neu. Wir haben es unterwegs zum großen Profit nur vergessen. Was genau jede und jeder Einzelne mit dieser wiederentdeckten Grunderkenntnis macht, bleibt unseren Vorder- und Hintergründen überlassen. Es ist genug Wissen vorhanden, genug Geld, es gibt ausreichend Technologien und viele gute Ideen. Die Frage ist: Wie nutzen wir sie?

Klar ist auch: Ohne Menschenrechte wird es keine Klimagerechtigkeit geben. Wer unter Krieg, Ausbeutung oder Mangelernährung leidet, hat drängendere Existenzprobleme als die Rettung unserer Lebensgrundlagen. Und ohne Klimagerechtigkeit wird es immer weniger Menschenrechte geben, weil es zu noch mehr Kriegen, Hunger und Vertreibungen kommen wird.

Die Verschränkung der globalen Krisen eröffnet aber auch eine grundlegende Lösungsmöglichkeit, und das ist die Art und Weise, wie wir auf die Welt blicken. Sehen wir sie als Existenzkampf aller gegen alle oder als großen, miteinander verflochtenen Organismus? Auch hier können die Rechte der Natur uns helfen, unsere bisherige Weltsicht zu überdenken. Mit »wir« meine ich vor allem die Industrienationen. Aber auch in ärmeren Regionen wird ein erstrebenswertes Leben oft mit Auto, Haus und Fernreise gleichgesetzt. Je größer, desto besser. Dort kann man es sich nur nicht leisten. Doch wenn acht Milliarden Menschen ein großes Haus, ein fettes Auto und last minute in die »Domrep« wollen, wird das unsere Erde nicht aushalten.

Der Planet ist keine Maschine, bei der man hier und da ein paar Schrauben austauschen kann, wenn etwas nicht mehr so gut funktioniert. Der Planet lebt. Und zwar in einem hochkomplexen, filigran miteinander verwobenen Riesenorganismus. Alle Lebewesen haben eine Funktion, die das große Ganze am Leben hält und die wir noch lange nicht alle verstanden haben. Wale zum Beispiel leben nicht nur einfach im Meer, wie wir seit noch gar nicht allzu langer Zeit wissen. Sie sind elementarer Bestandteil des Meeres. Wenn sie in die Tiefen des Ozeans tauchen, wirbeln sie Nährstoffe von unten nach oben. Das macht die Nährstoffzirkulation im Meer überhaupt erst möglich. Von ihren Exkrementen wiederum lebt das mikroskopisch kleine Phytoplankton, von dem alles Leben im Meer abhängt. Es ist der Beginn einer jeden maritimen Nahrungskette und bindet außerdem riesige Mengen CO_2, das es in Sauerstoff umwandelt. Auf diese Weise produziert es mehr als die Hälfte des weltweiten Sauerstoffs. Wale sind aber überall auf der Welt vom Aussterben bedroht. Wie sähe eine Welt ohne sie aus? Das können wir nicht abschätzen.

Wir wissen auch nicht, was passiert, wenn wir stattdessen ein paar Maschinen einsetzen würden. Unwahrscheinlich ist, dass sie alle Aufgaben der Wale übernehmen könnten, die wir noch nicht einmal kennen. Wenn wir das akzeptieren, folgen automatisch andere Entscheidungen, Handlungen, Gesetze. Dann werden wir unsere Nahrung anders anbauen, anders Handel treiben, andere Finanzströme entwickeln, anders von A nach B kommen und in anderen Gebäuden leben. Die Maxime wäre nicht mehr Eroberung und Konkurrenz, sondern Respekt und Gemeinwohl. Untereinander und gegenüber den anderen Wesen auf diesem Planeten. Wir sind nicht die Krone der Schöpfung. Auch wir Menschen haben eine ökologische Funktion in diesem großen Ganzen, genauso wie die Wale oder die Bienen. Es gibt indigene Völker oder kleinere Kollektive und Initiativen, die tatsächlich eine lebenserhaltende Rolle für den Planeten spielen. Aber generell sind wir mit unserer Lebensart eher lebenszerstörerisch unterwegs, vor allem in den Industrienationen.

Trotzdem habe ich tatsächlich sehr viel Zuversicht gewonnen beim Schreiben dieses Buches. Ja, klar, es sieht überhaupt nicht gut aus für unsere Welt, aber überall gibt es Menschen und Ideen und natürlich die Natur, die immer wieder Neues hervorbringen, die Bewegungen und Gemeinschaften wachsen lassen, in denen es so viel mehr um eine Lust auf Leben geht als um eine Gier nach Mehr auf Kosten anderer.

Versuchen wir, konkret zu werden. Was können wir tun, um die Rechte der Natur zu schützen? Egal ob sie im Gesetz bereits festgeschrieben sind oder auf übertragene Art und Weise. Alle können etwas anderes tun – je nachdem, in welcher Lebenswirklichkeit, mit welcher Geschichte und mit welchen Talenten jede:r von uns gesegnet ist. Manchmal kann es etwas vermeintlich Kleines sein, wie eine Aufmunterungsnachricht zu schreiben, wie die Sozialpädagogin Marie im Jugendprojekt von San Lorenzo an der Küste Ecuadors sagte. Man kann Initiativen unterstützen oder selbst welche starten, wie Leo Bader in Bayern. »No tengas miedo«, sagt Cenaida. »Hab keine Angst.« Wir können entscheiden, ob wir auf dem Weg zum Glück auf der hellen Seite der Macht entlanggelaufen sind oder auf der Seite der Zerstörung. Manchmal ist der Unterschied nicht sofort ersichtlich, hin und wieder werden wir die Grenze dazwischen auch übertreten. Manchmal gibt es vielleicht gar keine klare Grenze. Alte Automatismen treiben uns an. »Wir brauchen Gas und Atom doch als Übergangslösungen!« Aber als Übergang wohin, in welche Welt?

Wir leben als einzelne Menschen in großen und kleinen Systemen. Diese Systeme haben die Ökosysteme der Erde kurz vor den Kollaps gebracht. Ich spreche wieder von den Industrienationen. Ob man diese Systeme nun besser von innen oder von außen verändert, ist eine lange Diskussion, in der man sich leicht verlieren kann. Einig sind wir uns wahrscheinlich wieder in der Behauptung, dass es so nicht weitergehen kann und wir tiefgreifende und globale

Veränderungen in diesen Systemen brauchen, damit in der Klimakrise und dem Aussterben der Arten noch möglichst viel lebenswertes Leben übrig bleibt. Gesetze sind ein guter Mechanismus, um Strukturen und Systeme sowie die Weltsicht zu verändern. Das geht auch durch Umstürze, endet dann aber meist ziemlich blutig und tödlich. Vielleicht versuchen wir es also erst einmal mit der Revolution auf dem Papier, vor Gericht und in den Köpfen. Wir haben gesehen, für Gesetze braucht es ziemlich viele Leute, die dafür einstehen, die sie erkämpfen und die ihre Einhaltung einfordern.

Familie, Arbeit, Straßenverkehr, Gesellschaft. Sie beeinflussen uns, wir beeinflussen sie. Wir sind das System, ebenso wie wir Natur sind. Das heißt nicht, dass die Verantwortung auf unser aller Individualschultern liegt und wir alle Veganer:innen werden und/oder plastikfrei leben müssen. Die Annahme des Einzelkampfes lähmt und ist außerdem vermessen. Einzelne können das System nicht ändern, höchstens in der Masse, und um die zu organisieren, braucht es wieder Systeme. Wir haben gesehen, mit welcher Macht die Geldströme fließen, wie die Gesetzmäßigkeiten funktionieren. Aber wir können auf diese Systeme einwirken. Zum einen tatsächlich durch unsere individuellen Konsumentscheidungen: Wenn niemand mehr SUVs will, werden auch keine mehr produziert. Der größere Effekt aber entsteht, wenn sich die Systeme so verändern, dass SUVs erst gar nicht mehr produziert werden oder zumindest kaum noch welche oder wenn es keine Monokulturen, keine Massentierhaltung, keine Erdölraffinerien mehr gibt. Wenn es zum Beispiel zu teuer oder gar verboten wäre, Rohstoffe und Energie aus umweltzerstörerischen Minen zu verwenden. Wenn Transparenz wirklich verpflichtend wäre und nicht nur »idealerweise« eingehalten wird. Es geht bei diesen Systemveränderungen nicht nur um offensichtliche ökologische Nachhaltigkeit. Es geht um alles, was das Leben auf diesem Planeten nachhaltiger und weniger zerstörerisch gestaltet. Es geht um ein Ende von Rassismus, Sexismus, Kriegen, Armut, Macht- und Geldkonzentration, ein Ende von ausbeuterischen Arbeitsverhältnissen, Bildungsbenachteiligung, mangelhafter Gesundheitsversorgung und allem, was sonst noch so richtig schlecht läuft auf diesem Planeten. Denn nur wenn alle mitmachen, kann die größte Aufgabe, vor der die Menschheit je stand, überhaupt gemeistert werden: die Umweltzerstörung sofort zu beenden, bevor die unumkehrbaren Kipppunkte überschritten sind, auch wenn die Wirtschaft so vieler Nationen noch immer von genau dieser Umweltzerstörung abhängt und auch für die nächsten Jahre damit kalkuliert.

Das Schöne am planetaren Kaleidoskop des Grauens ist jedoch, dass eben alles miteinander verbunden ist. Wenn wir es schaffen, die zugrunde liegenden Prinzipien zu verändern, verändern wir alles. Oder wenn wir an der einen Seite etwas aufdröseln, wird es an der anderen Seite Auswirkungen haben. Wenn wir zum Beispiel Konkurrenzdenken in Kooperation verwandeln, brauchen wir nichts mehr zu erobern oder an uns zu reißen, bevor es jemand anderes bekommt. Utopisch zu Ende gedacht, würden die veränderten Prinzipien sämtliche Unterdrückung beenden, Rassismus, Sexismus und Extraktivismus auflösen. Man kann schließlich nichts und niemanden ausbeuten oder unterdrücken, vor dem oder der man Respekt hat, die man als gleichwertig ansieht. Wenn wir Sicherheit nicht in Abschottung und Abschreckung suchen, sondern in Allianzen, wird das denselben Effekt beschleunigen. Wenn wir nicht in Freund-Feind-Schemata denken, sondern versuchen, verschiedene Standpunkte zu verstehen. Kurz: wenn wir uns nicht vor allem als Einzelpersonen sehen, sondern als Teil eines großen Ganzen, in dem niemand mehr wert ist als andere. »Yo soy, porque nosotros somos.« Ich bin, weil wir sind. Das ist ein Glaubenssatz aus den ecuadorianischen Anden. Durch ihn kann man verstehen, dass es uns nur gut gehen kann, wenn es auch den anderen gut geht. Wie in einem Organismus eben. Wenn dort eine Stelle von einer Entzündung befallen ist, ist auch der Rest in Mitleidenschaft gezogen. Wenn wir außerdem realisieren, dass zu diesem großen Ganzen auch Wälder, Flusslandschaften und Meere gehören, dann greift vielleicht die Quantenphysik, Humboldt oder Pachamama – je nachdem, wem Sie da eher vertrauen –, und das Ganze wird tatsächlich mehr sein als die Summe seiner Teile.

Hier eine Reihe von Möglichkeiten, auf unsere Systeme einzuwirken:

- Politiker:innen schreiben, anrufen, ansprechen, Antworten einfordern
- Unternehmen schreiben, anrufen, ansprechen, Antworten einfordern
- Medienhäusern schreiben, anrufen, ansprechen, Antworten einfordern
- Banken schreiben, anrufen, ansprechen, Antworten einfordern
- die eigenen Systeme (Wohnen, Arbeiten, Freizeitaktivitäten, Finanzen etc.) nachhaltig gestalten oder diese Systeme verlassen
- mit dem eigenen Konsum lebensfördernde statt zerstörerische Systeme, Projekte und Unternehmen unterstützen
- generell weniger kaufen, mehr machen, tauschen und wiederverwerten
- sich bei einem Verein, Projekt oder einer NGO des Vertrauens engagieren oder diese finanziell unterstützen
- auf Demonstrationen des Vertrauens gehen und ein buntes Schild dafür malen
- den Spaß bewahren, freundlich und fröhlich bleiben. Weltenrettung aus Frust/Angst/schlechtem Gewissen

ist nur halb so amüsant und zieht nicht unbedingt die angenehmsten Charaktere an.
- sich ums eigene Seelenheil kümmern, damit man überhaupt freundlich und fröhlich bleiben kann
- sich ums Seelenheil anderer kümmern – nur wenn die das wollen natürlich
- sich weiter informieren, am besten mit konstruktivem Journalismus, um den Mut nicht zu verlieren
- *choose your battles* – Prioritäten setzen. Niemand kann sich um alles kümmern, weder im Privaten noch bei der Weltenrettung. Also: Kämpfe und Krämpfe aussortieren. Energie, Zeit, Nerven, Geld sinnvoll einsetzen. Auch unsere Ressourcen sind schließlich nur begrenzt vorhanden, ebenso wie die Ressourcen des Planeten.

Jeden Tag können wir aufs Neue entscheiden, in welche Richtung wir uns bewegen. Als Einzelne, als Unternehmen, als Gesellschaften und als Weltgemeinschaft. Jeden Tag gilt es, so viele Entscheidungen zu treffen – vom ersten Getränk am Morgen bis zur Abendgestaltung. Ich sage Ihnen nicht, welche für Sie die richtigen sind. Ob Sie in den Urlaub fliegen oder nicht, ist Ihre Sache. Oder ob Sie noch ein Kind in diese Welt setzen, jeden Tag Tierprodukte essen oder ein Haus bauen. Das können nur Sie entscheiden. Es kommt schließlich auf Ihre Lebenswirklichkeit an, Ihre Talente und Möglichkeiten, Ihre Machtposition und Ihre Weitsicht.

Was ich aber sagen will, ist: Um wirklich etwas zu verändern, braucht es Mut. Und Kraft. Und Einsatz. Woher das kommt, kann ich Ihnen auch sagen. Dafür durfte ich in meinem Leben schon vielen mutigen Menschen begegnen und sie ein Stück begleiten. Mut und Kraft können aus der Angst entstehen, dann wird es aber schnell wieder zerstörerisch. Der konstruktive Mut, der kommt von der Liebe, sagen die Menschen, die ich begleiten durfte und von denen Sie hier einige kennengelernt haben. Ich habe es an ihnen gesehen und selbst erfahren. Liebe, nicht im kapitalistischen Sinn von Besitzanspruch, Kontrolle und vermeintlicher Sicherheit, sondern im Sinne von Verbundenheit in Freiheit. Sie gibt Mut und Kraft. Man kann dafür wie Carlos Zorrilla die Bäume und Vögel um sich herum lieben, wie Cenaida Guachagmira die eigenen Kinder und Pachamama, wie José Gualinga die Seelen und Geister im Wald oder wie Sarah Mukadi die eigenen Leute. Und auch wie Leo Bader den Spaß am strategischen Strippenziehen und Leutekennenlernen.

Wen oder was lieben Sie so? Was wären Sie bereit, dafür zu tun?

Mit dem Wollen fängt es an, mit dem Verstehenwollen zuallererst. Doch dafür müssen wir wieder lernen, zuzuhören, zu träumen und auch zu spielen. Visionen können helfen, Träume. Probieren Sie es, trauen Sie sich:

Wie sähe Ihr Utopistan aus? Was ist Ihre kleine oder große Utopie? Nehmen Sie sich zehn Minuten, und schreiben Sie einfach drauflos: Wie würden wir leben? Was würden wir essen? Wie sähe Ihr Zuhause aus? Woher kommt der Strom? Gibt es überhaupt Strom? Was würden wir den lieben langen Tag so treiben? Nur zehn Minuten. Ab jetzt. Schreiben Sie! Schreiben Sie, als ginge es um Ihr Leben.

Das tut es nämlich.

Zehn Minuten. Jetzt. Nicht darüber nachdenken, einfach schreiben! Die Zeit läuft.

*

Und schicken Sie mir Ihr Utopistan: idee@radioutopistan.de. Ich werde sie sammeln, und dann schauen wir, was passiert. Worte haben in der Welt schon vieles verändert. Auch auf Ihres kommt es dabei an.

Danksagung

Mein Dank geht an die Wälder für ihre Ruhe, an das Meer für seine Tiefe und Wucht. Er geht an die Berge für ihre Klarheit und an meine Eltern, die in mir die Liebe zur Natur und zu Geschichten geweckt haben.

Ich danke denen, die mich in ihr Leben ließen und mir davon erzählten, damit ich die Verbindungen dazwischen besser verstehen konnte.

Ich danke denen, die mich in der Fremde aufgenommen und mir den Spiegel vorgehalten haben.

Ich danke denen, die mir gezeigt haben, dass es so viel mehr gibt, als wir sehen und verstehen können.

Danke Akademie Schloss Solitude und all den wunderbaren Menschen, denen ich dort begegnet bin. Ihr habt mir gezeigt, wie solidarisch, vielfältig und frei Leben und Arbeiten sein können. Und wie politisch.

Danke Chandrahas Choudhury, dass du lange vor mir wusstest, dass ich ein Buch schreiben werde, und mir den nötigen Mut gegeben hast, damit anzufangen.

Danke Julia Wadhavan, dass du mich mit deiner Weisheit und Großzügigkeit im Schreibprozess begleitet, bekräftigt und beherbergt hast.

Danke Maria Sturm, dass du ohne irgendeine Gewissheit mit mir ins Intag-Tal gereist bist und über Jahre hinweg an die Geschichte geglaubt hast.

Danke denen, die mich in meinen Wanderjahren bei sich haben leben, arbeiten und einfach sein lassen: Tina, Fiona und Flo, Maria und Leon, Britta, Samieh, Daniel und Familie, Kilian und Antonio, Julian und Philipp, Sam, Cecelia, Tina, Charlotte, Andres, Sandra, Gabi und Norbert, Kathi und Ron, Lisa, Abed, Dima, Khaled, Mo und Steven. Eure Gedanken und Unterstützung haben dieses Buch mit möglich gemacht.

Danke Tine Anas, Maria Sturm, Fiona Weber-Steinhaus, Tilman Wörtz, Lisa Winter und Julia Wadhavan für eure klugen Anmerkungen beim ersten Probelesen.

Danke Maria Sturm, Misha Valejo Prut und Georges Senga für eure Kunst in diesem Buch.

Danke NDR Info und den anderen Redaktionen, die einige der Geschichten hier schon veröffentlichten und so die Finanzierung der Recherchen überhaupt erst möglich machten. Ebenso danke an das Netzwerk Recherche e. V. für die Förderung.

Danke meinen Computer-Brüdern Johannes und Kilian, die mich immer wieder aus technischen oder sonstigen Miseren retteten.

Danke der rauchzeichen · *agentur* für Ihr Vertrauen in die Idee und Ihre Hilfe, sie in die Realität umzusetzen.

Danke Julia M. Nauhaus für das freundliche und professionelle Lektorat sowie die Liebe für Abenteuer und Stringenz.

Danke dem ganzen Team des Knesebeck-Verlags, dass ihr euch auf die Reise mit diesem Buch eingelassen und sie so großzügig begleitet habt.

Danke an alle Utopistas!

Anmerkungen

1 UN Environment Programm: Emissions gap report, 2020: https://www.unep.org/emissions-gap-report-2020 (zuletzt abgerufen am 23.3.2023).

2 IPCC: AR6 Synthesis Report 2023: https://www.ipcc.ch/report/ar6/syr/ (zul. abger. am 17.7.2023).

3 Weltbank: Climate Smart Mining: Minerals for Climate Action, 2019: https://www.worldbank.org/en/news/infographic/2019/02/26/climate-smart-mining (zul. abger. am 24.3.2023).

4 Kae Tempest: On Connection, London 2020, S. 18.; übersetzt durch die Autorin.

5 United Nations: Land – the planet's carbon sink: https://www.un.org/en/climatechange/science/climate-issues/land (zul. abger. am 24.3.2023).

6 Global Witness: Decade of Defiance, 2022: https://www.globalwitness.org/en/campaigns/environmental-activists/decade-defiance/ (zul. abger. am 24.3.2023).

7 Japan International Cooperation Agency: MMAJ: Informe final sobre la exploracion mineral de cooperacion tecnica en las areas de junin y cuellaje, Republica del Ecuador, 1996: https://openjicareport.jica.go.jp/661/661/661_706_11282761.html (zul. abger. am 24.3.2023).

8 Andreas Gutmann: Hybride Rechtssubjektivität. Die Rechte der »Natur oder Pacha Mama« in der ecuadorianischen Verfassung von 2008, Baden-Baden 2021.

9 Alex Putzer et al.: Putting the rights of nature on the map. A quantitative analysis of rights of nature initiatives across the world, Journal of Maps, 2022: https://www.researchgate.net/publication/361304660_Putting_the_rights_of_nature_on_the_map_A_quantitative_analysis_of_rights_of_nature_initiatives_across_the_world (zul. abger. am 24.3.2023).

10 Corte Constitucional del Ecuador: Case No. 1149-19-JP/20 2021: http://esacc.corteconstitucional.gob.ec/storage/api/v1/10_DWL_FL/e2NhcnBldGE6J3RyYW1pdGUnLCB1dWlkOic2MmE3MmIxNy1hMzE4LTQyZmMtYjJkOS1 mYzYzNWE5ZTAwNGYucGRmJ30= (zul. abger. am 24.3.2023).

11 Beber Ramirez ist mittlerweile Teil der Gruppe der Waldschützer:innen von Intag, er kommt regelmäßig von Quito in den Nebelregenwald, gibt Verteidigungstrainings, Mut und manchmal Geld. »Es hat Klick gemacht«, sagt sein Bruder Julio stolz.

12 Cristina Isabel Orozco Espinel: Resource Curse. The case of Ecuador, 2019: https://www.researchgate.net/publication/335611964_Resource_curse_The_case_of_Ecuador (zul. abger. am 24.3.2023).

13 Misereor: Schuldenkrise. Die Lage des globalen Südens, 2021: https://www.misereor.de/informieren/schuldenkrise (zul. abger. am 24.3.2023).

14 International Energy Agency: Net Zero by 2050, 2021: https://www.iea.org/reports/net-zero-by-2050 (zul. abger. am 24.3.2023).

15 Deutsches Institut für Wirtschaftsforschung: Grunderbe und Vermögensteuern können die Vermögensungleichheit verringern, 2021: https://www.diw.de/de/diw_01.c.831678.de/publikationen/wochenberichte/2021_50_1/grunderbe_und_vermoegensteuern_koennen_die_vermoegensungleichheit_verringern.html (zul. abger. am 27.3.2023).

16 Rainforest Action Network et al.: Banking on Climate Chaos: https://www.bankingonclimatechaos.org/ (zul. abger. am 13.4.2023).

17 Urteil des Schiedsgerichts, PCA Case No. 2012-2 In the matter of an arbitration before a tribunal constituted in accordance with the unicitral arbitration rules 1976 pursuant

to the agreement between the government of Canada and the government of the Republic of Ecuador for the promotion and reciprocal protection of investments signed 29 April 1996 between Copper Mesa Mining Corporation and the Republic of Ecuador, 2016.

18 Columbia Center on Sustainable Investment: Primer on International Investment Treaties and Investor-State Dispute Settlement, 2022, https://ccsi.columbia.edu/content/primer-international-investment-treaties-and-investor-state-dispute-settlement (zul. abger. am 27. 3. 2023).

19 Mehr zu Pachamama in Ecuador zum Beispiel bei: Llasag Fernández: Constitucionalismo plurinacional desde los Sumak Kawsay y sus saberes, Quito 2018; Nina Pacari: Naturaleza y territorio desde la mirada de los pueblos indígenas, in: Alberto Acosta, Esperanza Martínez (Hrsg.): Derechos de la Naturaleza. El futuro es ahora, Quito 2019, S. 31–S. 39; Josef Estermann: Filosofía Andina. Sabiduría indígena para un mundo nuevo, La Paz 2006; R. Hugo O. Moreno: Introducción a la Filosofía Indígena, Desde la Perspectiva de Chimborazo, Quito 1983.

20 Siehe: https://ackerbunt.de/ (zul. abger. am 27.3.2023).

21 Matthew Hart: Gold – The race for the world's most seductive metal, NY 2014, S. 39.

22 Territories of Life: Ecuador, un análisis nacional sobre la situación de los territorios de vida: https://report.territoriesoflife.org/es/analisis-regional-y-nacional/ecuador/ (zul. abger. am 27.3.2023).

23 Deutsche Rohstoffagentur DERA: Kupfer – Informationen zur Nachhaltigkeit, 2020: https://www.bgr.bund.de/DERA/DE/Aktuelles/rohstoff_kupfer.html (zul. abger. am 28.3.2023).

24 Our World in Data based on the Global Carbon Project, 2022: https://ourworldindata.org/contributed-most-global-co2#how-has-each-region-s-share-of-global-cumulative-co2-emissions-changed-over-time// sowie Deutsche Welle: Faktencheck: Wie viel Verantwortung hat China für den Klimawandel?: https://www.dw.com/de/faktencheck-china-verantwortung-schuld-klimawandel-co2-aussto%C3 %9F/a-57832748 (zul. abger. am 28.3.2023).

25 BMW Group: Die BMW Group und Codelco vereinbaren Kooperation bei der Gründung der Responsible Copper Initiative, 2018: https://www.press.bmwgroup.com/deutschland/article/detail/T0277849DE/die-bmw-group-und-codelco-vereinbaren-kooperation-bei-der-gruendung-der-responsible-copper-initiative?language=de (zul. abger. am 28.3.2023).

26 BMW Group: Nachhaltigkeit: https://www.bmwgroup.com/de/nachhaltigkeit.html (zul. abger. am 28.3.2023).

27 BMW Group: Sorgfaltspflichten in der Lieferkette verankern: https://www.bmwgroup.com/de/nachhaltigkeit/unser-fokus/umwelt-und-sozialstandards/lieferkette.html (zul. abger. am 28.3.2023).

28 Aurubis: Geschäftsbericht, 2021/22: https://www.aurubis.com/en/investor-relations/publications/annual-reports (zul. abger. 28.3.2023).

29 DER SPIEGEL: Wie eine indigene Minderheit sich erfolgreich gegen ein Milliardenprojekt wehrte, 2021: https://www.spiegel.de/ausland/klimawandel-warum-die-samen-in-der-arktis-gegen-ein-co2-neutrales-bergbau-projekt-kaempfen-a-2b7d6175-2ea9-42f3-8339-a3b053cafb86 (zul. abger. am 28.3.2023).

30 Ronja von Wurmb-Seibel: Wie wir die Welt sehen, München 2022.

31 Bundesregierung: Rohstoffstrategie der Bundesregierung, 2019: https://www.bmwk.de/Redaktion/DE/Publikationen/Industrie/rohstoffstrategie-der-bundesregierung.pdf?__blob=publicationFile&v=4 (zul. abger. am 23.3.2023).

32 Bundesministerium der Justiz: Gesetz über die unternehmerischen Sorgfaltspflichten zur Vermeidung von Menschenrechtsverletzungen in Lieferketten (Lieferkettensorgfaltspflichtengesetz – LkSG), § 2 Begriffsbestimmungen: https://www.gesetze-im-internet.de/lksg/__2.html (zul. abger. am 28.3.2023).

33 Science Daily: Biodiversity highest on indigenious land, 2019: https://www.sciencedaily.com/releases/2019/07/190731102157.htm (zul. abger. am 28.3.2023).

34 The Indigenious Kichwa People of Sarayaku and Amnesty International: Children of the Jaguar, 2013: https://www.youtube.com/watch?v=Ma1QSmtuiLQ (zul. abger. am 28.3.2023).

35 Erklärung Kawsak Sacha: Selva Viviente, Ser vivo y consciente, sujeto de derechos pueblo originario kichwa de Sarayaku, 2018. Das folgende Zitat ebd.

36 Gene Sharp: The politics of nonviolent action, Boston 1973.

37 Maria Stephan, Erica Chenoweth: Why Civil Resistance Works: The Strategic Logic of Nonviolent Conflict, New York 2011.

38 Max Planck Institute for comparative and international law: Decolonial Comparative Law: https://www.mpipriv.de/1313398/20210331-topthema-dekoloniale-rechtsvergleichung (zul. abger. am 28.3.2023).

39 Michel Lapierre Robles, Aguasantas Marcías Marín: Extractivismo, (neo) colonialismo y crimen organizado en el norte de Esmeraldas, Quito 2018, S. 25.

40 Global Witness: Renewable energy at what cost? A closer look at DRC's nascent lithium sector, 2021: https://www.globalwitness.org/en/campaigns/natural-resource-governance/renewable-energy-at-what-cost-a-closer-look-at-drcs-nascent-lithium-sector/ (zul. abger. am 28.3.2023).

41 Paul Belien, Throne in Brussels: Britain, the Saxe-Coburgs and the Belgianisation of Europe, Brüssel 2005, S. 105.

42 Ebd.

43 New York Times: Congo to Auction Land to Oil Companies: ›Our Priority Is Not to Save the Planet‹, 2022: https://www.nytimes.com/2022/07/24/world/africa/congo-oil-gas-auction.html (zul. abger. am 28.3.2023).

44 Urgewald: Who is financing fossil fuel expansion in Africa?, 2022: https://www.urgewald.org/en/shop/who-financing-fossil-fuel-expansion-africa (zul. abger. am 31.3.2023).

45 Reuters: Congo seizes gold worth $1.9 million in Okapi wildlife reserve, 2021: https://www.reuters.com/world/congo-seizes-gold-worth-19-million-okapi-wildlife-reserve-2021-06-22/ (zul. abger. am 31.3.2023).

46 Siddharth Kara: Cobalt Red. How the blood of the Congo powers our lives, New York 2023; Interview mit Kara auf NPR: https://www.npr.org/sections/goatsandsoda/2023/02/01/1152893248/red-cobalt-congo-drc-mining-siddharth-kara (zul. abger. am 31.3.2023).

47 Naomi Klein: Let them drown. The violence of othering in a warming world, in: dies.: On fire. The burning case for a green new deal, New York City 2019, S. 149–168.

48 Edward Said: Orientalism, London 2003, S. 108.

49 Klein, wie Anm. 10. Die folgenden Zitate ebd.

50 ICIJ: Evicted and Abandoned, 2015: https://www.icij.org/investigations/world-bank/ (zul. abger. am 31.3.2023).

51 Vgl. Klaus Bosselmann: The principle of sustainability. Transforming law and governance, London/New York 2017.

52 Süddeutsche Zeitung: Welche Unternehmen am meisten Treibhausgas verursachen, 2022: https://www.sueddeutsche.de/projekte/artikel/wirtschaft/welche-unternehmen-in-deutschland-am-meisten-co-verursachen-e500049/?reduced=true (zul. abger. am 2.4.2023).

53 Grundgesetz für die Bundesrepublik Deutschland, Art. 20a: https://www.gesetze-im-internet.de/gg/art_20a.html#:~:text=Der%20Staat%20sch%C3 %BCtzt%20auch%20 in,vollziehende%20Gewalt%20und%20die%20Rechtsprechung (zul. abger. am 2.4.2023).

54 Bundesverfassungsgericht: Leitsätze zum Beschluss des Ersten Senats vom 24. März 2021: https://www.bundesverfassungsgericht.de/SharedDocs/Entscheidungen/DE/2021/03/rs20210324_1bvr265618.html (zul. abger. am 2.4.2023).

55 Netzwerk Rechte der Natur: Rechte für die Natur – Initiative für eine Grundgesetzreform: https://www.rechte-der-natur.de/de/initiative-grundgesetzreform.html (zul. abger. am 2.4.2023). Das folgende Zitat ebd.

56 Vgl. Christopher Stone: Should trees have standing. Law, morality and the environment, Oxford 2010.

57 Finanzwende: Greenwashing im großen Stil, 2021: https://www.finanzwende-recherche.de/unsere-themen/nachhaltige-finanzmaerkte/greenwashing-im-grossen-stil/ (zul. abger. am 2.4.2023).

58 Katja Gelinsky: Natur als Person? Die anthropozentrische Sicht auf das Grundgesetz und der Schutz der natürlichen Lebensgrundlagen, in: Konrad Adenauer Stiftung (Hrsg.): Die politische Meinung, 2021: https://www.kas.de/de/web/die-politische-meinung/artikel/detail/-/content/natur-als-person (zul. abger. am 2.4.2023).

59 Bei unserem Treffen im Oktober 2022 ist noch nicht klar, dass Monate später das nordrhein-westfälische Dorf Lützerath trotz massiver Proteste der Erweiterung eines RWE-Kohlebergbaus weichen muss. Zugestimmt hatte auch der Grüne Bundeswirtschaftsminister Habeck. Es ging dabei angeblich um die Versorgungssicherheit Deutschlands und die Ermöglichung eines früheren Braunkohleausstiegs. Das aber widerlegt das Energie-Institut. Die Versorgungssicherheit sei durch andere Energieträger gewährleistet, und die Kohle wäre in wenigen Jahren wegen der CO2-Zertifikate ohnehin zu teuer zum Abbauen. 700 Wissenschaftler:innen hatten ein Moratorium gefordert. Doch beim Deal mit RWE ging es der Regierung nach RBB-Recherchen weniger um den Kohleausstieg als vielmehr um einen Gaseinstieg. RWE versprach, das Unternehmen werde nun »groß ins Gas- und Wasserstoffgeschäft einsteigen« und die Politik werde »den erforderlichen Rahmen schaffen«. RBB, Kontraste: Was steckt hinter dem Deal mit RWE?, 2023: https://www.rbb-online.de/kontraste/archiv/kontraste-vom-26-01-2023/kohle-unter-luetzerath-was-steckt-hinter-dem-deal-mit-rwe.html (zul. abger. am 3.4.2023).

60 Bundesverfassungsgericht, Pressemitteilung Nr. 31/2021 vom 29. April 2021: https://www.bundesverfassungsgericht.de/SharedDocs/Pressemitteilungen/DE/2021/bvg21-031.html (zul. abger. am 23.4.2023).

61 WDR: Bauer in Peru wartet auf Gutachten: Bringt RWE Gletscher zum Schmelzen, 2022: https://www1.wdr.de/nachrichten/ruhrgebiet/ortstermin-peruanischer-bauer-verklagt-essener-rwe-konzern-wegen-klimaschaeden-100.html (zul. abger. am 3.4.2023).

62 Roda Verheyen mit A. Endres: Wir alle haben ein Recht auf Zukunft, München 2023.

63 Andrea Wulf: Alexander von Humboldt und die Erfindung der Natur, München 2016, S. 39.

64 Ebd., S. 23.

65 Alexander von Humboldt: Ideen zu einer Geographie der Pflanzen, Paris 1807, S. 39.

66 Wie Anm. 13, S. 68.

67 Ebd.

68 Ebd., S. 85.

69 Ebd., S. 37.

70 Urteil vom 29.3.2023 vom Gerichtshof der Provinz Imbabura im Fall Llurimagua Nr. 10332-2021-00937.

Deutsche Originalausgabe

Ein Unternehmen der Média-Participations

Projektleitung: Ellen Venzmer, Knesebeck Verlag
Lektorat: Dr. Julia M. Nauhaus, Lübeck
Gestaltung und Umschlaggestaltung: Favoritbüro, München
Umschlagmotiv: © Avigator Fortuner/Shutterstock.com
Gedicht Bildteil S. 10/11: Martha Arotingo
Satz und Herstellung: Arnold & Domnick, Leipzig
Druck: Livonia Print, Riga
Printed in Latvia

ISBN 978-3-95728-723-6

www.knesebeck-verlag.de